本书系贵州省教育厅人文社科研究项目"创新创业教育对大学生创业能力影响研究"（2024RW273）的阶段性成果

Entrepreneurship for College Students
Research on the Impact on Entrepreneurial Intentions

大学生创业学习

对创业意向的影响研究

吴胜艳 李雪芬 李梦蓉 ◎ 著

经济管理出版社
ECONOMY & MANAGEMENT PUBLISHING HOUSE

图书在版编目（CIP）数据

大学生创业学习对创业意向的影响研究／吴胜艳，
李雪芬，李梦蓉著. --北京：经济管理出版社，2024.

ISBN 978-7-5243-0126-4

Ⅰ. G647.38

中国国家版本馆 CIP 数据核字第 20259Z97M4 号

组稿编辑：任爱清
责任编辑：任爱清
责任印制：张莉琼
责任校对：王淑卿

出版发行：经济管理出版社
　　　　　（北京市海淀区北蜂窝 8 号中雅大厦 A 座 11 层　　100038）
网　　址：www.E-mp.com.cn
电　　话：（010）51915602
印　　刷：唐山玺诚印务有限公司
经　　销：新华书店
开　　本：710mm×1000mm /16
印　　张：14
字　　数：264 千字
版　　次：2025 年 3 月第 1 版　　2025 年 3 月第 1 次印刷
书　　号：ISBN 978-7-5243-0126-4
定　　价：88.00 元

推 荐 序

PREFACE

　　近年来，新一轮科技革命和产业变革正在加速推进，以人工智能、大数据、云计算、物联网等为代表的新兴技术不断涌现，为生产力的发展注入了新的活力。这些技术的快速发展和应用，使传统生产方式发生了深刻变革，推动了新质生产力的形成和发展，在技术进步的同时也加剧了创业环境的复杂性和不确定性。

　　目前，创新与创业已成为推动社会进步和经济发展的重要动力。中国大学生作为最具活力和创造力的群体，其创业意向和创业能力的培养受到了前所未有的重视。新质生产力涵盖了诸如人工智能、物联网、区块链、大数据等新兴技术，以及由这些技术催生的新业态和新商业模式。这些领域为大学生创业提供了广阔的舞台，大学生如何面对复杂的、动态演进的、不确定性的创业环境并从中获益，是创业研究领域非常有意义的研究议题。吴胜艳等的《大学生创业学习对创业意向的影响研究》一书为我们提供了深入了解大学生创业意向形成机制的宝贵机会。

　　吴胜艳等在本书中梳理了创业的环境，如不确定性研究脉络，阐明创业的过程就是一个创业活动动态演进的过程；回顾了创业研究的经典模型，包括资源、机会、环境等要素，同时这对中国情境下大学生创业研究也是一个有益的参考。在实证研究中，针对高校创业教育的特殊情境，大学生个体创业学习方式各有不同，把创业学习分为认知学习、实践学习和经验学习三种，研究了不同学习方式对创业意向的影响。同时，在书中还引入了创业教育满意度，探讨创业学习到创业意向转化的边界条件，提供了解释创业学习对创业意向作用机制的视角。为了更充分地研究这一问题，以创业比赛为观测点，选取有参赛经历并且获奖的同学进行了访谈，同时并加以分析，回应了创业学习三个维度对创业意向的作用机制。

　　本书语言通俗易懂，结构清晰，即使是非专业的读者也能从中获得知识和启发，同时为我们提供了一个了解大学生创业意向形成过程的窗口，也为高校创业教育的实践提供了宝贵经验。我相信，本书的出版将会起到抛砖引玉的作用，对中国高校创业教育的改革、大学生创业能力的提升以及创业型人才的培养会产生积极的影响。

特此推荐！！！

徐二明

2025 年 1 月 10 日于泰国曼谷

前言

PREFACE

　　创业活动能为经济发展创造新的增长点，同时创造大量就业岗位，为技术创新和经济转型带来新的加速度。在全球化、信息化和科技快速发展的背景下，大学生作为年轻且富有创造力的群体，是科技创新的重要源泉。在全球新一轮科技革命和产业革命背景下，新质生产力作为当代先进生产力的代表，对于推动经济社会高质量发展具有重要意义，习近平总书记指出，要"整合科技创新资源，引领发展战略性新兴产业和未来产业，加快形成新质生产力"。这一战略部署为我国经济转型升级和高质量发展指明了方向，党的二十届三中全会对进一步全面深化改革、推进中国式现代化作出战略部署，要求"健全因地制宜发展新质生产力体制机制"，为新质生产力的发展提供了政策保障。而大学生创业作为社会创新和经济发展的重要力量，与新质生产力的发展密切相关，他们通过学习和研究，能够掌握前沿科技知识，并将其应用于创业实践中。这种创新活动不仅推动了科技进步，也为新质生产力的形成和发展提供了源源不断的创新源泉，大学生创业实践是新质生产力的重要推动力，通过创办高新技术企业、开展科技创新项目等方式，将科技成果转化为现实生产力。这些创新成果不仅满足了市场需求，也推动了新技术、新产业、新业态的涌现，为新质生产力的发展注入了新的活力。与此同时，随着新质生产力的不断发展，市场对高科技、高质量产品和服务的需求不断增加，这为大学生创业提供了广阔的市场空间和发展机遇。他们可以通过满足市场需求，实现创业梦想和人生价值。近年来，中国提出实施"创新驱动发展"和"以创新引领创业，以创业带动就业"的发展战略。针对大学生群体，中国各级部门在政策支持、社会认可等方面创造了良好氛围和条件。加之中国经济正值转型升级时期，年轻人敢想敢拼的创业精神使大学生创业迎来了新的机遇。

　　第一，为支持大学生创业，中国政府和各级部门出台了众多优惠政策，涉及融资、税收、创业培训、创业指导等诸多方面。专门针对大学生创业制定制度法规，建立政府支持、学校自设、校外合作、风险投资等多种筹资渠道，扶持大学生自主创业，为"大众创业、万众创新"的蓬勃开展指引了方向，为新形势下大学生创业者提供了巨大的政策红利。

第二，社会舆论对大学生创业愈加认可。国家和社会对创业的大力支持，为大学生创业提供了良好的舆论支持和创业氛围。社会公众的观念不断更新，理解创业、支持创业、拥护创业、参与创业的意识不断增加。在政府和高校的大力支持下，大学生创业热情高涨，加之创业市场日益成熟，创业服务配套机制趋于完善，必将把大学生创业推向另一个新的高峰。

第三，经济转型为大学生创业提供了机遇。与此同时，新质生产力不断推动经济转型升级，大学生创业活动有助于培育新兴产业和业态，促进经济结构的优化升级，同时大力推进新兴产业发展。创业门槛的降低、创业成本的减少、融资渠道的拓宽也给大学生创业带来了难得的机遇。中国经济增长结构正在发生着根本性转变——消费已经取代投资成为中国经济增长的第一驱动力。通过不断尝试和探索新的商业模式、技术路径和市场机会，大学生能够推动科技进步和产业升级。这种创新精神的传承和发扬，对于国家的长远发展具有不可估量的价值。把握技术革命与消费升级的经济发展趋势，是大学生创业者创新创业的巨大机会。

第四，大学生具有适合创新创业的特质。大学生的年龄在 18 ~ 25 岁，正处于性格与气质的成型阶段、体力与脑力的巅峰状态。全球创业观察（Global Entrepreneurship Monitor，GEM）的研究表明，相较于已经拥有家庭和事业的职场人士，大学生开始一段新事业的机会成本更低，年龄优势和体能优势让大学生具有更充裕的试错时间与较低的试错成本。相对而言，大学生更能够承担创业的压力与风险。

近年来，中国高校毕业生人数逐年增加，然而大学毕业生中创业比例只有10%，且创业失败率高达 90%。创业意向不强烈、创业学习不够、创业信心不足是关键。因此对潜在创业者大学生群体的创业意向培育和后续创业行为的引导研究具有重要意义。大量研究表明，创业是有计划的行为活动，创业意向是后续创业活动开展的前提。在高校创业教育大力推进的情境下，到底哪些因素会影响大学生创业意向呢？本书回顾了创业领域中有关创业意向的研究。从影响因素角度看，发现很多学者从个人特质方面解释个体特别是一般创业者的创业意向；GEM研究表明，在文化和社会规范、创业融资、创业政策等影响中国创业生态框架的12 项指标中，学校创业教育得分排名最后。可见，创业教育存在缺陷，大学生创业学习不足是主要因素之一。尽管先天因素能影响个体创业意向，但大量研究表明，后天的创业学习能大幅提高个体的创业综合素质及创业信心，进而对创业意向造成显著影响。

已有创业研究中大量学者从创业激情、社会网络、创业能力等方面对大学生创业进行了研究，但鲜有研究从创业学习切入探讨大学生通过学习获取知识提升创业自我效能对创业意向的影响机制。高等教育的深化使创业教育逐渐成为高校教育体系中的重要组成部分。通过创业教育课程、创业讲座、创业竞赛等形式，大学生能够接触到更多的创业理念和成功案例，从而激发他们的创业意识和创业意愿。这种教育不仅传授了创业所需的知识和技能，更重要的是培养了大学生敢于创新、勇于实践的精神。本书从创业学习角度出发，梳理了创业研究领域国内外相关文献，基于社会学习理论、三元交互理论、计划行为理论，立足于中国高校双创育人的情境下，从以下三个方面探讨创业学习对创业意向的作用机制：①针对高校创业教育的特殊情境，大学生个体创业学习方式不同，本书研究不同学习方式对创业意向的影响；②将创业自我效能作为中介变量，用以解释创业学习向创业意向转化的机制，探讨创业自我效能的中介作用，尝试在中国高等教育不断深化背景下打开创业学习到创业意向的黑箱；③基于在校大学生潜在创业者特殊群体，引入创业教育满意度，探讨创业学习到创业意向转化的边界条件，将创业教育满意度作为创业自我效能和创业意向之间的调节变量，增加模型解释力。

本书基于国内外大量文献资料，结合中国学校创业教育特殊情境，聚焦创业学习如何影响创业意向这一主题。首先，详细梳理并分析了创业学习、创业自我效能、创业意向、创业教育满意度这四个变量的理论基础、维度划分和内涵界定以及四个主要变量之间的逻辑关系，提出了本书研究的理论模型，并基于学者的大量研究提出了研究假设；其次，通过查找经典文献中相关变量的成熟量表，经与创业领域专家探讨，设计了本书的调查问卷，经小样本测试对问卷修正后正式在全国高校发放，共回收有效问卷 1711 份；再次，对问卷数据进行实证分析，包括信效度检验、相关分析、结构方程模型验证、回归分析等，针对所得数据分析结果进行稳健性检验，实证分析了本书提出的 11 个研究假设；最后，本书深入讨论了所得研究结果，提炼了研究贡献和创新点，并对研究局限做了说明，提出了实践启示和未来研究方向。

通过实证分析得到以下结论：创业学习的三种不同方式（认知学习、经验学习、实践学习）对因变量创业意向都有显著的正向影响，在中介效应模型里认知学习、经验学习、实践学习对创业自我效能具有显著的正向影响，中介变量创业自我效能对创业意向有显著的正向影响，在中介效应检验中，创业自我效能在认知学习对创业意向的影响中起到完全中介作用，在经验学习、实践学习对创业意向的影响中起到部分中介作用。

进一步地，本书选取了 20 名受访者进行访谈，运用定性分析法对访谈结果进行三级编码，进一步验证创业学习对创业意向和创业能力的影响。本书结合管理学、心理学和社会学的相关理论，构建了大学生创业学习到创业意向的研究模型，丰富了创业意向特别是大学生群体的创业意向研究，并将理论与实践相结合，在以下三个方面进行了拓展和突破：①基于创业研究文献，立足中国高校创业教育情境，把创业意向作为因变量，为创业教育在人才培养效果转化方面提供了一定程度的参考，即大学生创业学习效果转化；②大学生作为潜在创业者，其个性、经验、能力等方面与一般创业者不同，本书聚焦于大学生群体，从学生特有的学习模式和创业自我效能提升等方面揭示大学生创业意向的形成和变化，找出了一种创业学习到大学生创业意向的转化机制；③以往创业学习的相关研究多把单一的学习方式作为创业学习变量进行分析探讨，本书充分结合了文献基础和具体实践，把创业学习分为认知学习、经验学习和实践学习三个维度，从而丰富了创业学习及相关变量的研究。

吴胜艳
2025 年 1 月

目　录

CONTENTS

第一章

绪　论

在全球经济一体化和科技创新的推动下，不断涌现出新的商业模式和产业形态，如人工智能、大数据、物联网等，为大学生创业提供了丰富的创新空间和机会。虽然科技创新和技术迭代带来了机遇，但也加剧了市场竞争，互联网技术革新使市场的边界变得模糊，大学生创业需要面对来自全球的竞争对手，这要求他们具备更强的市场洞察力和竞争力。与此同时，科技创新也带来了更高的技术门槛。大学生创业者需要具备扎实的专业知识和技术能力，才能将创新想法转化为实际产品或服务。作为富有创新精神的青年大学生，创业学习不仅是学习创业所需的知识和技能，更重要的是培养大学生敢于创新、勇于实践的精神。

我国实施创新驱动发展战略，鼓励青年大学生投身创新创业实践，为新质生产力发展提供源源不断的创新动力和创新源泉。近年来，随着中国高考不断扩招，历年高校毕业生人数逐年攀升，根据教育部公布的数据，2017年中国大学应届毕业生人数达795万，2018年中国大学应届毕业生人数达820万，2019年大学生毕业人数为834万，2020年高校毕业生人数为874万[①]；根据国家统计局及教育部公布的数据，2022年全国普通高校毕业生人数达到了1076万，其中，本专科毕业生人数为967.3万，研究生毕业生人数为86.2万，高校毕业生首次突破1000万人次。2023年高校毕业生规模达1158万人[②]，同比增加82万人。2024年中国高校毕业生人数达到历史新高，约为1200万人。大学生就业压力与日俱增，给就业市场带来巨大压力，毕业生人数逐年增加，大学高校毕业生的"存

---

① 2020届高校毕业生达874万人　再创历史新高［EB/OL］.新华网,http://www.xinhuanet.com/2020-05/12/c_1125974840.htm，2020-05-12.

② 2023届高校毕业生规模预计1158万人　同比增加82万人［EB/OL］.中华人民共和国教育部,http://www.moe.gov.cn/jyb_xwfb/xw_zt/moe_357/jjyzt_2022/2022_zt18/mtbd/202211/t20221116_992995.html，2022-11-16.

量"已经远远超过了社会各领域各行业的"消化度",学生与就业岗位需求量之间的矛盾也愈演愈烈。在就业形势持续严峻的情境下,毕业生群体选择创业的人数仍旧不多,创业意愿不够强烈,纵观历年大学生创业数据,大学生创业率不足10%,且失败率居高不下,创业结局九死一生,究其原因,创业知识缺乏、经验不够、创业资金储备不足、创业自我效能不足等因素是关键。随着 2015 年《国务院办公厅关于深化高等学校创新创业教育改革的实施意见》(国办发〔2015〕36 号)(以下简称《意见》)的颁布,中国迎来了大众创业、万众创新的高潮,《意见》指出,深化高等学校创新创业教育改革,是国家实施创新驱动发展战略、促进经济提质增效升级的迫切需要,是推进高等教育综合改革、促进高校毕业生更高质量创业就业的重要举措。创业活动的成功开展在一定程度上满足了社会供需关系的转变。党的十九届四中全会通过的《中共中央关于坚持和完善中国特色社会主义制度　推进国家治理体系和治理能力现代化若干重大问题的决定》中,诸如"建设创新型国家""创新教育和学习方式""建立创业带动就业、多渠道灵活就业机制"等"创新创业"相关内容多次出现。提升创业教育质量呼之欲出,对广大大学生进行普及式创业教育,鼓励能创业、想创业的大学生有针对性地进行创业学习以获取相应的知识是必经之路,提升大学生创业能力以适应时代发展和社会需求成为必然。

大学生创业学习有助于培养具有创新精神、创业意识和创新创业能力的高素质人才,这些创新型人才是国家未来发展的重要支撑。同时,大学生创业教育丰富了高等教育理论,推动了教育模式的创新。通过实践教学、项目驱动等方式,提高了学生的综合素质和就业竞争力。大学生创业往往涉及多个学科领域的知识和技能,这促进了学科之间的交叉融合,推动了学科的发展和创新。本书基于创新驱动战略背景,探究大学生创业学习对创业意向的影响。不同于其他创业者,大学生创业对社会稳定、经济发展、创新驱动方面有着重要意义。主要体现在以下四个方面:①大学生创业最直接的实践意义在于缓解就业压力。通过自主创业,大学生可以直接创造就业岗位,为自己和他人提供就业机会。此外,创业成功的企业还能带动上下游产业链的发展,进一步增加就业机会。②大学生创业能有效推动经济发展,大学生创业企业往往具有较高的技术含量和市场竞争力。这些企业的成长与发展能够推动产业升级和转型,促进经济高质量发展。同时,创业企业的成功还能为政府带来税收收入,进而增加财政收入。③大学生创业是青年学子实现个人价值的重要途径。通过创业,大学生可以将自己的兴趣、专长与市场需求相结合,创造出具有社会价值的产品或服务。在创业过程中,大学生可以充分发挥自己的才能和潜力,实现自我价值的最大化。④大学生创业有助于形成社会示范效应和良好创新生态的构建，大学生创业的成功案例能够激励更多年轻人投身创新创业实践。这些成功案例不仅为后来的创业者提供了宝贵的经验，还形成了积极向上的社会氛围和示范效应。这有助于推动全社会创新创业文化的形成和发展，同时通过提升广大学生创新意识，在全社会形成良好的创新生态系统。

本书旨在探索创业学习对大学生创业意向的影响，主要研究内容有以下四点：①创业学习对创业意向的直接影响机制；②创业自我效能在创业学习和创业意向之间的中介作用机制；③创业自我效能对创业意向的影响；④创业教育满意度在创业自我效能和创业意向之间的作用。本书拟基于现有文献基础，对以上变量和相关影响因素展开研究，经过调查和实证研究，通过大样本数据对中国情境下已有相关量表进行验证和补充，以期为中国创业政策的制定者和创业学习的实施者提供决策参考，帮助高校、政府甄别和鼓励那些具有较强创业潜质的大学生创建自己的新企业，提升整个国家的创新力，同时为大学生创业意向的培育和提升提供理论支持，努力为现有创业学习和创业意向的研究提供理论补充和实践经验。

第一节　研究背景

一、理论背景

18 世纪欧洲资本主义萌芽时期，制度环境发生重大变革，创业活动悄然兴起；这一时期，亚当·斯密的《国民财富的性质和原因的研究》长期主导着经济学的发展，创业活动的经济功能还没有得到经济与管理学界的重视，同在这一时期，Jeremy Bentham、Richard Cantillon、Jean Baptiste Say、Frank Knight 等部分经济学家开始关注创业和创业者。进入 20 世纪，随着熊彼特（Joseph Alois Schumpeter）的里程碑式著作《经济发展理论》一书的出版，创业迅速进入人们视野，在熊彼特的理论体系中，创业者是创造性破坏者，创业者实施的创业活动可以打破经济平衡，增加社会财富。创业（Entrepreneurship）能促进经济进步、创造社会财富已成为共识（张玉利，2018）。在全球创新驱动浪潮下，创业活动能不断推动科技创新和产业升级，为经济长期可持续发展提供动力；在中国制度环境、文化环境以及市场环境的情境下，构建中国特有的创业理论体系，以解释中国独特情境下的创业现象及其背后的诱因显得重要而紧迫。中国历经了多次创业浪潮，每次浪潮都伴随着创业研究的深入发展。从简单地描述创业特征和创业过程转向深入地揭露创业过程中的内部机制，并更加重视关于创业现象的解释。具体到大学生创业情境，大学生创业教育作为培养创新创业型人才的重要手段，受到了广泛关注。创业教育旨在培养学生的创业意识、创业素质和创业能力，以应对日益复杂的市场环境。随着全球化和知识经济的快速发展，大学生就业问题日益严峻，创业成为缓解就业压力的重要途径之一。国内外学者对大学生创业进行了广泛而深入的研究，涉及创业教育、创业意愿、创业政策等多个方面。

随着全球创业活动的蓬勃兴起，创业研究已成为管理学、经济学、心理学等多学科交叉的热点领域。其中，创业学习与创业意向作为创业研究的核心议题，对于理解创业行为的起源、发展及其成功因素具有重要意义。回顾 20 世纪 70 年代以来关于创业学习和创业意向的众多文献，首先，在创业学习对创业意向的影响研究中，大都考虑单一的创业学习形式对创业意向的影响、经验学习对创业意向的影响研究或者社会网络学习对创业意向的影响（Hisrich，1990）。部分学者在研究中也考虑两种以上的创业学习方式对创业意向的影响研究。其次，尽管以前的学者研究了个人特征或人口统计学因素对大学生创业的影响，但研究结果在学术界并没有大量推广（Krueger et al.，2000），因为创业是一个动态变化的过程，个人特质是众多影响个体创业与否的原因之一，而静态特质理论对创业者或者创业活动的解释力显得十分有限，需要更合适的理论去解释这个动态过程。著名的管理大师 Drucker（1985）早在 20 世纪 80 年代就曾提出：创业不是魔术，也并不神秘，创业精神不是与生俱来的，就像其他学科一样，它是可以通过教育和学习培养的，有些人的确可能具有先天的企业家能力，但是通过创业学习，他们将具有更高水平的企业家活动。通过创业学习这一点，可以有效地识别创业者。创业就是一个学习的过程，创业知识是可以习得的，学习理论在创业领域应得到有机融合（Minniti & Bygrave，2001）。最后，在创业意向的大多数研究中，大多数学者都应用了计划行为理论解释创业学习对创业意向的影响（Bird，1988；Ajzen，1991），创业意向的形成是一个复杂的心理过程，涉及态度、主观规范、知觉行为控制等多个心理要素。计划行为理论、社会认知理论等经典理论模型为解释这一过程提供了有力工具。这些模型强调了个体认知、情感及社会环境在创业意向形成中的关键作用。创业学习是一个复杂且多维度的过程，涉及经验学习、认知学习和社会学习等多个方面。经验学习强调通过实践中的试错与反思来积累知识；认知学习关注个体如何处理和解释信息以形成新的认知结构；而社会学习则强调社会网络、互动与模仿在知识传递和技能习得中的作用。这些理论框架为理解创业学习的本质提供了多元视角。创业学习不仅有助于提升创业者的能力与素质，还对其创业意向的形成与强化具有重要影响。通过不断学习，创业者能够更准确地识别创业机会、评估风险与收益，从而增强创业意愿。此外，学习过程中的成功经验与积极反馈也能进一步激发创业者的内在动机与热情。创业学习的效果受到多种因素的影响，包括个体特质（如开放性、韧性）、组织环境（如文化、资源）以及外部环境（如政策、市场）等。这些因素通过不同的机制作用于创业学习过程，影响其效果与效率。

本书基于前人研究的大量成果，整合社会学习理论、计划行为理论、三元交互理论，探讨三种不同创业学习方式对创业意向的影响机制。

与一般创业者不同，大学生创业群体是一个特殊群体，他们缺乏资金和融资渠道，欠缺实践经验，且大都接受过高校创业课程的教育，研究这个年轻的群体是很有必要的。创业是创业者个体和环境相互作用的一个过程，创业参与主体及其所接受的创业教育所构成的有机整体共同组成了创业生态系统，他们彼此间进行着复杂的交互作用，共同作用于创业活动水平的提升（蔡莉、彭秀青、Nambisan 和王玲，2016）。大学生创业意愿是创业行为的重要前提，其影响因素复杂多样。国内外学者从个体特征、社会环境、政策支持等多个角度进行了深入研究。在这个过程中市场和环境包括创业者的各项认知能力是在不断变化的，作为潜在创业者，哪类大学生创业意愿更强烈？创业者从学校走向市场去创办和经营企业，需要各种知识和能力。在创业的准备过程中，学校的创业教育应该教些什么？学者在创业研究中已经有丰富的基础，虽然西方学者和中国学者从不同角度出发，研究不同主题的创业问题，均为创业研究提供了很多思路和贡献，但仍然存在一些洼地和缺陷。

二、实践背景

提到大学生创业，我们可以想到比尔·盖茨、乔布斯等多位成功的榜样，但更多的是，大学生创业失败率高达 90%，无论是初出校园的 ×× 共享单车还是具备一定经验的 LS 公司，在面对不确定的市场环境变化时都没有做出足够科学的创业决策。它们为什么会失败？是否应该教授大学生如何与创业失败相处？总体来说，大学生创业失败主要可以分为步骤不全型、经验不足型和判断失误型三种类型（何应林和陈丹，2013），主要原因也可分为三个部分：一是大学生个体创业自我效能不够，面对创业活动中的风险信心不足；二是创业教育机制不够健全，高校创业氛围缺乏塑造大学生创业精神的有机组合；三是政府、高校、社会协同效应不够，帮助和服务学生创业的创业生态系统不够健全。随着政府层面对创新创业的高度重视和大力推动，创新创业教育在一定程度上正成为中国大学转型发展的新抓手和新动能。然而，在创新创业教育热潮高涨且影响力与日俱增的同时，创业失败率居高不下，出现了某些引发担忧的现象。我们不得不反思，创业教育和创业学习的效果如何检验？如何才能营造创新创业教育的良性生态？我们对大学生的创业教育欠缺了哪些东西？潜在创业的学生个体是否具备了创业知识和创业能力？我们所处社会的动态性与环境的不确定性是否及时响应了高等教育和学生个体能力的动态要求？大众创业、万众创新热潮下，我们在鼓励想创业和适合创业的大学生投入到创业大军中时，应该积极探索投入大量人力、物力、财力的创业教育怎么更好地转化成学生内在创业精神。相信只有创业教育办好了，才能出现优秀的创新创业者。

三、问题提出

创业活动为全世界经济发展提供了新的动能，同时创业活动的开展能创造大量就业岗位、增加雇佣率。研究表明创业活动和经济发展水平之间具有强烈的关系（Van Praag & Ver shoot，2007），创业能促进经济进步和创造社会财富已成为共识；根据中国人民大学 2020 年 7 月发布的《2019 中国大学生创业报告》，75% 的大学生曾经有过创业想法和打算，其中 12.77% 的大学生具有强烈的创业意愿，但最终真正选择创业的毕业生数量不到 10%。近年来，随着国家对创新创业的鼓励和支持，以及高校创新创业教育体系的不断完善，大学生创业率呈现逐年上升的趋势。大学生作为社会创新的重要力量，其创业意愿和实际行动都在不断增强。2021~2023 年，大学生创业率在这一时期受到全球经济环境等外部因素的影响，呈现出一定的波动。但随着新一代信息技术和移动互联网等技术不断完善，大学生创业呈现新的趋势。2023 年高校教师教学发展研究国家级虚拟教研室和浙江大学教育学院共同发布了 "2023 年中国高校创新创业教育指数榜" 正式发布，评价对象覆盖全国 2820 所高校，包括 1275 所本科院校（含职教本科）和 1545 所高职（专科）院校。该指数数据来源广泛，包括教育部、各高校披露的就业质量报告、国家教育资源公共服务平台、知网等，新增数据量达 335078 条，总数据量达到了 1173450 条，数据显示，中国本专科院校创业数据有所差异，2023 年大学生初次创业成功率仅为 2.4%。指数报告里面提到了中国高校创新创业教育 TP3R 五维评价理论模型，该模型包括双创实践、双创教学、双创研究、双创成效和双创声誉五大一级指标，其中包含"挑战杯"大学生创业计划竞赛等创业比赛，用于评价高校创业教育的育人成效。在双创热潮下，国家积极鼓励大众创业，各项政策也在支持创业，大学生也乐于参与创业活动，根据教育部公布的相关数据，2019 年共有 35 万名大学生创业者，毕业生创业率约为 3%，在就业形势严峻的情境下大学生毕业选择创业的概率不大。且大部分学生创业都以失败告终，麦可思研究院数据显示，目前存活的大学生创业企业不到 10%，可以说大学生创业是"九死一生"的选择。

创业意向是后续大学生创业活动的前提，人人都渴望创业成功，大学生正值学习的黄金时期，在高校实施双创教育的情境下，学生通过创业学习能获取很多创业知识，创业学习对大学生创业自我效能形成和提升有着重要影响。随着高等教育的不断深化，创业学习包含了课程学习、创业实践学习等维度，这其中不得不提的是"挑战杯"全国大学生创业大赛、"互联网+"国家大学生创新大赛等青年创新创业赛事，这些赛事逐渐发展成为大学生创业实践学习的重要平台，其兴起也为创业教育育人成效提供了一个良好的观测点。青年兴则国家兴，青年强则国家强，高校作为人才培养主阵地，应适应社会发展需求，深化产教融合，响应创新经济需要，协同市场动态变化的人才需求，引领未来创业创新升级。基于此，本书将从创业学习角度切入，探索创业学习对大学生创业意向形成与提升的影响路径和机理。

第二节　研究内容

本书是关于创业学习对大学生创业意向影响机理的研究，研究中拟涉及变量创业学习、创业自我效能感、创业意向、创业教育满意度四个方面。

近几年来高校毕业人数逐年攀升，就业形势愈加严峻，大学生特别是本科生年龄阶段大多处于 18~25 岁，是学习知识和技能的黄金阶段，他们一旦完成学业就面临职业选择，要么就业，考取公务员或者事业单位，或雇佣于企业；要么自主创业，自我雇佣，同时也雇佣他人，以自主创业带动他人就业。然而，绝大部分的大学生天生并不擅长创业。著名的印度裔美国学者萨阿斯娃斯（Saras Sarasvathy）2003 年在 *Journal of Economic Psychology* 上发表了 *Entrepreneurship as a Science of the Artificial* 一文，与传统创业学领域看法不同，她把人们看作一幅正态分布图，正态分布的两端的少部分人分别是一定会成为创业者（即天生创业者）和一定不会成为创业者的群体，而正态分布的中间的大部分人在某些条件下，有可能成为创业者，那么创业学的问题应该是：创造什么样的条件，帮助这大部分有创业意愿的人克服障碍成为创业者。萨阿斯娃斯的观点对创业教育有很大的启发，创业教育应该培养大部分有创业意愿的学生克服创业障碍，培养他们应对不确定性和创业风险的能力和信心，而创业教育在这个过程中应该起到什么样的作用，或者如何作用于这个过程呢？

学者们在创业研究中已经有丰富的基础，西方学者和中国学者从不同角度出发，研究不同主题的创业问题，均为创业研究提供了很多思路和贡献，但仍然存在一些洼地和缺陷，现有研究多关注创业学习对创业意向的直接影响，而较少探讨其他潜在的中介变量或调节变量。例如，创业心理弹性、主动性人格等变量在创业学习与创业意向之间的作用机制尚未得到充分探讨。此外，创业态度、社会背景、家庭教育等因素对创业意向的影响也未得到全面分析。另外，尽管高校普遍开设了创业教育课程，但针对创业教育实践效果的研究相对较少。如何提升创业课程的质量、增强学生的学习投入度，以及如何通过创业竞赛等实践活动激发学生的创业意向，这些问题仍需进一步深入研究。Bandura（1977）提出了著名的社会学习理论，其中自我效能理论与三元交互理论是社会学习理论的重要内容。自我效能理论认为，个体的成就表现、替代经验、言语劝导和情绪状态四个方面会对其创业意向产生影响，进而影响后续创业行为；同时，三元交互理论认为，个体、环境和行为三者之间是相互作用的，它们相互依存，对彼此之间都有交互影响，个体的学习和相关行为不能忽视环境的作用。因此，本书基于 Ajzen 的计划行为理论、Bandura 的社会学习理论与自我效能理论，并在前人研究成果的基础上主要从以下四个方面展开研究：

（1）探索创业学习对创业意向的直接影响效应和间接影响效应，即创业学习直接或间接正向影响创业意向的显著效应程度。

（2）考察创业学习和创业意向的关系，探索创业学习通过创业自我效能的作用如何影响创业意向，探索创业自我效能在这其中起到什么作用且如何作用。

（3）探索创业自我效能和创业意向力之间的关系效应，引入创业教育满意度，检验其在创业自我效能和创业意向之间的调节效应。

（4）整合创业意向、创业学习、创业自我效能、创业教育满意度，基于学习理论和计划行为理论，将四个变量整合到一个研究模型里面进行研究。

本书认为创业学习对大学生创业意向的影响机制应基于一手数据的大样本考量，结合中国创业研究的情境创新性地使用或完善适宜中国的创业研究量表。因此，本书借鉴社会学习理论、三元交互理论、自我效能感理论，总结前人大量研究成果，基于调查的一手数据探寻大学生创业意向形成的内在机理，采用恰当的研究方法和相关软件，探寻创业学习对创业意向形成的影响路径和其他相关调节作用，为高校创业教育及人才培养提供政策参考和理论贡献。

第三节　研究意义

一、理论意义

20 世纪 80 年代以来，创业研究蓬勃发展，从创业特质论到创业过程和认知的研究，相关文献不断涌现，特别是西方学者的研究不断革新；但在中国情境下，创业教育和创业能力的作用机制鲜有学者做深入探讨，大学生创业者作为企业进入市场的孵化阶段，创业学习和创业意向形成机制的研究较少；本书在学者研究基础上，深入探讨创业教育背景下大学生创业意向形成的机制，探寻创业学习和创业意向之间是否可能存在一些调节机制，为创业研究拓展新的思路。

在创业教育满意度研究方面，从中国知网的数据来看，近年来"创业教育"的研究文献大幅度增加，截至 2024 年 8 月，在中国知网（CNKI）以关键词"创业教育"检索期刊文献，共有 66100 余条结果。教育以人为本，创业教育对象是学生，创业教育满意度是考量高校创新创业教育改革成败的重要评价标准。在中国知网以"创业教育满意度"为主题词搜索文献，共有 78 条结果，可见学者们对创业教育关注较多但对创业教育满意度研究较少。通过梳理已有文献发现，目前的创业教育研究仅局限于高校创业教育及其影响因素，换句话说，大多数研究只注重创业教育的供给端研究，而忽略了需求端，即个体对创业教育的满意度及接受程度，以及创业教育如何对 Sarasvathy（2003）所说的大部分人的创业意向产生影响（Hisrich，1986；张玉利，2004；杨洁，2016），这部分研究相对较少。在创业研究，尤其是创业意向研究中，已有研究并没有关注创业教育满意度在创业自我效能和创业意向两者之间的调节效应作用，这一缺憾应该得到更多的关注和研究，近三年中国人民大学发布的《中国大学生创业报告》开始提及创业教育满意度。基于此，本书将创业教育满意度引入创业领域研究，考察创业教育视角下创业学习、创业自我效能、创业意向在创业教育满意度这样的边界条件下的影响关系。

在创业学习的研究方面，由于创业领域的学习理论多从其他学科引入，创业领域本身还不够完善。近年来组织学习理论、社会认知理论、知识转移理论、知识管理理论等都被学者引入创业学习的研究中，但尚未形成较为系统和成熟的研究框架体系，其交叉学科的属性还未得到有机整合，使来自于不同领域的专家、学者的研究结论和观点存在差异。当前亟须解决的是创业学领域创业学习的框架搭建和系统完善，如创业学习应包含哪些内容，何时、何地、如何发生创业学习，创业学习的结果是什么等（单标安等，2014）。创业学习研究融合了多个学科，以创业学习为主题的研究从多个视角解释了创业行为、创业知识的获取和发展过程，毋庸置疑取得了众多丰硕成果，其贡献有目共睹，但大多数的创业学习研究都关注创业学习的概念、类型、维度及量表的开发（如 Pittaway & Cope，2012；Dutta & Crossan，2010），换句话说，创业学习的研究还处于概念界定和理论框架搭建阶段，关于如何通过创业学习提升创业自我效能、创业能力等后续变量的影响研究较少；与此同时，以往关于创业学习、创业能力的研究多以成熟的创业者和企业作为研究对象（陈文婷和李新春，2010；张秀娥和赵慧敏，2017），研究集中在创业绩效上，鲜有文献探讨创业初期时创业学习对创业意向的直接影响和间接影响。

本书拟对创业学习对创业意向的影响研究进行补充和延伸，厘清创业学习对创业意向的作用路径及搭建整合关系模型，探讨创业自我效能在其中的中介作用。

二、实践意义

根据麦可思研究院公布的《2019 年中国大学生就业报告》[①]，在 2018 届毕业生中，自主创业的学生比例为 2.7%，其中，高职高专毕业生创业的比例（3.6%）高于本科毕业生的比例（1.8%）。在 2015 年的毕业生中有 6.2% 的人在三年内开始了自己的事业。在 2015 届毕业生中，毕业后创业的人中有 44.8% 仍然坚持三年后开始创业，比 2014 年的毕业生低 1.4 个百分点（46.2%）。2015 年的毕业生于三年内在教育领域开办了自己的企业（19.8%）。零售业（14.8%）是

---

① 麦可思研究院，http://www.mycos.com.cn/index.php/Index/news_info/nav/3/id/49261.html.

2015 年毕业生自雇的主要领域。创业很难但是报酬要高得多。据该报告称，自己创业的大学毕业生的月收入有明显的优势。2015 年毕业生半年后的月收入为 5131 元，三年后为 11882 元，增长约 132%，明显高于 2015 年毕业生的平均水平（半年后为 4042 元，三年后为 7441 元，增长约 84%）。半年后和三年创业的人的月收入分别为 4601 元和 9726 元，增长约 111%，明显高于 2015 年毕业生的平均水平（半年后为 3409 元，三年后为 6005 元，增长约 76%）。

教育部公开数据显示，2017 年中国大学应届毕业生人数约为 795 万，2018 年中国大学应届毕业生人数约为 820 万，2019 年大学生毕业人数约为 834 万，2020 年毕业生约为 874 万[①]，2022 年高校毕业生人数突破了 1000 万，2024 年高校毕业生人数约为 1200 万，毕业人数逐年攀升。就业人数逐年增加，大学生与就业岗位需求量之间的供需矛盾愈演愈烈，就业岗位亟须拓展和升级。同时，随着新兴技术不断发展，就业形态更加多元，大学生创业就业方向更加多样，例如，自媒体、直播带货、AI 等行业涌现出了越来越多的创业机会，如何把握诸如此类的创业机会，需要与时俱进的创业教育推动创业学习的不断深入，使青年创业者们更好地把握创业资源。

高校是向社会输送人才的主要高地，创业教育已成为高等教育体系中的重要组成部分，其核心目标在于培养学生的创新精神、创业意识和创业能力，它不仅包括传授创业知识和技能，更注重激发学生的创新思维和实践能力。创业教育强调理论与实践相结合，通过案例分析、模拟创业、社会实践等多种形式，帮助学生理解创业过程，掌握创业技能，并培养其应对挑战、解决问题的能力。创新精神既是创业教育的核心，又是推动社会进步和经济发展的重要动力。在快速变化的社会环境中，创新精神能够帮助学生发现新机遇、解决新问题，从而实现个人价值和社会价值的双重提升。此外，创新精神的培养还能够增强学生的职业竞争力，拓宽其职业选择范围，为未来的职业发展奠定坚实基础。高等学校创业教育应积极培育学生创业意向，引导潜在创业者的后续创业行为，以创业精神带动优质就业，创业教育旨在通过影响学生创业学习以提高创业能力，使大学生在条件成熟时能选择自主创业，提高就业质量。基于以上几点，本书将从创业学习角度切入，探索创业学习对大学生创业意向形成和提升的机制。

首先，创业学习结果是获取创业知识，创业学习在一定程度上能提升大学生

---

① 教育部召开会议,2020 年应届高校毕业生 874 万，比 2019 年增加 40 万 | 高校毕业生 | 教育部 | 毕业 | 应届毕业生［EB/OL］. https://xw.qq.com/cmsid/20200213A0AVKN00?f=newdc, 2020-02-13.

自我效能感，促进高校毕业生更高质量的创业就业。随着"95后""00后"大学生即将进入社会各个岗位，这批青年学生大都是独生子女，缺乏吃苦耐劳、勇于开拓创新的品质，加之家庭和社会对他们的就业期待过高，择业就业观念保守，容易形成集中化、攀比化趋势，同时社会可提供的就业岗位有限，以致择业就业成为大学毕业生的心理屏障。

其次，深化开展创新创业教育，促进大学生创业意向的形成和提升，正确引导初入社会的大学生后续创业行为，在实施国家创新驱动发展战略上有重要意义。中国社会发展进入新时代，社会主要矛盾已转变为人民日益增长的美好生活需要和不平衡不充分的发展之间的矛盾，创业活动其本质特征是创造更高的需求并通过技术或商业模式创新来满足这些需求，创业活动在一定程度上满足了社会供需形势转变的新要求；创业大赛作为创业教育的重要组成部分，是展示学生创新创业能力和实践成果的重要平台，有助于激发学生的创业热情和创新精神。随着全球知识经济的快速发展，创新创业比赛已成为高等教育的重要组成部分。为了培养具有创新精神、创业意识和实践能力的高素质人才，各国高校纷纷加强创业教育体系的建设，通过多元化的教学方式和实践活动，激发学生的创业潜能。通过参与大赛的历练和磨炼，学生可以更好地掌握创业知识和技能，提升自己的综合素质和竞争力。这不仅有助于学生未来的职业发展，也有助于为社会培养更多具有创新精神和创业能力的高素质人才。"挑战杯"系列赛事作为国内历史最悠久、最具权威性的大学生创新创业赛事之一，自1989年举办以来，便以其广泛的参与性、高度的专业性和显著的社会影响力，成为大学生创新创业的重要舞台，"挑战杯"系列赛事已成为全国大学生创业比赛的奥林匹克盛宴。该赛事不仅注重学生的科技创新能力和创业实践能力的培养，还通过跨学科、跨领域的项目合作，促进学生综合素质的全面提升。同时，类似"互联网+"国际大学生创新大赛等创新创业赛事也为大学生提供了创业实践的良好舞台，通过对"挑战杯"和"互联网+"等创业大赛的深入研究，可以更加全面地了解创业教育的内涵、特点和规律，为创业教育的实践提供理论支持。本书在后续研究当中特别选取和跟踪近年来参加创业比赛并获奖的20余名大学生进行访谈，以期深化创业教育对创业意向的影响研究。发现和引导具有潜质的大学生创业意向的形成，对促进他们后续创业行为有积极的作用，能更好地帮助大学生潜在创业者取得创业成功，为国家创造更多的社会财富。

最后，创业活动尤其是大学生成功创办企业，在实现经济高质量发展上有着重要意义；在大众创业、万众创新的热潮下，厚植大众创业、万众创新土壤，深化创业教育，正确培育大学生创业意向，有效引导大学生创业活动，为建设创新型国家提供源源不断的人才智力支撑成为高校教育的重要任务。社会各界应思考当前社会需要什么样的创新型人才，高校怎么培养能适应社会需求的创新型人才，为经济的高质量发展提供创新人才驱动。

第四节　创新之处

第一，在研究设计上，本书结合了定量研究和定性研究方法。在变量研究上，本书拟界定创业教育满意度、创业学习、创业意向的整合性内涵和维度划分。首先，创业教育、创业学习、创业意向相关研究在国外已有一定研究数量，相比之下，国内对创业意向的研究却刚起步，鲜见创业教育满意度、创业学习、创业意向研究的成熟测量量表，现有研究成果中的量表大都缺乏实证检验。其次，通过文献调研与创业者访谈结果深化创业学习与创业意向之间、创业自我效能与创业意向之间的关系效应研究，试图打开从创业教育到创业意向的研究的"黑箱"。

第二，在研究对象上，本书探讨了创业学习、创业自我效能、创业教育满意度、创业意向等变量的研究对象选取问题，确定研究对象为在校大学生，并对高校教师以及大学生创建的运行正常的企业的负责人进行访谈和问卷调查，验证第一阶段针对大学生实证研究结果，并对三个来源不同的样本数据进行对比研究。试图基于整合关系模型的研究结果，努力提供关于创业教育满意度、创业学习、创业意向的量表验证，在此基础上在中国情境下完善相关变量的量表，深化创业学习对创业意向作用路径的研究，这将是创业学领域研究的重要议题，同时本书也为高校普及创业教育、开展专业性创业实践操作课程、聘请双师型创业教师、组织创业比赛等方面，提供一定思路。

第三，在模型构建上，验证创业学习对大学生创业意向直接影响和间接影响的过程，以创业学习为中介变量，自我效能感作为调节变量，探寻适合大学生的创业学习方式以获得知识提升能力。创业教育的目标是培养学生的创业思维，提升学生的学习能力，大学生是富有创造力和学习能力的群体，不确定性环境中创业教育的重要目标就是培养学生的创新精神和创业能力。

第五节　研究方法

　　根据研究问题和研究内容的需要，本书主要基于大量文献研究基础，采用实证分析方法提出理论框架及研究假设，通过问卷调查和样本收集进行定量分析。并利用SPSS21.0、AMOS24.0等统计软件处理相关数据。

　　（1）文献回顾和归纳。文献研究是任何学科任何课题、项目研究的基础，是构建规范科学最主要也是最基本的内容，它的本质是明确自己构建或弥补理论所依据的哲学视角是什么（Richardson & Fowers，1998）。本书将运用文献研究法对创业教育、创业学习、创业意向相关理论进行综述，基于前人的研究，结合当前实际所学所察，从大学生创业研究的缺陷和不足切入，探索大学生创业意向形成机制，并进行分析。

　　（2）实证研究法。本书的实证研究部分以理论模型为依据，以问卷调查所得到的数据为研究样本，利用SPSS23.0量化分析软件对模型进行广义线性回归分析（GLM）和检验，运用AMOS23.0量化分析软件进行验证性因子分析，最后说明实证检验的数据和结果如何支持该理论结论。

　　（3）问卷调查法。本书拟基于中国情境下成熟的量表（主要包括创业学习、创业自我效能感、创业意向、创业教育满意度四个变量）进行问卷设计，研究之初通过小范围问卷发放和收集进行小样本预测，在各个变量和模型通过检验后进行大范围问卷发放，通过SPSS23.0和AMOS23.0进行数据处理和分析；后期，对高校教师和创业企业创办人进行访谈和问卷调查，从创业教育供给主体（高校教师）、创业学习主体（大学生）、创业意向提升需求主体（企业家）几方面进行对比研究。

第二章

不确定性环境下创业在创造什么

第一节　创业研究中的不确定性

不确定性是创业活动的核心特征之一（杨俊、朱沆和于晓宇等，2022），VUCA 时代要求创业者不仅要具备创业所需知识和经验，更要面对各种不确定性，并学会从不确定性中获益［VUCA 指的是易变性（Volatility）、不确定性（Uncertainty）、复杂性（Complexity）、模糊性（Ambiguity）］。大学生创业面对着就业压力冲击、市场波动压力、创业资本匮乏等不确定性，不可预测的冲击、压力和波动影响着大学生创业者的决策和行动机制。如本书第七章 20 位访谈对象从决定参与创业比赛到后来大都放弃创业选择稳定的工作一样，在高度不确定性的创业环境中，创业者的内部认知机制和外部环境交互机制影响着创业意向、创业学习等创业决策。创业者如何决策是创业学研究的核心议题，一直以来备受学术界关注。近年来，基于数字技术、AI 技术的快速发展，这个机制变得更加多元和复杂，技术的进步也加剧了创业环境、创业过程的诸多不确定性，如何应对创业环境中的不确定性是每位创业者必须面对的课题。它要求创业者不仅要具备扎实的专业知识和技能，还要拥有敏锐的洞察力和果敢的决策力。认识不确定性、拥抱不确定性，并从不确定性中获益，创业者才能在复杂多变的商业环境中立于不败之地，为企业的发展注入源源不断的动力。创业者这些复杂的创业决策，是正确引导大学生树立创新意识、做出科学决策并从不确定性中获益的关键所在，同时也是教育部门和市场主管部门指定决策的重要参考。

当前的创业情境越来越成为一个未知领域。这意味着以往的创业决策模式不再具有完整意义上的适应性，创业者的决策方式和行为需要随着不确定情境的加深而持续演变。如何在不确定甚至是不可知的情境下依然做出有效的创业决策与行动，对于创业成功至关重要，也是创业研究的关注焦点。

　　从实践层面来看，创业决策蕴含着极大的不确定性，甚至整个创业活动过程都笼罩在不确定性之中。同时，不确定性也增加了创业决策的诱惑力，正如恩格尔（Engel）等（2017）所言，"缺少不确定性的创业，即使获得了商业上的巨大成功，创业过程也是枯燥、循规蹈矩、难以产生成就感的"。在不确定情境下，创业者无法预估决策结果的概率分布，甚至连决策结果本身都可能未知，但往往要针对其所面临的不确定性做出决策进而采取行动，因而创业者对不确定性的理解和应对能力常常决定着创业者的成功或失败。

　　从理论层面来看，尽管在 20 世纪 50 年代有关不确定性行为决策的理论研究才蓬勃兴起，但其理论内核早在古典经济学研究中就有所体现。然而尽管如此，不确定性如何对创业决策产生影响仍模糊不清。弗朗西斯·米利肯（Frances J. Milliken）在尝试定位个体层次的不确定性结构时，第一次提出了环境不确定性的三种不同类型，每种不确定性都与一定的客观因素相关联，但更重要的是通过创业者自身的判断来影响决策过程。这三种类型的环境不确定性自提出以来便被广泛引用，以扩展和重新构建固有的理论假设，相关研究涉及不确定性与领导力、新产品开发、社会网络和交易成本理论等多个领域。

　　弗朗西斯·米利肯的研究为多数创业研究和创业实践奠定了理论基石，也为创业中不确定性的研究开了先河，但其未解释不确定性如何以及在何种条件下能影响创业者的问题。亚历山大·麦凯尔维等（Alexander Mckelvie et al.，2011）基于弗朗西斯·米利肯提出的三种不确定类型理论，从认知层面继续探究了环境不确定性与创业意愿的关系，讨论了创业者在不确定性影响下参与创业行动影响的边界调节，在一定程度上是对弗朗西斯·米利肯（Milliken，1987）创业不确定性的回应和拓展。然而，创业是一个动态演进的过程，2017 年内华达大学马克·帕卡德等学者基于创业情境的不确定性背景重新审视了创业决策的本质，为不确定性情境下创业决策研究提供了新的视角。以下是情境不确定性的研究历程，三位学者对情境不确定性下的创业决策研究为大学生创业如何面对不确定性以及如何在不确定性中获益带来了很多启示，也为后人提供了有益的参考。

一、弗朗西斯·米利肯：基于感知不确定性的经典分类模型

　　1987 年弗朗西斯·米利肯在 *Academy of Management Review* 发表了 Three Types of Perceived Uncertainty about the Environment: State，Effect, and Response Uncertainty，弗朗西斯·米利肯基于个体感知视角，将环境不确定性分为状态不确定性、效果

不确定性和反应不确定性，揭开了感知不确定性和创业决策关系研究的"黑箱"。以下为三种不确定环境：

（一）状态不确定性

在创业环境中，状态不确定性指的是个体感受到的无法预测特定环境组织部分的变化，以及难以完全理解环境中各要素之间的相互作用。具体而言，在创业过程中，这种状态不确定性表现为个体无法准确判断未来事件发生的概率，这一点可以用组织运营环境特征的函数来表示（Duncan，1972）。弗朗西斯·米利肯列举了可能引发状态不确定性的多种因素，包括社会文化趋势、人口变动、技术的重大进步与演进，以及供应商、竞争对手、消费者、政府和股东等可能采取的行动。随着状态不确定性的增加，个体确定未来事件发生概率的难度也随之增加。换言之，随着创业环境的动态性、复杂性和异质性不断增长，创业者预测环境变化趋势的难度也在加大。因此，与稳定环境相比，环境状态的不确定性为创业者的决策带来了更大的挑战。

（二）效果不确定性

在创业环境中，效果不确定性指的是事件或环境的变动可能对目标组织产生影响，而个体对于这种影响的性质、严重程度以及影响持续的时间无法进行准确预测。换言之，效果不确定性反映了组织在特定未来情境下运作时可能遭遇的影响的不确定性。弗朗西斯·米利肯在其文章中提供了一个形象的例子来阐释效果不确定性："尽管你知道风暴即将来袭，但你无法预知它将对你的房屋造成何种具体影响，例如，你的房屋是否能够保持完好无损。"效果不确定性的后果是复杂且多样的。在创业环境中，决策者或许能够基于政治、经济、文化等因素预测到创业环境的变动趋势，但他无法预测这些变化将如何影响他的企业，以及企业是否能够有效应对环境变化带来的冲击。因此，对于商业决策者来说，与状态不确定性相比，效果不确定性为决策带来了更为显著的挑战。

（三）反应确定性

在创业的征途中，应对不确定性是一项至关重要的能力。反应确定性指的是创业者在面临复杂多变的商业环境时，由于知识的匮乏或预测能力的局限，难以制定出明确的应对策略，也无法准确预见这些策略可能带来的长远影响。

具体而言，这种不确定性源自多个方面。一方面，它体现了创业者在面对瞬息万变的市场环境时，可能因经验不足而无法迅速做出有效的反应。另一方面，即使创业者能够提出应对措施，也可能因为无法全面预测其后果而陷入困境。这种情境下的创业者，犹如航行在茫茫大海中的舵手，面对未知的风浪，只能依靠自己的智慧和勇气来指引方向。然而，正如米利肯所强调的，虽然应对不确定性充满了挑战，但也为创业者带来了前所未有的机遇。在不确定的环境中，那些能够敏锐洞察市场趋势、灵活应对变化的创业者，往往能够抓住稍纵即逝的商机，实现企业的跨越式发展。同时，弗朗西斯·米利肯还引用了康拉特（Conrath and Series，1967）的观点，进一步阐述了应对不确定性的深层含义。康拉特认为，应对不确定性不仅要求创业者具备丰富的知识和卓越的能力，还需要他们具备一种勇于探索、敢于尝试的精神。这种精神使得创业者能够在面对未知时保持冷静和理智，不断寻求新的解决方案和路径。

二、亚历山大·麦凯尔维等：解开不确定性结构对创业行动的影响

尽管弗朗西斯·米利肯的不确定性研究为创业环境和企业实践奠定了理论基石，也开创了创业研究领域中的不确定研究，但不确定性如何及在何种条件下怎么影响创业行为仍须进一步解构。2011 年亚历山大·麦凯尔维等在《创业理论与实践》上发表了《解开创业过程：不确定性对创业行动的影响》一文，基于弗朗西斯·米利肯的三种不确定类型研究拓展了环境不确定性情境下创业意向的边界条件，拓展了不确定性情境下创业决策行为的研究。

该文延续了弗朗西斯·米利肯对不确定性的三种类型进行区分的研究。首先，文章确认了不确定性是一个多维结构，由状态不确定性、效果不确定性和反应不确定性构成，并指出不确定性与创业行为之间存在一定的联系。这一发现得到了亚历山大·麦凯尔维的认可，并为他后续的研究提供了基础。其次，文章揭示了决策者面对不同组合的不确定性时，参与创业行动的意愿会有所不同。这一结果补充了关于不同不确定性对创业决策影响的研究，并为亚历山大·麦凯尔维探索不确定性与创业行动之间关系的边界条件奠定了基础。最后，文章发现，不同类型的不确定性在环境中的表现方式、开发规模以及企业家的专业知识构成了不确定性与创业行动之间关系的边界条件。这一研究结果有助于决策者以反直觉的方式缓和不确定性与创业行动之间的关系。

具体来说，该文以 2800 家创业软件公司的决策者为研究对象，探讨他们对于是否开发新产品的决策策略。文章采用了度量联合分析和分层线性建模技术来研究不确定性如何影响决策者对客观上"值得"追求的机会采取行动的决策。通

过这种方法，研究从根本上重新解释了不确定性如何影响企业家的决策和行为，并重点强调了不确定性如何影响企业家的认知。基于此，该文开启了反直觉的大门，并为更全面地理解创业者在面对不确定环境时如何做出决策提供了进一步的理论依据。

正如萨阿斯娃斯（2001）所言，该文表明创业决策者可能不会预测未来企业将会面临怎样的环境，而是会试图通过自己的认知、技能和行动等手段来创造环境。因此，状态不确定性可能不会对创业决策者的行为产生消极影响，反而反应不确定性将成为创业决策者行动的最大阻碍。此外，该文基于资源基础观，强调当创业者经历不确定性时，他们会根据所经历的不确定性类型和环境的变化重新部署或组合所拥有的资源，从而增强其参与创业行为的意愿。文章还对不确定性、风险、动荡环境进行了区分，认为在不确定性背景下未来的结果是不可估算的，而风险带来的未来结果概率是可知的，动态的环境则构成了不确定性的未来因素。

三、马克·帕卡德等：不确定情境下的创业决策具有动态性

在传统的创业研究领域，学者往往将决策视为一个孤立的或静态的判断过程。但现实情况果真如此吗？ 2017 年，马克·帕卡德等在《组织科学》上发表题为《创业过程中不确定性类型和过渡期》的文章，颠覆了传统观念。他们认为，判断和应对不确定性需要的决策是一个动态的、持续的过程，需要不断地重新评估。这篇文章对不确定性情境下创业者的决策本质进行了重新审视，并对不确定性类型进行了重新定义。从构建创业决策过程理论的角度出发，文章探讨了不确定性在判断过程中的动态变化，并开发了一个关于创业决策者判断连续性和递归性的框架，从而扩展了在不确定情境下对创业决策的研究。

创业是一个不断演进的过程，这种动态性在创业决策中扮演着不可忽视的角色（Dimov，2011；Mcmullen & Dimov，2013）。为了将这种连续且动态的决策过程应用于创业领域，首先，探讨了不确定性的本质，并将感知不确定性重新划分为风险与模糊性、环境不确定性、创造性不确定性以及绝对不确定性。其次，文章借鉴了动态决策理论和控制理论的见解，研究了创业决策者如何在特定的不确定环境下做出决策以及用于判断的认知机制，并通过实例进行了阐释。最后，根据新的感知不确定性类型，初步构建了创业决策过程理论，并特别强调了不确定性环境、创业者的决策，以及在创业过程中动态的 / 递归的决策对创业行为的影响。

决策是一个认知过程，这意味着创业决策者在做出选择时会依据其思想或知识（Shackle，1961）。因此，马克·帕卡德认为创业者的决策并非基于已知的概率，而是源于其理解和直觉。根据集合论的观点，决策由两个集合构成：选择集和结果集。当这两个集合中的一个或两个被视为开放时，不确定性便存在。换句话说，不确定性的本质在于概率未知。基于此，本书提出了以下四种不确定性类型：

首先，风险与模糊性。这种类型的不确定性仅在选择集和结果集都为封闭时出现，即个人可能采取的行动和行动导致的后果都是有限的，在这种情况下，事件发生的概率是可预测的。

其次，环境不确定性。这种类型的不确定性出现在选择集封闭而结果集开放的情况下，即个人采取的行动有限而行动导致的结果无限。这与弗朗西斯·米利肯提出的三种不确定性相似，都是由于环境的复杂性和动态性导致行为结果不可预测。

再次，创造性不确定性。这种类型的不确定性出现在选择集开放而结果集封闭的情况下，即个人采取的行动无限而行动导致的结果有限。这好比一个任务有一个期望的结果，但没有确定的解决方案。这种不确定性可能是由选择方案的可替代性或对最优方案的无知造成的，因此创造性不确定性可能会使决策者在寻求更优选择时感到困惑。

最后，绝对不确定性。这种类型的不确定性出现在选择集和结果集都开放的情况下，即个人采取的行动无限且行动导致的结果也无限。这种情况在创业初期很常见，决策者无法预知哪些需求可以得到满足，也无法确定哪些方案可以满足顾客的需求。因此，这种不确定性是绝对的，也是决策者面临的最困难的情境。

创业者的决策在很大程度上受到不确定情境的影响，这些不确定性类型的差异可能会对决策者的选择产生影响，并随着时间的推移对决策过程产生重要影响。

马克·帕卡德探讨了不同类型的不确定性对决策过程的影响。在风险和模糊性的不确定情境中，创业决策者可能会推迟决策，直到收集到更多可靠的信息。随着时间的推移，决策可能是重复的，或者根据经验可以填补一些信息空白，因此风险和模糊性情境下的动态决策是低风险的。在环境不确定性情境下，创业决策者可以根据其经验或认知来想象有限行为可能产生的结果，并根据决策者对结果的惊讶程度来对结果出现的可能性进行排序，基于此，决策者将做出判断和决策。在创造性不确定性情境下，创业决策者可以根据其经验和知识来想象各种解决方案，然而这些解决方案可能不是最佳的，因为经验可能会抑制创造力的产生，因此，在创造性不确定性情境下的决策受到决策者的经验和创造力的限制。在绝对不确定性情境下，决策者通常会通过消除不可信的选择方案和不希望发生的行为结果来缩小决策范围。

马克·帕卡德设想创业决策者所遇到的不确定情境能从绝对不确定性过渡到环境不确定性或创造性不确定性，甚至转化为风险与模糊性。然而，当决策者反复推敲"选择—结果"（递归判断）时，环境、信息及决策者的新判断总会发生相应的改变。随着时间的推移，不确定性可能过渡为两种可能：一种朝向低不确定性水平（风险与模糊性）转变；另一种朝向高不确定性水平（绝对不确定性）转变。向低不确定性水平的转变是通过判断发生的，而向高不确定性水平的转变则可能需要新的信息和经验的积累。

第二节 大学生创业在创造什么

党的十八大以来，我国陆续出台了一系列激励创业精神、培育创业企业的政策文件。随着这些政策的深入实施，我国的创业环境不断优化，创业氛围日益浓厚。各地政府积极响应号召，纷纷推出了一系列配套措施，如设立创业基金、提供创业场地、举办创业大赛等，为创业者提供了全方位的支持和帮助。

这些政策不仅激发了广大民众的创业热情，也促进了创业企业的快速发展。越来越多的年轻人、大学生、海归人士等群体加入到创业大军中来，他们带着创新的思维和先进的技术投身于各行各业，为经济社会发展注入了新的活力和动力。同时，这些政策还促进了创业企业的成长和壮大。在政策的扶持下，许多创业企业得以快速成长，并逐渐成为行业内的佼佼者。这些企业的成功不仅带动了当地经济的发展，也为社会创造了更多的就业机会和财富。

新一轮科技革命和产业变革正在加速推进，人工智能、大数据、云计算、物联网等为代表的新兴技术不断进步，大学生作为颇具创造力的群体，为技术的更新迭代注入了活力，推动创新创业成为经济社会发展的强大引擎。众所周知的是，大学生创业失败率一直居高不下，那么，鼓励和支持大学生创业意义在哪儿？大学生创业在创造什么？这些都是值得学术界和实践界探究的议题。创业对于经济增长至关重要，那么大学生作为潜在创业者，在应对不确定性环境下，他们创业促进经济增长的机制什么，高校和政府如何培育大学生创业精神？回顾以往学者关于创业促进经济增长及相应培育创业活动的政策研究，主要呈现以下特点。

一、戴维·奥德兹和罗伊·图里克：以"知识"为核心的创业型经济模型

Audretsch D. 和 Roy Thurik 于 2004 年在 *International Journal of Entrepreneurship* 上发表了 *A Model of the Entrepreneurial Economy* 一文，主要谈论了创业型经济体系模型构建，它是"创业与经济增长"领域的代表作，系统地阐述了为什么创业精神应该被纳入经济增长模型，以及为什么创业经济模型相较于管理经济模型更适用于社会发展需要。这个观点提出至今已有 20 多年，在新技术快速迭代的今天依然适用，也为大学生创业研究及创业精神的培养提供了理论基础。

在学术界早期，关于经济增长的主流观点源自诺贝尔经济学奖得主罗伯特·索洛的理论，即资本和劳动力是推动经济增长的关键因素（Solow，1955）。索洛的理论与其时代背景密切相关。20 世纪 50 年代，美国的经济模式以机器为主导的工厂大规模生产为核心。大企业的规模效应得到了广泛的认可，因此，资本和劳动力作为大规模生产的两大支柱，被主流经济学家视为经济增长的主要动力。然而，到了 20 世纪 80 年代，随着微软、英特尔、苹果、戴尔等科技巨头的崛起，美国步入了信息技术时代。这一时期科技的迅猛发展促使经济学家们重新评估经济增长的关键因素。学者如罗默（Romer，1986）、克鲁格曼（Krugman，1991）和卢卡斯（Lucas，1993）提出，知识才是经济增长的核心驱动力。他们将知识视为与资本、劳动力同等重要的投入要素，纳入经济增长模型，并将其视为一个内生的、可控的变量，这一理论流派被称为内生经济增长学派。内生经济增长学派的这一观点认为，知识是经济增长的核心要素，具体到今天大学生创业研究情境，创业知识的获取和转化同样是大学生创业学习的关键所在。但知识本身不能直接促进经济增长，它需要创业者这样一个媒介去影响创业活动创造价值。

内生经济增长学派立足于时代变迁，为索洛模型提供了新的分析维度。然而，它也忽略了一个关键的现实问题：知识本身并不会直接导致经济增长，它需要通过企业家这一媒介才能发挥作用。这就好比隐居草庐的诸葛亮，尽管拥有非凡的才智，但如果不是被刘备请出南阳，他的才华也只能埋没于古籍之中，无法影响当时的局势。在这个比喻中，刘备扮演了企业家的角色，他使诸葛亮的才能得以施展，进而影响了历史的进程。戴维·奥德兹和罗伊·图里克的理论贡献在

于，把知识应用于创业活动，才是促进经济增长的关键所在。

大学生是学习知识的主体，那么大学生创业在创造什么呢？戴维·奥德兹和罗伊·图里克的理论中，提到了创业精神，并认为应该把创业精神纳入经济增长模型。创业精神的研究为大学生创业教育提供了理论视角。

在探讨"为何创业精神应被纳入经济增长模型"之前，首先需要明确创业精神的含义。学术界对"创业精神"这一概念尚未形成统一的定义。奈特（1921）认为，创业精神体现为承担和应对不确定性的勇气与能力；熊彼特（1934）则将其视为通过创新视角重组生产要素的执行能力；莱宾斯坦（Leibenstein，1963）视其为在信息不对称中发现和评估市场机会的远见。而奥德兹和图里克则提出，创业精神是具备专业知识的人才独立实现商业机会的倾向。与早期定义相比，奥德兹和图里克的定义更为具体，易于与现实世界联系。例如，那些从大型企业离职自主创业的高级技术人才，或是像扎克伯格这样集技术和创新思维于一身的年轻企业家。

根据奥德兹和图里克的理论，创业精神的益处在于激励大企业中的技术人才自主创业，从而孵化出更高效、更具创造力的小企业。那么，为何他们认为"激发技术人才脱离大企业、创立小企业的动机"是促进经济增长的关键因素呢？原因在于创业精神填补了"从知识到经济增长"过程中一个至关重要的环节——知识的应用。技术人才的自主创业能够加强理论与实践的结合，进而推动经济增长。那么，为何技术人才在大企业中无法实现知识的传播和应用，而必须依赖自主创业呢？

首先，技术人才在大企业中的边际效用较低。随着经济增长的重心从资本和劳动力转向知识，传统的"规模经济理论"受到挑战。在大企业中，众多"聪明的大脑"可能因意见不合而耗费大量时间达成共识，这可能不如独立创业带来的社会价值增量大。

其次，大企业和创业企业对员工的角色和价值需求存在根本差异。大企业强调对员工的控制，因为在规模化生产中，员工的价值在于精确完成既定任务。这种环境并不鼓励创新。一方面，既定任务几乎占据了员工的全部工作时间；另一方面，偏离既定要求的创新想法需要承担较大风险，即便成功，员工从中获得的收益也远小于自主创业。相反，创业企业强调对员工的激励，员工的核心价值在于知识创造。这是因为创业企业无法也不应有过于僵化的任务。在激烈的市场竞争中，创业企业需要通过突破性创新在成本、市场影响力等方面超越大企业，甚至实现反超。创业企业的优势在于创新的机会成本较低，因此员工也不必对新想法承担过重的风险压力。综上所述，他们从技术人才的创新参与度和效率两方面论证了创业精神对经济增长的重要性。

最后，为何创业型经济模型相较于传统的管理型经济模型更适合社会发展的需求？在奥德兹和图里克的文章发表之前，学术界普遍认可由大公司主导的管理型经济模型对经济现实的适用性。这种模型强调政府与大企业之间的相互制衡，以实现稳定的大规模生产，并认为小企业的存在仅是为了确保"去中心化"的决策过程。奥德兹和图里克结合社会经济发展的实际情况，从十四个维度阐述了"为何创业企业比大企业更符合现代经济增长模型"。这些维度的特点大致可以归纳为经济效率和发展潜力两个方面。总体来说，不同于大企业，新创企业注重知识和创新的重要性，因为新创企业想要在竞争激烈的市场上存活和发展，需要两个条件：一是技术的创新；二是要通过创业创造需求来获得市场份额。与大学生创业不谋而合的是，大学生创业要想取得成功，知识和创新也是关键所在。

二、佐尔坦·阿克斯等：创业促进经济增长需要什么政策

创业能促进经济增长，技术能推动社会进步，让创业者消除顾虑开展创业活动、让创业企业更愿意投身于技术研发和突破，成为创业政策设计和实施的难题所在。佐尔坦·阿克斯等（Zoltan Acs et al.）学者 2016 年在《小企业经济》上发表了《促进创新活动的公共政策》一文。佐尔坦·阿克斯及其团队的研究为大学生创业提供了一个宝贵的视角，即高校和相关部门如何制定创业政策激发创新精神。

为了确保经济政策能够有效地激励创业，提升各行业的技术水平，而非仅仅促进重复性生产——这里所说的重复性生产即是戴维·奥德兹和罗伊·图里克著作里面所提到的（Audretsch D. & Roy Thurik，2004），他们首先对创业政策的受益对象进行了区分：一般创业者和创新型创业者。一般创业者指的是在市场竞争中，因超额收益而进入市场的竞争者，他们往往只追求短期利益，缺乏长远的政策支持。而创新型创业者则是指那些能够引入市场上尚未存在的产品的企业家，他们的创业行为能够带来知识的增量。如学者阿克斯倾向于将后者作为创业问题的主要研究对象，这与熊彼特的观点相一致。相反，柯兹纳认为一般创业者才是创业活动的主体，其价值在于重新分配扭曲的经济资源，使市场从不均衡状态回归至均衡。柯兹纳对"均衡市场"的关注更符合资本和劳动力主导的规模化生产情境。然而，正如戴维·奥德兹和罗伊·图里克所强调的，新时代经济增长的主要因素是知识，因此阿克斯等学者的定义对于分析和处理"技术创新"问题更具价值。

为了设计出能够精准激励创新型创业者行动的公共政策，阿克斯等学者进一步探讨了创新型创业者的创业动机。传统理论认为，创业者选择创业而非加入企业的原因在于前者能带来更高的收入。但阿克斯等学者对此提出质疑，他们认为创业的利润难以准确预判，因此并非创新型创业者的主要动机。一方面，产业中的生产要素信息并不公开透明，竞争企业之间的信息不完全，使产品销售情况难以准确估计；另一方面，技术创新本身具有很强的不确定性，企业很难准确预估投入产出比。为了验证这一假设，阿克斯等学者通过分析丹麦、瑞典等国的数据发现，有技能的企业家的创业收入平均比他们的工作薪水低 15%。因此，阿克斯等提出，创新型创业的核心动机并非利润。因此，直接补贴创业活动难以有效促进创新型创业，只会使一般创业活动的出现概率小幅上升。

鉴于直接补贴的效果不尽如人意，阿克斯等进一步分析了促成创新型创业的外部条件，希望公共政策能够通过间接渠道提高市场创新水平。阿克斯等总结了五种通过降低市场失灵来促进创新型创业的外部环境条件。首先是强网络外部性，即创业者发现机会、拓展机会及获取关键资源的能力。这能提高潜在创新型创业者触及商业机会的可能性。创新型创业者对商机更明确的感知和把握能提高市场中创新型创业活动的频率与成功率。其次是强知识外部性，即外部环境中的知识密度、知识外溢的速度。这能加快知识在不同创业企业间的交互速度，进而加快产品迭代速度。再次是低知识外溢效应，随着企业知识外溢效应的增强，企业创新所带来的社会价值将逐渐高于其产生的私人价值，这可能会削弱企业的创新动力。又次是良好的创业氛围，这里主要指的是从众效应。如果一个市场中已经存在一些榜样型创业家，那么市场中的其他潜在创业者将更有可能被激励去创业。最后是高社会资本成本，这指的是人们在一个社会环境中所建立的各种人脉关系、社会联结和情感寄托。由于这些要素难以迁移到其他地方，一个地区的创业者们有很强的动力去促进当地的创业活动。

阿克斯等认为，直接干预政策的效果有限，如果想有效促进创新型创业，公共政策应致力于满足上述五种环境要求。政策制定者应将注意力放在"效果"而非"努力"上，为创新型创业提供实践价值和政策建议。

上述两个代表性观点为创新精神和创业政策研究提供了理论指导（Audretsch D. & Roy Thurik，2004；Aes Z.，2016），为本书大学生创业的研究带来了很好的启发，知识的应用及创新精神的培养都离不开科学合理的创业政策的激励和影响。但两个流派的研究结论是否适用于中国情境下的大学生创业研究有待进一步探讨和验证。

第三节　创业研究经典模型回顾

创业研究自 18 世纪中期开始，经过两个世纪的发展，于 20 世纪 80 年代迅速崛起，并在近年来引起了广泛关注。学者从不同角度提出了多种创业模型，这些模型不仅丰富了创业学研究的理论框架，也为实际创业活动提供了重要指导。本书基于资源、环境、机会三个维度对创业经典模型进行梳理和回顾，主要有四个经典创业模型：①盖特纳（Gartner，1985）创业模型，盖特纳在 1985 年提出了新企业创建的概念框架，该模型认为新企业的创建是创业者、组织、环境和过程四个维度相互作用的结果。盖特纳模型强调了创业者个人特质（如获取成就感的渴望、善于冒险等）、新企业类型、环境（技术、供应商、政府等因素）以及创业过程（发现商业机会、集聚资源等）的复杂性。这一模型不仅适用于新企业的创建，也适用于单个创业者的创业行为，为创业研究提供了全面的视角。②威克姆（Wickham，1998）创业模型，威克姆在其著作 *Strategic Entrepreneurship* 中提出了基于学习过程的创业模型。该模型认为创业活动包括创业者、机会、组织和资源四个要素，这些要素相互联系并需要动态协调和匹配。威克姆模型强调创业过程是一个不断学习的过程，创业者处于中心地位，需要有效处理各要素之间的关系。此外，组织作为一个学习型组织，需要不断适应机会的变化，以实现创业成功。③萨尔曼（Sahlman，1999）创业模型，萨尔曼创业模型强调了要素之间的适应性，并扩展了要素的外延。该模型为创业实践提供了理论基础，同时为创业过程的研究开拓了新的视野。萨尔曼模型关注创业者如何根据市场环境的变化调整创业策略，以实现企业的可持续发展。④蒂蒙斯（Timmons，1999）创业模型，蒂蒙斯于 1999 年在 *New Venture Creation* 一书中提出了一个创业管理模式，强调成功的创业活动需要将机会、创业团队和资源三者做出最适当的搭配，并随着事业发展做出动态平衡。蒂蒙斯模型的核心在于识别与评估市场机会，这是创业过程的起点，也是关键阶段。这一模型揭示了创业过程中机会、团队和资源之间的动态关系，为创业者提供了清晰的行动框架。

一、Gartner 的创业模型

Gartner 的创业模型，也称为盖特纳创业模型，是由 Gartner 公司在 1985 年提出的一种评估创业项目成功概率和风险的模型。该模型主要基于企业的生命周期理论，将创业过程分为五个阶段，每个阶段都有其独特的特点、风险以及相应的应对策略。Gartner 创业模型认为，创业就是新组织的创建过程，即将各个相互独立的行为要素组成合理的序列并产生理想的结果。该模型通过四个主要维度来构建：创立新企业的个人（创业者）、所创建的新企业的类型（组织）、新企业所面临的环境以及新企业创立的过程。这四个维度相互作用，共同决定了新企业的创建和发展。该模型认为以下四个变量会对创业行为产生影响：个人、组织、环境、过程。根据该模型形成了相关机制和结构，使得各种要素和资源得到有效整合和充分利用。利用这四个变量可以对所有的创业行为和创新组织进行解释，可以把内部复杂的关系进行清晰剖析。Gartner 的创业模型如图 2-1 所示。

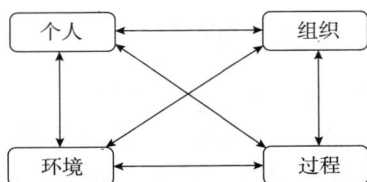

图 2-1　Gartner 的创业模型

资料来源：笔者根据文献资料整理所得。

与此同时，Gartner 的创业模型基于企业周期理论，将创业过程分为五个阶段，分别为种子期、起步期、发展期、成熟期、衰退期。在创业生态系统中，Gartner 创业模型详尽地描绘了企业从萌芽至成熟的完整生命周期，各阶段的特征与应对策略为学术界研究创业过程提供了丰富的理论框架。

（一）种子期：创意孵化与可行性评估

此阶段标志着创业活动的初步启动，创业者沉浸在创意的孵化过程中，通过深入的市场调研和技术评估，试图验证其商业构想的可行性。这一过程涉及对目标市场的细致分析、竞争对手的识别以及技术可行性的验证，旨在为后续创业计划的制订奠定坚实基础。种子期强调制订详尽且可操作的创业计划书，该计划书需明确阐述企业的愿景、使命、目标市场、产品定位、营销策略及财务预测等关键要素。同时，创业者需积极探索差异化竞争优势，明确自身产品或服务相较于市场现有解决方案的独特价值。此外，积极寻求天使投资、政府资助或众筹等初步资金来源，以及建立与潜在合作伙伴的战略联盟，对于推动项目进入下一阶段至关重要。

（二）起步期：市场进入与初步运营

随着创业计划的实施，企业正式进入市场，开始生产产品或提供服务，并着手进行市场推广。此阶段企业面临的主要挑战包括产品质量的稳定性、市场接受度的验证以及客户关系的初步建立。

起步期需聚焦于产品与服务的持续优化与创新，以满足市场需求并提升客户满意度。同时，通过有效的市场营销策略扩大市场份额，建立稳定的客户群体，并着手构建企业独特的文化和价值观体系，为长期发展奠定精神基石。此外，加强内部管理，确保团队的高效协作与资源的合理配置，也是此阶段不可忽视的重要任务。

（三）发展期：规模扩张与效率提升

发展期是企业扩大规模和提升效率的关键阶段，随着企业市场份额和利润的增长，企业进入快速发展阶段，面临的主要任务是进一步扩大生产规模、提升运营效率并巩固市场地位。此阶段企业应积极探索多元化的融资渠道，如风险投资、私募股权等，以支持企业的快速扩张。同时，通过招聘优秀人才、优化组织结构、引入先进管理系统等手段，提升企业的整体运营效率和管理水平。此外，加强市场营销和品牌建设，提升品牌知名度和美誉度，也是此阶段的重要任务。通过不断探索新的市场机会和业务领域，实现企业的多元化发展。

（四）成熟期：市场领导与持续创新

在成熟期，企业已成为市场的领导者，拥有稳定的客户群体和市场份额。然而，此阶段企业同样面临来自新兴竞争对手和市场变化的压力，需要保持持续的竞争优势和创新能力。成熟期的企业应不断投入研发，提升产品或服务的品质和创新性，以满足市场日益多样化的需求。同时，加强品牌管理和市场营销，巩固和提升品牌影响力。此外，企业应保持敏锐的市场洞察力，积极寻找新的市场机会和业务增长点，实现企业的可持续发展。通过组织结构的优化和管理模式的创新，提升企业的适应性和灵活性，以应对未来可能的市场变化。

（五）衰退期：战略转型与重生

根据企业生命周期理论，企业的发展在一定阶段必将进入衰退期。当企业的市场份额和利润出现下滑趋势时，企业进入衰退期。此阶段企业需要面对严峻的市场挑战和内部困境，面临退出市场或重组的风险。衰退期的企业应积极寻求战略转型和重组的机会，通过调整业务结构、优化资源配置、引入新技术或新业务模式等手段，实现企业的重生。同时，加强成本控制和效率提升，减少浪费，确保企业的稳健运营。此外，企业还需加强与政府、行业协会等外部机构的合作与交流，争取政策支持和行业资源，为企业的转型重生创造有利条件。在极端情况下，企业还需考虑通过并购、重组或清算等方式退出市场，以避免更大的损失。

Gartner 创业模型对大学生创业具有深远的指导意义，主要体现在以下五个方面：

1. 明确创业阶段与目标

Gartner 创业模型将创业过程划分为种子期、起步期、发展期、成熟期和衰退期五个阶段，每个阶段都有其特定的挑战和机遇。对于大学生创业者来说，这一模型有助于他们明确自己所处的创业阶段，并根据每个阶段的特点制定相应的目标和策略。这有助于他们更加有计划、有步骤地推进创业项目，避免盲目行动和资源浪费。

2. 识别关键要素与资源

Gartner 创业模型强调了机会、团队和资源在创业过程中的重要性。对于大学生创业者来说，这一模型提醒他们要密切关注市场动态，寻找具有潜力的创业机会；同时，要组建一个富有激情和能力的创业团队，共同应对创业挑战；此外，还要积极寻求外部资源的支持，如投资、导师指导、合作伙伴等，为创业项目提供必要的资金、技术和市场支持。

3. 应对风险与挑战

创业过程中充满了不确定性和风险，Gartner 创业模型通过划分不同的阶段，帮助大学生创业者更好地理解每个阶段可能遇到的风险和挑战。这有助于他们提前做好风险评估和应对措施，减少创业失败的可能性。同时，模型还鼓励大学生创业者保持灵活性和创新性，在面对变化时能够迅速调整策略，抓住新的机遇。

4. 指导大学生创业规划与执行

Gartner 创业模型为大学生创业者提供了一个清晰的创业规划和执行框架。通过遵循模型的指导，大学生创业者可以系统地制订创业计划、进行市场调研、开发产品或服务、拓展市场等。这有助于他们更加有条理地推进创业项目，确保每个环节都能够得到有效执行和监控。

5. 心态与素质培养

创业不仅是一项经济活动，更是一种挑战自我、实现梦想的过程。Gartner 创业模型鼓励大学生创业者保持积极乐观的心态，勇于面对挑战和失败。同时，模型还强调了团队合作、领导力、沟通能力等素质的重要性，这些素质对于创业成功至关重要。通过参与创业实践，大学生创业者可以不断提升自己的综合素质和能力水平，为未来的职业发展打下坚实的基础。

二、Wickham 的创业模型

Wickham 的创业模型，也被称为创业者导向模型，主要阐述了创业活动中的四个核心要素及其相互关系。20 世纪 90 年代末期，该模型被提出来。该模型强调创业活动的主导者实际上是创业者。在各个创业活动和环节中，创业者是核心。创业者要在创业的过程中把机会和要素充分结合起来最终确保创业活动取得成功。创业活动会受到创业者自身学习能力的影响。因此，从本质上来讲，"持续性学习"是创业型组织的本质特征和属性。Wickham 的创业模型主要阐述了创业活动中的四个核心要素（创业者、机会、资源、组织）及其相互关系。四个核心要素中，创业者是创业活动的中心，其职能体现在有效处理其他三个要素（机会、资源、组织）之间的关系上。创业者的任务包括识别和确认创业机会、管理创业资源、领导创业组织。机会是创业活动的起点和驱动力，创业者需要敏锐地识别和评估市场中的潜在机会。机会的形式、大小、深度决定了资源与组织所需的形式、大小、深度。第三个核心要素资源包括资本、人力、技术等，是创业活动得以实施的基础。资源需要集中用于机会的开发和利用，同时要考虑资源的成本和风险。第四个核心要素组织是创业活动的载体，包括组织的资本结构、组织结构、程序和制度以及组织文化。组织的资产、结构、程序和文化等需要形成一个有机的整体，以适应所开发的机会，并根据机会的变化不断进行调整，如图 2-2 所示。

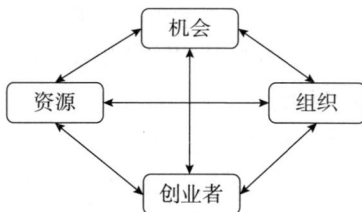

图 2-2　Wickham 的创业模型

资料来源：笔者根据文献资料整理所得。

该模型的四个核心要素之间有着密不可分的关系，首先，创业者通过有效处理机会、资源和组织之间的关系，实现要素间的动态协调和匹配。其次，资源需要集中用于机会的开发和利用，通过整合资源来创建组织。最后，组织的结构和文化等需要随着机会的变化而不断进行调整，以适应新的市场环境和业务需求。与此同时，创业过程是一个不断学习的过程，创业型组织被视为学习型组织。组织不仅要对机会和挑战作出及时反应，还要根据反应的结果及时调整和修正未来的反应。通过"干中学"，组织的规则、结构、文化和资源等不断改进，实现组织的完善、发展和创业要素间的动态平衡。

Wickham 的创业模型具有动态性、中心性和学习性三个特点。Wickham 的创业模型强调了创业活动的动态性，即各要素之间需要保持一种动态的协调和匹配关系。中心性指创业者处于创业活动的中心地位，其职能和角色对于创业活动的成功至关重要。学习性指的是创业过程是一个不断学习和调整的过程，组织需要通过学习来适应市场变化和业务需求。

Wickham 的创业模型为理解创业活动的本质和规律提供了重要的理论框架和实践指导。Wickham 的创业模型对大学生创业具有多方面的指导意义，首先，明确创业要素与角色定位。Wickham 的模型强调了创业者、机会、资源和组织这四个核心要素。对于大学生创业者而言，这有助于他们明确自己在创业过程中的角色定位，理解每个要素的重要性和相互关系。大学生创业者需要认识到自己是创业活动的核心，需要积极识别并把握机会，有效整合和管理资源，同时构建合适的组织结构和文化。其次，增强市场敏感度和机会识别能力。模型指出机会是创业活动的起点和驱动力。大学生创业者需要培养敏锐的市场敏感度，学会从日常生活中发现潜在的创业机会。通过市场调研、行业分析等方法，他们可以更准确地评估机会的可行性和商业价值。这种能力对于大学生创业者来说至关重要，因为他们往往缺乏丰富的市场经验，需要通过不断学习和实践来提升自己的机会识别能力。再次，合理规划资源使用与风险控制。在创业过程中，资源的有效整合和管理是成功的关键。大学生创业者通常面临资源有限的挑战，因此需要合理规划资源的使用，确保资源的优化配置和高效利用。同时，他们还需要具备风险控制意识，对可能遇到的风险进行预测和评估，并制定相应的应对措施。通过合理规划资源使用和风险控制，大学生创业者可以降低创业风险，提高创业成功率。又次，构建高效团队与企业文化。组织是创业活动的载体，包括团队的组成、结构和文化等方面。大学生创业者需要构建一支高效、协作的团队，明确团队成员的职责分工和沟通机制。同时，他们还需要注重企业文化的建设，营造积极向上的工作氛围和团队精神。通过构建高效团队和企业文化，大学生创业者可以提高团队的凝聚力和执行力，为创业项目的成功实施提供有力支持。最后，强调持续学习与创新能力。Wickham 的模型指出创业过程是一个不断学习和调整的过程。

大学生创业者需要保持持续学习的态度，不断掌握新的知识和技能，提升自己的创业素养和竞争力。同时，他们还需要具备创新能力，勇于尝试新的商业模式和解决方案，以应对不断变化的市场环境。通过持续学习和创新能力的培养，大学生创业者可以不断提升自己的创业能力和水平，为创业项目的长期发展奠定坚实基础。

通过明确创业要素与角色定位、增强市场敏感度和机会识别能力、合理规划资源使用与风险控制、构建高效团队与企业文化以及强调持续学习与创新能力等方面的指导，大学生创业者可以更好地应对创业过程中的各种挑战和困难，实现自己的创业梦想。

三、Sahlman 的创业模型

Sahlman 的创业模型是哈佛大学商学院教授 Sahlman 于 1999 年在 "Some Thoughts on Business Plans" 一文中所提出的经典创业模型。该模型认为创业是一个由多个关键要素相互协调、相互促进的过程，这些要素主要包括人力资源（People and Resources）、机会（Opportunity）、交易行为（Deal）和环境（Context）。Sahlman 强调在创业活动中，创业者需要对以下四个关键要素进行充分掌握：①人力资源；②外部环境；③创业机会；④交易行为。如图 2-3 所示。

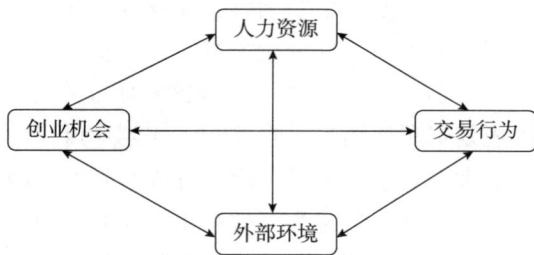

图 2-3　Sahlman 的创业模型

资料来源：笔者根据文献资料整理所得。

（一）人力资源

这一要素主要指的是创业者和创业资源，包括直接或间接提供的经验、技能和知识等资源。它涵盖了资金提供者、产品供应商、经理、雇员、律师、会计师以及与创业项目或企业有着直接或间接相关的其他人。人力资源是创业活动的核心驱动力，创业者的能力和资源的质量直接影响到创业项目的成功与否。

（二）机会

机会是指创业机会以及期待的未来回报，通常表现为营利性、替代品、竞争者等方面。它涵盖了企业有待开发的技术、市场以及创业过程中需要创业者投入资源的事务。机会识别是创业活动的起点，一个具有潜力的创业机会能够吸引投资者和资源的投入，为创业项目的成功奠定基础。

（三）交易行为

交易行为主要是在团队建设、市场营销、融资渠道和融资方式等环节中存在的创业项目或企业与资源提供者之间的直接或间接契约关系。交易行为是创业过程中不可或缺的一环，它涉及资源的获取、团队的组建以及市场的开拓等方面。良好的交易行为能够确保创业项目的顺利进行和资源的有效配置。

（四）环境

环境是指与创业项目紧密相关但又不一定可控的因素，包括创业市场、利率水平、相关政策法规、宏观经济环境以及行业内的进入威胁等。环境对创业项目的影响是深远的，它既是创业项目的外部条件也是其约束因素。创业者需要密切关注环境的变化，及时调整创业策略以应对各种挑战。

Sahlman 创业模型具有全面性、动态性、实践性三个特点。其中，全面性：Sahlman 创业模型涵盖了创业过程中的多个关键要素，为创业者提供了一个全面的分析框架。动态性：该模型强调创业过程是一个动态变化的过程，各要素之间需要相互协调、相互促进。实践性：Sahlman 创业模型为创业者提供了具体的指导思路和实践路径，有助于他们更好地把握创业机会、整合资源和应对环境挑战。

Sahlman 的模型强调了人力资源、机会、交易行为和环境这四个关键要素在创业过程中的重要性。大学生创业者需要清晰地认识到这些要素，并理解它们在创业成功中所扮演的角色。这有助于大学生创业者更加全面地考虑创业项目的各个方面，从而做出更加明智的决策。Sahlman 的创业模型为创业者提供了一个全面、动态且实用的分析框架，通过明确创业要素与重要性、提升自我认知与团队建设、敏锐捕捉创业机会、理性面对交易行为以及灵活应对环境变化等方面的努力，有助于他们更好地理解和应对创业过程中的各种挑战和机遇。创业活动实际上就是这四个方面关键要素相互适应和相互融合的过程。要想确保创业活动取得成功，必须要对这些关键要素进行协调以及有机整合。

四、Timmons 的创业模型

Timmons 的创业模型是创业管理领域中的一个重要理论框架，由美国百森商学院的杰弗里·蒂蒙斯（Jeffry A. Timmons）教授在 20 世纪 90 年代提出。该模型旨在帮助创业者建立可持续的商业模式，推动企业快速成长。蒂蒙斯教授在其 *New Venture Creation* 一书中详细阐述了这一模型，并得到了广泛的认可和应用。该模型主要强调了创业过程中商业机会（Opportunity）、创业团队（Team）和资源（Resources）三个核心要素的相互关系和动态平衡。如图 2-4 所示。

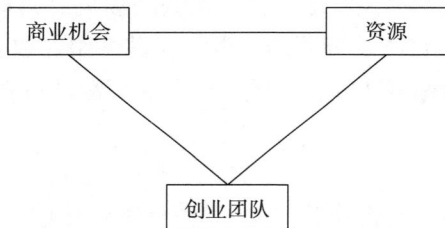

图 2-4　Timmons 的创业模型

资料来源：笔者根据文献资料整理所得。

（一）商业机会

商业机会是创业过程的起点和核心驱动力。创业者需要识别和评估市场机会，这些机会可以是未被满足的市场需求、技术突破或其他可以转化为商业价值的条件。

创业者需要通过市场调研、行业分析等方式确定商业机会，并进行持续优化。

（二）创业团队

成功的创业不仅需要有远见的领导者，还需要一个能够执行商业计划、具有不同技能和经验的团队。

团队成员需要具备学习能力、适应性和领导能力，共同推动企业发展。

（三）资源

资源包括资金、技术、设备等，这些资源对于实现商业机会至关重要。创业者需要制定有效的策略来获取和利用这些资源，通过资源整合和战略规划，解决资源短缺问题，并将其转化为竞争优势。

Timmons 的模型将这三个要素比作一个倒立的三角形，团队位于顶部，机会和资源作为基础。随着企业的发展，资源会逐渐增多，而机会可能会变得相对有限，这就需要创业者不断寻找新的机会并合理利用资源以保持企业的平衡发展。

在 Timmons 的三要素模型中，创业机会、创业资源和创业团队被认为是创业过程的核心驱动力。创业被视为一个在这些要素之间寻求动态平衡的活动。识别和评估机会构成了创业过程的起始点，它决定了对资源的需求，包括种类和数量以及相应的组织结构。资源是开发创业机会的关键支撑，创业者必须制订并执行精心设计、谨慎使用资金的计划，力求以最少的资源实现最大的成果，即动员所有可用资源，并合理地利用和控制它们。鉴于创业活动通常以团队合作形式进行，Timmons 将创业团队视为实现创业目标的关键组织要素，并用它取代了单个创业者。创业团队必须具备特定的特质、灵活性和适应性，以应对市场环境的变化（Timmons et al.，2003）。Timmons 的三要素模型进一步将创业要素提炼为机会发现、资源利用和团队协调，特别强调了创业机会的核心作用和地位，将识别创业机会视为整个创业活动的起点，而环境则被视为机会搜寻的内在载体。

第四节　创业研究经典模型小结

创业经典模型不仅为理论研究提供了基础，也为实际创业活动提供了指导。Sahlman、Wickham、Gartner 以及 Timmons 的创业模型各具特色，它们从不同角度揭示了创业过程的复杂性和动态性。这些模型不仅为创业研究提供了丰富的理论框架和视角，也为创业者提供了实用的指导。具体来说 Sahlman 的创业模型、Wickham 的创业模型、Gartner 的创业模型以及 Timmons 的创业模型是四种不同的理论框架，它们各自从不同的角度对创业过程进行了深入的分析和阐述，Sahlman 模型侧重于创业者与资源供应者之间的互动，以及这些互动如何影响创业过程的进行。Wickham 模型侧重于创业者的核心作用，以及创业过程是一个不断学习的过程。Gartner 模型侧重于创业过程的复杂性和不同要素之间的相互作用，但相对忽视了创业过程的动态性。Timmons 的创业模型则强调了商业机会、创业团队和资源三个核心要素的相互关系和动态平衡。这四个创业模型在创业研究领域都具有重要的地位和价值。它们之间的异同点反映了创业过程的多样性和复杂性。三个模型都强调了创业过程的动态性。Sahlman 模型和 Wickham 模型通过要素之间的相互作用和创业者的动态协调能力来体现这一点；而 Gartner 模型则通过不同阶段的划分和应对策略的调整来反映创业过程的动态变化。四个模型均认为创业成功是多要素相互作用的结果，包括创业者、机会、资源、环境等。而环境的不确定性是影响创业个体创业决策、创业意向和后续创业行为的关键要素，大学生创业者需要认识到创业过程中的不确定性和变化性，保持灵活性和适应性，及时调整创业策略和计划。

　　四个模型对大学生创业具有重要的指导意义。Sahlman 模型强调交易行为在创业过程中的重要性，这对于大学生创业者尤为重要。在资金、资源相对匮乏的情况下，大学生创业者需要更加注重与潜在投资者、合作伙伴的沟通与谈判，以获取必要的支持和资源。Wickham 模型基于学习过程的视角，强调了创业者在面对创业机会时通过不断学习和调整来实现动态平衡的重要性。对于缺乏创业知识的大学生创业者来说，创业学习是贯穿创业过程的重要行为，对于创业教育也有重要启示。尽管 Gartner 模型更侧重于创业过程的复杂性，但其对组织、个人、环境和过程的综合考虑为大学生创业者提供了全面的思考框架。Timmons 模型强调商业机会、创业团队和资源之间的动态匹配，这对于大学生创业者来说具有重要的指导意义。在创业初期，大学生需要敏锐地识别商业机会，组建高效的创业团队，并整合各方资源以实现创业目标。现有研究广泛探讨了大学生创业的影响因素及其对策。研究表明，创业教育、政策支持、市场环境、家庭背景、个人特质等多方面因素均对大学生创业产生显著影响。在这些因素中，Sahlman、Wickham、Gartner 与蒂蒙斯等创业模型为理解大学生创业过程提供了理论支撑。总体来说，Sahlman、Wickham、Gartner 与 Timmons 等创业模型为理解大学生创业过程提供了丰富的理论框架和视角。这些模型不仅揭示了创业成功的关键因素和机制，也为大学生创业教育和实践提供了重要的指导。首先，它们帮助创业者认识到创业过程的复杂性和动态性；其次，它们提供了全面的理论框架和实践指导；最后，它们鼓励创业者保持灵活性和适应性，不断调整和优化创业策略。这些都有助于提高大学生创业的成功率和竞争力。

第三章

相关理论和文献综述

本书的核心是考察高校创业教育情景下，大学生创业学习对创业意向的影响和作用机制，而创业学习、创业意向、创业自我效能均是近年来管理学研究中的热点内容。本章聚焦创业研究领域，对该领域中创业学习、创业意向、创业自我效能、创业教育满意度进行了系统梳理，探寻这一研究领域的演化路径及现有主要分析角度，以期找到该领域的理论缺口。

第一节　创业内涵和理论

创业研究是一个多层次、多维度的复杂议题，涉及经济学、管理学、心理学、社会学等多个学科领域。国内外不同领域的学者对于创业的定义进行了界定和描述。主要流派有以下三类：①盖特纳认为创业就是新企业创建的过程（New Venture Creation）（Gartner，1985）；②霍华德·史蒂文森认为创业是不拘泥于当前资源条件限制的机会追寻（Stevenson H.，1985）；③迈克尔·莫里斯认为创业是从创业导向到创业强度的投入产出过程（Morris M.，1994）。另外，随着创业研究的蓬勃发展，创业研究呈现百花齐放的态势，不同学科的不同学者从很多方面定义了创业，Knight（1921）对创业的内涵进行了深入剖析，认为创业活动成功率并不是百分之百，过程存在着一系列的风险和不确定性因素，只有风险和不确定性因素得到有效防范和消除，才能确保创业取得成功。在创业活动中，创业者的敏锐的判断力和观察力十分重要，创业者要善于把握创业机会，不断进行创新和创造，这样才能获得相应的商业价值，才能确保创业的成功。

创业理论的发展经历了从单一视角到多视角融合的过程，主要包括以下四个流派：①资源观。该流派强调资源在创业过程中的重要性。创业者需要获取、整合和利用各种资源（包括资金、技术、人才等），以支持其创业活动的顺利开展（Brush & Vanderwerf，1992）。②机会观。机会识别和利用被视为创业活动的核心。创业者需要具备敏锐的市场感知能力和敏锐的洞察力，以便在复杂多变的市场环境中发现并抓住有价值的商业机会（Shane & Venkataraman，2000）。③社会网络观。该理论认为创业者的社会网络对其创业活动具有重要影响。通过构建和维护广泛的社会网络，创业者可以获得信息、资源和支持，从而提高创业成功的可能性（Aldrich & Zimmer，1986）。④制度观。制度环境对创业活动具有深远的影响。不同的制度环境会影响创业者的创业意愿、创业机会识别和创业绩效等方面（Scott，1995）。因此，创业研究需要关注制度因素在创业过程中的作用。

从字面上理解，创业是指创立基业或事业的行为。然而，随着经济社会的发展，创业的内涵已远超出此范畴，变得更为丰富和多元。学术界对创业内涵的理解大致可以分为以下四个方面：①机会识别与利用。创业通常被视为一种发现并利用市场机会的行为。创业者需要具备敏锐的市场洞察力，识别并把握那些尚未被满足的市场需求，进而通过创新的方式提供产品或服务（朱秀梅，2019）。②创新—核心驱动。它不仅包括技术创新，还涵盖管理创新、组织创新、市场创新等多个方面。创业通过引入新的生产函数，推动经济和社会的发展。熊彼特（Schumpeter J.，1934）在其《经济发展理论》一书中首次明确提出了"创新"的概念，并将其视为经济发展的核心驱动力。熊彼特认为，"创新"就是把生产要素和生产条件的新组合引入生产体系，即"建立一种新的生产函数"，其目的是为了获取潜在的利润。③风险承担。创业活动本质上具有高风险性。创业者需要承担来自市场、技术、财务等多方面的风险，并具备在不确定环境中做出决策的能力。④价值创造。创业的根本目的是创造价值，包括经济价值、社会价值和文化价值等。通过提供独特的产品或服务，创业者不仅实现个人财富的增长，还为社会带来积极的影响。

通过学者们对创业的多种定义的梳理，可以看出，尽管学者们具体的定义描述存在着差异，但是对于创业活动所包含的共有因素都十分认可，不仅包括创业者和创业资源，同时还包括创业教育和创业机会。大多数学者强调，创业活动实际上是创业者在发现创业机会的基础上，整合和利用创业资源，最终创造商业价值的过程。

Schumpeter（1934）强调经济增长和发展会受到创业行为以及创新行为的影响，同时经济均衡状态同样也会受到创业行为和创新行为的影响。然而Collin

（1979）在对创业行为和创业过程进行研究的过程中，认为创业主体十分重要。通过上述分析可以看出，创业活动是一项十分复杂的系统性工程，研究视角十分丰富。所以，学术界对于创业本身的定义还没有达成相应共识。但是，Gartner（1985）、Wickham（1998）、Sahlman（1999）所倡的创业模型得到了广大学者的一致认可。

第二节　创业意向的文献综述

行为意向（也称意愿）是心理学领域的重要概念，学者 Bird 等（1988）把行为意向引入创业研究领域。创业意向，英文为 Entrepreneurial Intention（EI），也称创业意愿，是创业及相关研究中十分重要的概念。创业意向形成于创业活动的早期阶段，是决定后期各类创业行为的关键变量，近年来，有关创业意向的研究成为创业研究领域的重要主题。创业意向是指潜在创业者对是否从事创业活动的一种主观态度，是潜在创业者"想不想创业"的一种心理状态和行为倾向。它是将创业者的注意力、精力和行为引向某个特定目标的一种心理状态，是创业行为的较好的预测指标。

一、创业意向的内涵

Conner 和 Armitage（1998）指出，意愿是有意识地将自己的计划和想法付诸行动。关于创业意愿的研究时间相对较久，Bird（1988）将意向引入创业领域，将创业意向定义为引导个体注意力向创业目标实现转化的精神状态。Kruger（2000）认为，创业意愿是一种主观态度倾向，它能够影响个体实施创业行为，它是对创业态度与能力的一般描述，同时也能够引导个体行为向既定目标靠拢，对创业行为进行预测。Thompson（2004）则认为，创业意向是个体决定创建新企业的意念，并在合适的时间周期内付诸行动倾向。相对于国外研究，国内创业倾向的研究也有很多成果。范魏和王重鸣（2004）以国内创业为背景，将创业意愿划分为可行性与希求性，并将潜在创业者的学生群体作为研究对象，通过实证研究得出潜在创业者的个体特征、环境因素、所学专业和学历层次对个体创业倾向有影响。李永强（2008）提出，创业意愿是指潜在创业者对于从事创业活动的主观态度和意愿。侯飞（2014）根据文献归纳将创业意向区分为创业意愿及创业可行性两个维度，同样通过以大学生为样本的实证研究，验证了个体特征对创业意向有影响，同时研究结果表明，创业自我效能感在创业动机（包括风险承担、成就需求等方面）与创业意愿及创业可行性之间发挥了中介作用。因本书研究对象是大学生群体，结合以上研究，本书认为创业意向就是潜在创业者决定创业的倾向程度，是个体倾向于从事创业活动的意愿强度，需要说明的是除特殊注明外，本书所指创业意向是个体层面的创业意向，而非公司层面创业意向。

二、创业意向研究回顾

梳理已有创业意向的文献，以往关于创业意向的研究，从理论视角和研究角度分类主要研究内容可以归纳为以下几个方面：

（一）理论视角

围绕理论视角的研究。主要是基于 Ajzen（1991）提出的计划行为理论（TPB）和 Shapero（1982）、Sokol（1982）提出的创业事件模型（SEE）这两个模型。

（1）计划行为理论（Theory of Planned Behavior，TPB）是社会科学领域中的一个重要理论模型，尤其在预测和解释人类行为方面展现出了强大的影响力计划行为理论视角，是所有意向研究中用得最多的模型之一。行为意向（Behavioral Intention）是预测和解释个体行为最好的方式，计划行为理论由 Ajzen 在 1985 年提出，并在后续的研究中得到了进一步的完善和发展。该理论的核心观点是，个体的行为意向是预测其实际行为最直接且最重要的因素，而行为意向则受到三个主要因素的影响。该理论最初被称为理性行动理论（Theory of Reasoned Action）（Ajzen & Fishbein，1980），它受主观规范和行为态度两个方面的影响，该理论认为，意向是决定行为的直接因素，行为意向越强，采取行动的可能性越大。理性行动理论自发表以来受到大量研究的支持，随着时间的推移，在后来的研究中发现，该理论忽略了一个重要因素，即知觉行为控制（Perceived Behavior Control，PBC）。Bandura（1982）研究发现，自信程度（这里的自信指的是个体对自己是否有能力实施行为的信念）是影响个体行为的重要变量。在此基础上，Ajzen（1985）将知觉行为控制（PBC）融合到理性行动理论中，形成了如今人们常用的计划行为理论（TPB）。计划行为理论（TPB）可以很好地解释和预测个体行为，认为个体创业意愿受到三个因素的影响，分别是行为态度、主观规范和行为控制。行为态度（Attitude）是指个体对某一特定行为所持有的正面或负面的评价。这种评价通常基于个体对行为结果的预期，包括预期的积极或消极后果。如果个体对某一行为持有积极的态度，即认为该行为会带来积极的结果或避免消极的结果，那么他就更有可能产生执行该行为的意向。主观规范（Subjective Norm）是指个体在决策过程中感知到的社会压力，这种压力来自对他人（如家人、朋友、同事等）期望的感知。当个体认为他人期望自己执行某一行为时，他会感受到一种社会压力，这种压力会促使他产生执行该行为的意向。主观规范的影响程度取决于个体对他人期望的感知强度以及他对这种期望的认同程度。知觉行为控制（PBC）是指个体对执行某一行为的难易程度的感知。这种感知基于个体对行为所需资源、技能、机会等的评估。如果个体认为自己有足够的资源、技能和机会来执行某一行为，那么他就更有可能产生执行该行为的意向。知觉行为控制不仅直接影响行为意向，还通过影响行为态度和主观规范来间接影响行为意向。计划行为理论通过引入知觉行为控制这一概念，进一步丰富了理性行为理论（Theory of Reasoned Action，TRA）的内容，该理论在预测和解释人类行为方面展现出了强大的生命力和应用价值，使理论更能准确地预测和解释个体行为。计划行为理论观点认为以上三个因素共同作用影响创业意向进而影响创业行为（见图 3-1）。

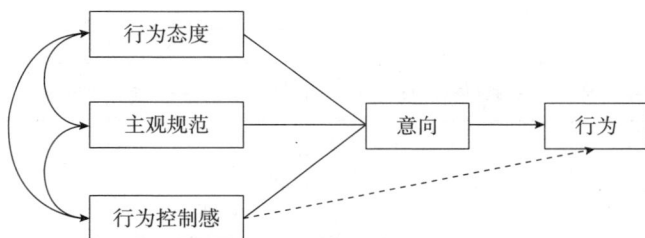

图 3-1　计划行为理论模型

资料来源：笔者根据文献资料整理所得。

（2）创业事件理论（Sense of Expectancy，Sense of Feasibility，and Entrepreneurial Propensity，SEE 模型）由 Shapero 和 Sokol（1982）提出，是一个用于分析和解释创业意愿及其影响因素的理论框架。尽管 SEE 模型在创业研究领域的具体应用和详细定义可能因不同学者和研究背景而有所差异，但一般来说，它可以被理解为从多个维度评估创业意愿和创业行为的理论模型。该理论认为，合意性感知（可取性）、可行性感知和行动倾向这三个要素对创业意向有重大影响。合意性感知是指"创业者的个人吸引力，受内在和外在因素的影响"，可行性感知是指"企业家对他们的创业能力的感知力量"，而自我效能感是影响可行性感知的前提因素（Shapero，1982）。行动倾向指创业者在创业过程中所表现出来的意志力，包括风险偏好、决策风格等。企业家事件（SEE）模型假定社会惯例指导着人类的行为，直到这种约定俗成的规律被打断或"替代"为止（Krueger et al.，2000）。被替换的事件通常是负面的，例如，失业或离婚；但也可以是正面的，例如，继承遗产或赢得彩票。重要的生活事件（如失业、移民等）可以促进企业家活动的增加。根据 SEE 模型，如果"突发事件"为企业家带来更多价值，并且企业家感到有能力发起业务，那么个人将具有更高的创业意愿。Segal 等（2005）运用创业事件模型对美国大学生的创业意图进行了实证研究，研究结果表明，合意性是他们决定创业意图的主要因素。SEE 模型为理解创业意愿的形成提供了有力的理论支持。感知期望值、感知可行性和创业倾向性三个要素相互作用、共同影响创业意愿的产生和发展。然而，现有研究也存在一定的局限性和不足。例如，部分研究过于关注个体层面的影响因素，忽视了外部环境和社会网络等更广泛因素的作用；同时，不同文化和制度背景下的创业意愿影响因素可能存在差异，需要进一步探讨和验证（见图 3-2）。

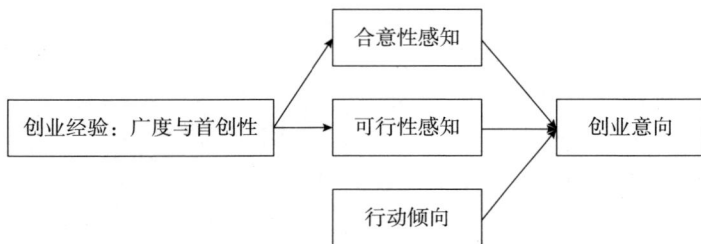

图 3-2　创业事件模型示意图

资料来源：笔者根据文献资料整理所得。

（二）研究视角

回顾已有创业倾向研究，很多学者从不同角度进行了大量研究，其中创业自我效能视角和社会网络视角研究成果颇多，主要体现在以下两个方面：

（1）创业自我效能的角度。自我效能感是个人对能够完成当前任务与否的自信和认知。创业自我效能是初创企业的自我效能感，是创业者对其创业活动走向成功的自信程度（Kickul，2008）。创业自我效能感对创业意向的形成具有重要影响，在创业意向的形成中，企业家自我效能感作为中介变量具有大量的研究成果。许多学者的研究支持企业家自我效能感在企业家意志形成过程中的重要作用

（陈寒松等，2017；胡玲玉等，2014）。除了把创业自我效能作为中介变量、探讨创业意向的影响机制外，学者还讨论了创业自我效能在企业家意向形成过程中的调节作用。

（2）社会网络的角度。Bird（1988）指出了个体的所处的社会环境等社会因素影响着个体创业意向的形成，这些因素都嵌入了个体的社会网络中。个人的社会网络是主要的社会关系和人际关系，个人行为是在个人的社会网络中形成和实施的。关系和网络已经成为研究的重要课题之一（Xin & Pearce，1996；Park & Luo，2001）。社会网络作为一种资本，可以为个体提供很多资源、信息、技能和劳动力等。通过社会网络，潜在的创业者可以获得商业活动所需的资源，从而促进创业活动的发生（林嵩和姜彦福，2012）。

三、创业意向影响因素

随着全球创业热潮的兴起，创业意向作为创业行为的前因变量，受到了学术界的广泛关注。创业意向不仅反映了个体对创业活动的态度和倾向，还对其未来是否选择创业具有决定性影响。本书将基于曹科岩等（2020）、徐菊和陈德棉（2019）、陈寒松等（2017）、叶映华（2009）以及钱永红（2007）的研究，对创业意向的影响因素进行文献综述。

（一）个人的心理和情感因素

个人的心理和情感因素一直是研究创业意向的重要视角，许多学者基于个人的心理和情感对其创业意向的影响进行了研究。诸如个体认知、风险感知、情商、大五人格等是个人和情感因素的诸多组成部分，对创业意向有着显著的影响。Saeed（2013）从大五人格切入分析了其对个体创业意愿的影响；Nabi 和 Liñán（2013）讨论了风险感知对创业意愿的影响；Zellweger（2011）研究了个人认知对创业意向的影响；Kickul（2010）关注的是认知风格；Zampetakis（2009）也关注了情绪智力对创业倾向的影响。

（二）社会网络和社会环境

社会网络对创业意向的影响不可忽视。陈寒松等（2017）的研究发现，社会网络通过提供创业信息和资源支持，对创业意向产生正向影响。同时，创业自我效能感在其中也起到了中介作用。创业自我效能感是指个体对自己能够成功执行创业活动的能力信念，它不仅能够直接增强创业意向，还能够通过影响个体对创业活动的态度和认知来间接提升创业意向。文化和社会环境也是影响创业意向的重要因素。钱永红（2007）的研究指出，不同国家或地区的文化差异对创业意向有显著影响。例如，在创业氛围浓厚、鼓励创新的社会环境中，个体的创业意向往往更强。此外，政策环境、经济水平、家庭背景等因素也会对创业意向产生一定影响。

（三）性别等因素

曹科岩等（2020）通过调查研究指出，性别、年龄、教育水平、专业背景等个体特征均对大学生的创业意向有显著影响。例如，男生相较于女生可能拥有更强烈的创业意愿，这可能与性别角色期望和社会文化观念有关。此外，教育水平越高、专业背景与创业相关度越大的学生，其创业意向也越强。

（四）创业学习对创业意向的影响

创业意向作为创业行为的先导，其形成和增强受到多种因素的影响。近年来，创业学习对创业意向的影响成为学术界关注的焦点。创业学习是指个体通过获取创业知识、技能和经验来提高其创业能力的过程。多项研究表明，创业学习对创业意向具有显著的正向影响。

杨钋等（2021）通过实证研究发现，大学生创业课程的学习投入可以提升其创业意向。这表明，系统化的创业教育能够帮助学生建立对创业活动的积极认知和态度，进而增强其创业意愿。李厚锐等（2018）的研究则进一步揭示了创业学习对大学生创业意愿的影响机制。他们发现，创业学习能够通过提高个体的创业自我效能感来间接增强创业意愿。创业自我效能感是个体对自己能够成功执行创业活动的能力信念，它是连接创业学习和创业意愿的重要桥梁。创业失败是创业过程中难以避免的现象，但失败并不意味着终结。王飞绒等（2018）的研究指出，创业失败学习对提升连续创业意向具有积极作用。他们认为，创业者通过反思和总结失败经验，能够学习到宝贵的创业知识，这些知识不仅有助于他们在未来避免类似的错误，还能够增强他们的创业能力和信心，从而激发他们再次创业的意愿。除了创业学习本身，社会网络和创业自我效能感也在创业意向的形成过程中发挥着重要作用。陈寒松等（2017）的研究表明，社会网络不仅为创业者提供了丰富的创业信息和资源支持，还通过增强创业自我效能感来间接提升创业意向。社会网络中的互动和合作能够帮助创业者建立对自我能力的信心，进而增强其创业意愿。

第三节　创业学习文献综述

一、创业学习的定义和内涵

创业学习（Entrepreneurial Learning）在创业中的重要作用已得到学术界和实践的认可，作为创业研究的重要领域之一，创业学习定义、内涵、研究现状和未来趋势均呈现出多样化的特点。早在 2005 年，《创业理论与实践》发表了关于创业学习的这一主题的特刊。虽然个体可以在生活中的任何时候开始新的创业活动，但 GEM 的研究表明，许多创业公司都是由 25~35 岁的年轻人创办的。创业学习的目的是提升知识以获取资源，相关数据表明，大学生在决定在开始自己的生意之前比较注重积累更多的工作经验和创业资源，换句话说，大学生在决定创业之前都有意愿进行创业学习。因此，许多企业家在开始创业之前就以深刻而系统的方式研究了"创业学习"。即使在开展业务的过程中，他们仍然继续"创中学"，以便新的合资企业继续发展。创业学习的早期研究源于经济学理论，为创业学习理论的发展奠定了必要的基础。创业学习作为创业研究中重要的研究领域，不同学者基于各自的研究视角和背景，提出了多种定义和理论框架。通过研究，学者认为有些人可能天生具有企业家才能，但后天的学习更为重要，学习成为识别企业家的特殊机制（李新春，2000）。Deakins 和 Freel（1998）是较早提出创业学习概念的学者。他们将创业学习定义为企业家在创业过程中的学习，Rae 和 Carswell（2001）将创业学习描述为一个过程，在此过程中，个人在发现和开发机会以及建立和管理新企业的过程中重构了新方法。Minniti 和 Bygrave（2001）将创业学习视为学习知识和利用知识做出更好决策的过程，强调创业者通过重复迭代选择问题的校准算法来更新知识。他建立了一个创业学习模型，认为失败具有提供信息的功能，并将学习视为一个重复迭代函数。企业家不仅应该学习以总结成功的经验，而且应该从失败中学习，并将企业家的学习定义为一种行为过程，可以增强企业家的信心并扩大他们的知识范围。

Rae（2005）认为，"创业学习"是学习以创业的方式工作，知、行、意相互联系的过程。这一过程中，创业者不断验证自己的认知，并根据"希望成为的人物"来创造自己的故事。Rae（2005）强调创业学习不仅来源于内省和经验，还涉及未来导向的创造预期现实的思维过程。

Castellón（2000）则从创业活动频率和程度的角度理解创业学习，认为创业学习使创业活动和进程系统化，并驱动组织学习。他区分了创业者特质理论和创业者行为过程理论，前者关注创业者为何选择创业，后者关注他们如何行动。

通过对创业学习变量的深入研究，创业学习研究有利于促进创业教育的发展和提高创业活动的有效性（谌启标，2014）。单标安和蔡莉等（2014）通过系统的文献综述，并基于对现有的创业学习概念的研究，相信创业学习包括三个维度：经验学习、认知学习和实践学习（见表3-1）。

表3-1　学者对创业学习的界定

学者	观点
Rae（2005）	对于自身条件以及过去经验的不断反思，同时也对未来发展进行科学预测的思维过程
Minniti 等（2001）	发现机会、评估机会以及开发机会的过程
Richard（2004）	充分借鉴成功创业经验，吸取失败教训，然后不断提升和扩充自己的过程
Politis（2005）	回归、总结以及反思之前已经发生的事情，然后对相关经验进行不断总结，通过不断学习来提升自我的过程
Corbett（2007）	机会识别以及克服创业劣势，然后把经验转化为知识的过程
Petkova（2009）	把创业学习看作试错过程，主要依据行为学习理论，强调个体的经验在既定的任务中不断地重复能找到最合适的方法。在创业过程中，创业者不断学习以及积累，对机会进行有效识别和把握的持续性的过程
Holcomb（2009）	从整体上来讲，创业学习会经历从学习到错误，再到学习的一个循环过程，在这个过程中就是对错误信息进行不断发现和处理，对知识结构不断进行完善。在面对不确定环境的过程中，个体通过直接或者间接的经验，以及理性的推理和判断来对自身认知结构进行不断更新和完善的过程
Hamilton（2011）	创业学习是获取和开发那些创建、参与或者做大新企业相关的倾向、技能和能力
单标安和蔡莉等（2014）	创业学习由多个维度构成，创业学习包括经验学习、认知学习和实践学习三个维度

二、创业学习的经典模型

在创业学习领域，多位学者从不同角度提出了各具特色的学习模型，这些模型不仅丰富了创业学习的理论体系，也为实践中的创业者提供了宝贵的指导。本章基于 Rae（2000）的创业学习模型、Petkova 模型、Holcomb 等的创业学习模型、Politis（2005）的创业学习模型以及 Kolb（1984）的经验学习模型对创业学习机制进行了探讨。

20 世纪 60 年代，特质论主导了创业研究的主流，但是特质论是基于创业者的静态视角的特质研究创业行为和创业活动，后来的许多学者对这种方法产生了质疑。但特质论推动了创业学习研究的繁荣发展，正如 Cope（2005）指出的那样，尽管特质理论在很大程度上忽略了创业者在创业实践中的动态、持续的创业学习，从而动态地改变他们的创新能力，但它为创业学习的研究开辟了新的空间和思路。后来的学者逐渐关注企业家的独特思维和行为，探索其规律用以指导创业者的行为。例如，Krueger（2003）从认知的角度对创业学习进行了大量研究，形成了创业学习的认知视角研究学派。认知学习流派认为，个体在认知过程中能够形成知识，从而影响他们的行为（Hmieleski & Corbett，2007）。因此，从认知的角度研究创业学习逐渐成为当前的主流。此外，其他学者也从社会建构主义的角度对创业学习展开了研究（Rae，2000）。

Rae（2000）的创业学习模型主要关注创业者个体在创业过程中的自我塑造和成长，将创业学习视为一个未来导向的创造预期现实的思维过程。它强调了学习的主体（创业者个体）、客体（知、行、意模式）以及环境（生活和职业环境）之间的相互作用。Petkova（2009）模型侧重于从绩效错误中学习，提出了一个关于创业学习如何从绩效错误中产生的理论框架。它强调了失败在创业学习中的重要作用，以及通过反思和分析失败来提升创业绩效的过程。Holcomb 等（2009）的创业学习模型探讨了启发式、知识和行动之间的架构关系，揭示了创业学习的动态性和迭代性。它关注创业者在面对不确定性和复杂环境时如何运用启发式来指导决策和行动，并通过不断试错和反思来更新知识。Politis（2005）的创业学习模型强调了从创业经验向创业知识转化的过程，特别是创业失败对知识转换模式的影响。它认为创业知识来源于创业经验，并受到知识转换模式的调节作用。Kolb（1984）的学习模型虽然并非直接针对创业学习而设计，但其提出的四种学习风格（具体体验者、主动实践者、抽象概念化者、反思观察者）为理解创业者的学习偏好和方式提供了多元视角。它关注个体在不同情境下如何运用不同的学习风格来应对挑战。本章梳理了创业学习的几种经典模型，主要介绍了科尔布的经验学习模型、波蒂斯的创业学习模型、霍尔科姆等的创业学习模型、雷伊的创业学习模型以及佩特科娃的创业学习模型等五个外国经典创业学习模型。

（一）Kolb 的经验学习模型

David Kolb（1984）的经验学习模型（Experiential Learning Model）在教育、商业领导力开发以及心理学领域具有广泛的影响力和实践价值。该模型以约翰·杜威的"做中学"思想、Kurt Lewin（1936）的场域理论以及 Jean Piaget（1955）的认知发展理论为基础，深入探讨了通过经验转化来创造知识的过程。1984 年，Kolb 首次提出了经验学习理论模型，该模型包含具体经验、反思观察、抽象概念化、主动实验四个不同的学习阶段。

科尔布将经验学习定义为"通过经验转化来创造知识"的过程。他认为，这一过程由四个连续的阶段构成一个循环周期，具体包括以下四个方面：

（1）具体经验（Concrete Experience，CE）：学习者首先通过直接参与活动或经历具体情境来获得初步的经验，这些经验构成了学习的基础。

（2）反思观察（Reflective Observation，RO）：学习者对获得的经验进行回顾和反思，从多个角度审视和分析这些经验，形成初步的理解和见解。

（3）抽象概念（Abstract Conceptualization，AC）：在反思的基础上，学习者通过归纳和总结，将具体的经验转化为抽象的概念和理论，形成系统化的知识体系。

（4）主动实验（Active Experimentation，AE）：学习者将抽象的概念和理论应用于新的情境中，通过实践来检验和修正这些理论，从而创造出新的经验。

科尔布进一步根据学习者的认知倾向或习惯性学习方式，将学习者分为四种类型：发散型（Diverger）、归纳型（Assimilator）、集中型（Converger）和应变型（Accommodator）。每种类型的学习者在上述四个学习阶段中各有侧重和优势，如图 3-3 所示。

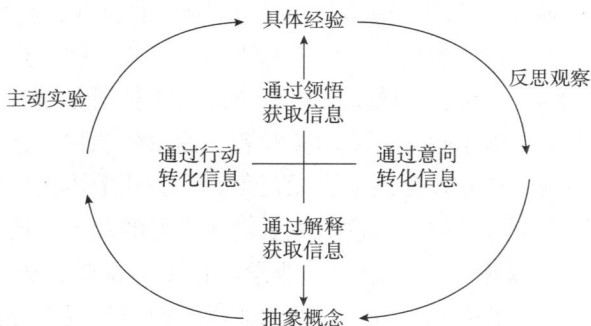

图 3-3　Kolb 的创业学习模型

资料来源：笔者根据文献资料整理所得。

针对这四个阶段经验学习能力提出了相应的四种不同的学习能力，即经验、评价、思考和实践。这四种学习方式对应于以下四种环境：①情感环境，它最关注特定事件的体验；②感知环境，它最关注的是观察；③象征性环境，它最注重抽象概念化；④行为环境，该环境对执行最为关注。在情感环境中，教师的主要责任就是帮助和引导学习者学习，让他们把自己的观点和想法充分表达出来，同时把学习结果及时向学习者反馈。在感知环境中，要求学习者对于事件间的关系进行深入理解，通过信息获取以及分析来了解未来将要发生的事情，探索通过新的视角来思考问题。在象征性环境中，学习者需要真正掌握解决问题的实际能力和方法。抽象和有效的客观数据实际上是信息的主要来源。学习者可以使用一些科学的标准以及规则对学习结果的正确性进行验证。在行为环境中，学习者根据掌握的知识和技能来对实际问题加以解决，教师只是发挥引导作用，学习者对自身的学习负责。

科尔布的经验学习模型是一个具有深刻理论内涵和广泛实践价值的学习理论。它强调了经验在学习中的重要性，揭示了学习的动态性和个体差异，在教育、商业领导力开发等多个领域得到了广泛应用。在教育领域，它促进了以学生为中心的教学模式的发展；在商业领导力开发领域，它则帮助领导者从经验中学习，提升自己的适应力和领导力。为教育者和领导者提供了有效的指导。

（二）Politis 的创业学习模型

Politis（2005）在创业学习领域的研究中，通过融合 Kolb 的经验学习理论与 March 的探索式与利用式学习框架，构建了一个独特的创业学习模型。该模型不仅丰富了创业理论的内容，也为理解创业者在复杂环境中如何通过学习来应对挑战提供了理论框架。Politis（2005）的创业学习模型强调，创业者在创业过程中通过探索式学习和利用式学习两种模式进行知识获取与转化。探索式学习（exploration learning）聚焦于未知领域的探索与实验，旨在发现新的市场机会、技术和商业模式；而利用式学习（exploitation learning）则侧重于对现有知识和资源的深度挖掘与优化，以提升现有业务的效率和竞争力。这两种学习模式并非孤立存在，而是相互交织、相互影响。Politis 进一步指出，创业者的学习模式选择受到其先前经验（成功或失败）、主导推理方式（效果推理或因果推理）以及职业取向（螺旋型或直线型）等多种因素的共同影响（Politis，2005）。

自 Politis（2005）提出该模型以来，学者从不同角度对其进行了深入探讨。例如，Cope（2011）通过案例研究，验证了 Politis 模型中探索式学习与利用式学习在创业过程中的交替使用及其对企业成长的影响。此外，Senyard 等（2014）

通过实证研究，进一步揭示了创业者个体特征、心理机制与两种学习模式之间的内在联系。与此同时，Politis 的模型还启发了学者对创业失败与知识转化之间关系的研究。Cardon 等（2011）指出，创业失败是推动创业者从利用式学习向探索式学习转变的重要驱动力，因为失败迫使创业者重新评估现有策略并寻求新的解决方案。同时，他们还发现不同类型的失败对创业者学习模式选择的影响存在差异。

近年来，商业模式与创业学习之间的关系也成为研究热点。Zott 和 Amit（2010）的研究表明，商业模式的变更反映了创业学习的效果，而探索式学习和利用式学习在这一过程中起到了关键作用。创业者通过不断调整和优化商业模式来适应市场变化并实现企业的可持续发展。大量实证研究为 Politis 的创业学习模型提供了有力支持。例如，Mazzola 等（2012）通过收集和分析多个行业的创业数据，验证了模型中各个构件之间的关系及其对企业绩效的影响。这些实证研究结果不仅增强了模型的说服力，也为后续研究提供了丰富的素材和参考。随着研究的深入，学者逐渐认识到创业学习的社会性和动态性特征。Cunningham 和 Lischeron（1991）的研究指出，创业者的学习行为不仅受到个人因素的影响，还受到其所处社会网络、团队合作等外部环境的制约。同时，市场环境的变化和技术进步也对创业者的学习模式选择产生了重要影响（Teece，2007）。

Politis（2005）基于前人对创业学习的研究，对创业者先前经验和创业知识两者之间进行了区分。Politis 的创业学习模型认为通过以下两种方式可以把先前经验直接转化为创业知识：首先是探索式，其次是应用式。先前经验涉及很多内容，行业经验、管理经验以及创业经验都属于先前经验的范畴。在探索式学习过程中，创业者对于未来事件和结果发生的可能性进行预测，在生产以及经营过程中使用新工艺和新技术，并向市场推出新产品以及新服务。应用型学习的过程实际上就是通过实践增加自己稳定经验的过程，把现有产品以及服务的最大价值深挖出来，从而消除影响企业发展的不利因素。通过这两种学习方式的比较，可以看出，探索式学习具有比较大的风险，也会产生较大成本，但是可以帮助企业巩固和扩大自身的竞争优势。在 Politis 的创业学习模型中，知识的转化会受到三个方面因素的影响：①之前的创业成果；②创业者所倾向的推理方式；③职业倾向。

Politis（2005）的创业学习模型为理解创业者在复杂环境中的学习行为提供了重要的理论框架。未来的研究可以进一步深入探讨以下四个方面：①深化对创业者个体特征、心理机制以及外部环境因素如何共同影响学习模式选择的理解；

②加强跨学科合作，将心理学、社会学等学科的研究成果引入创业学习领域；③关注新兴技术和市场环境变化对创业学习模式的新要求和新挑战；④拓展实证研究以更准确地验证和完善 Politis 的创业学习模型。如图 3-4 所示。

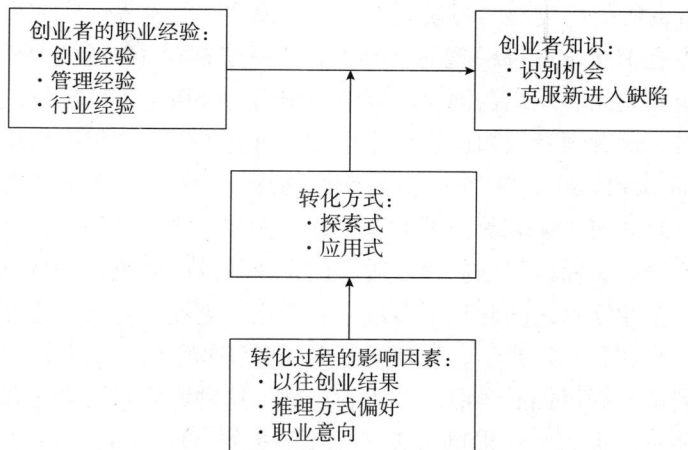

图 3-4　Politis 的创业学习模型

资料来源：笔者根据文献资料整理所得。

（三）Holcomb 等的创业学习模型

Tim R. Holcomb 等（2009）在 *Entrepreneurship Theory and Practice* 上发表的 *Architecture of Entrepreneurial Learning: Exploring the Link among Heuristics，Knowledge，and Action* 一文，提出了一个系统的创业学习模型，该模型深入探讨了创业过程中学习、知识与行动之间的复杂关系。Holcomb 等的创业学习模型主要围绕启发式（Heuristics）、知识（Knowledge）和行动（Action）三个核心要素展开，构建了创业学习的整体架构。首先，启发式是创业者在面对复杂、不确定环境时，为了快速做出决策而采用的一系列简化策略。这些策略帮助创业者在不完全信息下快速识别机会、评估风险和制定行动方案。Holcomb 等认为，启发式是创业学习过程中的重要工具，它使创业者能够在动态环境中灵活应对。其次，知识是创业学习的核心成果，包括显性知识和隐性知识。显性知识可以通过书本、培训等途径获得，而隐性知识则更多依赖于实践经验、直觉和反思。Holcomb 等强调，创业学习是一个知识积累与转化的过程，创业者通过不断学习和实践，将新知识融入个人知识体系，并应用于实际创业活动中。最后，行动是创业学习的最终目的和检验标准。创业者通过实际行动来验证学习成果，并根据反馈进行调整和优化。Holcomb 等指出，创业学习是一个"行动—学习—再行动"的循环过程，创业者通过不断试错和反思，逐步提升自己的创业能力。

自 Holcomb 等提出创业学习模型以来，该模型在学术界和实业界均产生了广泛影响。学者在 Holcomb 等模型的基础上，进一步探讨了创业学习的内在机制。例如，一些研究关注启发式在创业决策中的作用，分析了不同启发式对创业绩效的影响。同时，也有学者从知识管理的角度，研究了创业知识的获取、整合和应用过程（Diamanto Politis，2005）。随着研究的深入，越来越多的学者开始采用实证研究方法，验证 Holcomb 等模型的有效性。例如，徐占东等（2018）基于中国大学生的实证研究，探讨了创业学习对新创企业绩效的影响，发现创业学习在创业知识与新创企业绩效之间起到了多重中介作用。创业学习研究逐渐呈现跨学科融合的趋势。心理学、社会学、管理学等多个学科的学者开始共同参与创业学习研究，从不同角度探讨创业学习的本质和规律。这种跨学科融合不仅丰富了创业学习的理论体系，也为实践提供了更多元化的指导。Holcomb 等模型在实践中也得到了广泛应用。许多创业培训机构和孵化器开始将创业学习纳入其培训体系，通过模拟创业环境、提供实践机会等方式，帮助创业者提升创业能力。同时，一些企业也开始重视内部创业学习，通过建立学习型组织、鼓励员工创新等方式，推动企业的持续发展。

Holcomb 等（2009）将直觉推断作为创业学习一个重要影响因素（即解释变量），探讨了代表性直觉推断、锚定直觉推断与调整直觉推断三种直觉推断方式在经验学习和替代学习背景下对知识积累的路径。创业者后续决策行为会受到以下三种直觉推断方式的影响：①代表性直觉推断方式；②锚定直觉推断方式；③调整直觉推断方式。在相关情境环境中，通过第一种方式可以完成知识的转化。但是在外人看来，直觉推断往往不够科学，会产生学习偏差。Holcomb 等的创业学习模型为理解创业过程中的学习机制提供了重要的理论框架。该模型强调了启发式、知识和行动之间的紧密联系，揭示了创业学习的复杂性和动态性。如图 3-5 所示。

通过图 3-5 可以看出，Holcomb 等的模型可以使得知识、直觉推断以及行动结果等实现有效连接，最终形成了十分完整的学习过程。Holcomb 等的创业学习模型为理解创业过程中的学习机制提供了重要的理论框架。该模型强调了启发式、知识和行动之间的紧密联系，揭示了创业学习的复杂性和动态性。未来研究可以进一步探讨不同情境下创业学习的差异性，以及如何通过优化学习机制来提升创业绩效。

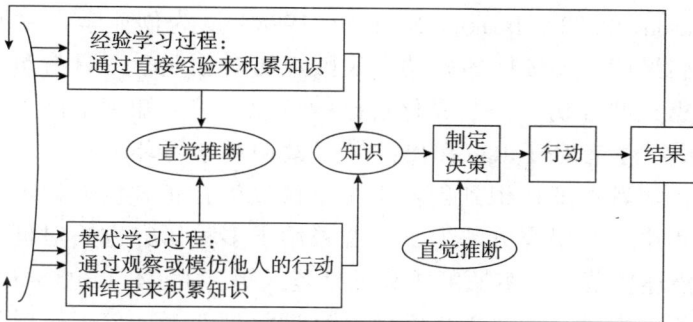

图 3-5　Holcomb 等的创业学习模型

资料来源：笔者根据文献资料整理所得。

（四）Rae 的创业学习模型

Rae（2000）提出的创业学习模型主要聚焦于创业者如何通过学习和实践来发展其创业能力。他强调，创业学习不仅是知识或技能的获取，更是一个涉及知、行、意相互联系的复杂过程。Rae 认为，创业学习是一个未来导向的、创造预期现实的思维过程，其核心在于创业者不断验证自己能够成为什么样的人，并据此创造自己的创业故事。Rae（2000）的模型强调以下四个方面：①学习的主体是创业者个体或准创业者。他们通过不断的学习和实践，提升自己的创业能力。②学习的客体是准创业者的知、行、意方面的模式。这包括创业者的知识、技能、行为模式以及价值观等。③学习的目标是成为一名真正的创业者，即创业者所希望成为的人物。④学习的环境指的是个体的生活和职业环境，特别是在正式创业以前的阶段。这个环境为创业者提供了丰富的实践机会和学习资源。Rae 的模型还强调了创业者的自我反思和学习能力的重要性。他认为，创业者需要不断反思自己的行为和决策，从中吸取经验教训，以便在未来的创业过程中做出更明智的选择。

自 Rae（2000）提出创业学习模型以来，该模型在学术界引起了广泛的关注和讨论。学者从不同角度对创业学习进行了深入研究，进一步丰富了创业学习理论。

一方面，中西方学者相关研究推荐了理论研究的深化，一些学者聚焦创业者特质理论，如 Castellón（2000）探讨了创业者特质对创业学习的影响，关注为何是"他们"而非别人选择创业。另一方面，创业者行为过程理论也得到了大家关注，如 Mirmiti（2001）则关注创业者采取了哪些行动，以及这些行动的过程是怎样的。值得注意的是，学者越来越重视经验学习的研究，多数研究者（Erikson，2003；Deakins & Freel，1998）认为创业学习主要是一种经验学习。他们强调，关键性的成功和失败经历对创业学习具有重要影响。创业者通过反思这些经历，不断深化自己的认识，扩大知识范围，提升创业能力。与此同时，学者基于 Rae 提出的学习模型对学习环境进行了拓展，随着研究的深入，学者逐渐认识到创业学习不仅发生在正式创业以前，也贯穿于整个创业过程中。在研究方法上，学者采用了多种研究方法对创业学习进行探索，包括描述性范式、实证范式和批判范式等。Rae 本人也倡导使用描述性范式来研究创业学习，通过叙事性解释来理解创业者如何通过学习发展创业能力。

　　Rae 的创业学习模型主要包括八个主题：自我效能感；个人价值观和动机；个人成就；设定和实现远大的目标；源自经验的个体理论；知性能力；关系能力和主动学习。这些主题之间的互动和协作对于创业学习很重要。值得注意的是，在这八个主题中，Rae 强调通过创业学习提高个人自我效能和积极态度。他认为对于创业者来说，在学校的系统化理论学习以及实际工作过程中经验的学习都可以为自己的创业和企业经营管理积累更多的经验和知识，从而强化积极的创业态度，提升自我效能。如图 3-6 所示。

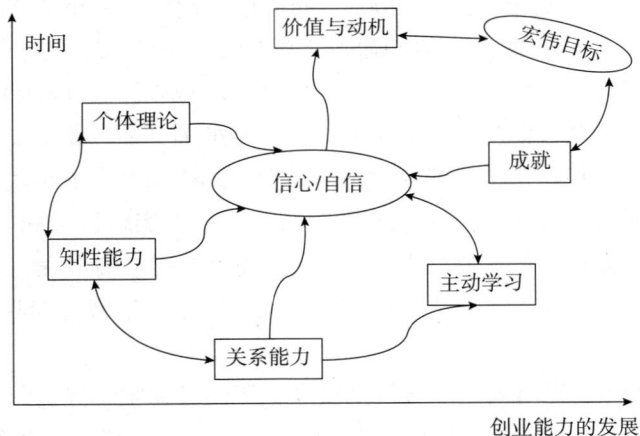

图 3-6　Rae 的创业学习模型

资料来源：笔者根据文献资料整理所得。

　　Rae（2000）的创业学习模型为理解创业学习过程提供了重要的理论框架。随着研究的深入，学者对创业学习的认识不断加深，研究内容和方法也日益丰富和多样。然而，目前的研究仍存在一些不足，如创业学习概念体系尚不完善、对不同学习主体的关注不够等。未来研究可以进一步完善创业学习概念体系，形成更加完善和系统的创业学习概念体系，以深入揭示创业学习的本质和内涵。同时拓展研究视角：加强对员工、群体和组织等不同层面学习主体的关注，探讨不同主体之间的学习转移机制。另外还可开发具有普遍认同度的创业学习量表，为创业学习实证研究提供有力支持。研究应进一步结合时间因素，将时间因素纳入创业学习研究框架中，探讨学习曲线等与时间相关的学习现象。

（五）Petkova 的创业学习模型

在创业研究领域，创业学习作为理解创业者如何通过经验积累、反思与行动优化其创业决策和行为的核心过程，一直备受关注。Petkova（2009）的创业学习模型，特别是其基于绩效错误的创业学习理论，为这一领域提供了独特的视角和深刻的见解。Petkova（2009）在其研究中提出了一个基于绩效错误的创业学习理论（A Theory of Entrepreneurial Learning from Performance Errors）。该模型的核心观点是，创业者在面对创业过程中的绩效错误时，通过反思、学习和适应，能够不断提升其创业能力和决策质量。具体而言，Petkova 认为，绩效错误是学习的源泉：创业过程中的绩效错误（如市场反应不佳、产品缺陷等）不仅是失败的标志，更是学习的宝贵资源。创业者通过深入分析错误的原因和后果，能够从中汲取经验教训。Petkova 创业学习模型内容之一是反思与行动循环，具体指的是创业者通过反思绩效错误，识别问题所在，并据此调整其认知框架和行动策略。这种反思与行动的循环过程促进了创业者的学习和成长。Petkova 创业学习模型内容另一个内容是情境依赖性：创业学习并非孤立的过程，而是高度依赖于具体的创业情境。不同的创业环境、行业特点、资源条件等都会对创业学习的过程和效果产生影响。

自 Petkova 提出其创业学习模型以来，该领域的研究取得了显著进展。学者从不同角度对创业学习进行了深入探讨，主要包括以下三个方面：

（1）错误类型与学习效果。一些研究关注于不同类型的绩效错误对创业学习效果的影响。例如，区分可避免的错误与不可避免的错误，探讨它们如何影响创业者的学习态度和行动策略。

（2）学习机制与路径。另一些研究则聚焦于创业学习的具体机制和路径。这些研究通过分析创业者的认知过程、情绪反应、社会网络等因素，揭示了创业学习是如何在个体层面和组织层面展开的。

（3）跨文化和跨行业比较。随着全球化进程的加速，跨文化和跨行业的创业学习研究也逐渐兴起。这些研究通过比较不同文化和行业背景下创业学习的特点和效果，为构建更加普适的创业学习理论提供了依据。

Petkova 的创业学习模型为理解创业过程中的学习机制提供了有力的理论支撑。然而，该模型仍存在一些局限性，虽然 Petkova 的模型在多个领域得到了验证，但其普适性仍需进一步探讨。特别是在不同文化、行业和制度环境下，创业学习的过程和效果可能存在显著差异。同时，创业研究兼具动态性与复杂性，创业过程是一个高度动态和复杂的过程，涉及多个变量和因素的相互作用。因此，未来的研究应更加注重模型的动态性和复杂性，以更全面地反映创业学习的实际情况。如何将 Petkova 的创业学习模型应用于创业实践中，帮助创业者提高学习效率和效果，是当前亟待解决的问题。未来的研究可以关注开发具体的工具和方法，以支持创业者的学习需求。

Petkova（2009）认为，创业学习实际上就是从学习到错误，再到学习的循环过程，在这个过程中可以实现对知识结构的更新和完善，在 Petkova 的创业学习模型下，创业学习主要包括以下三个阶段：①产生实施创业阶段；②试错阶段；③修正错误阶段。知识结构通常包括三个部分：①一般知识；②专业知识；③修正知识。如图 3-7 所示。

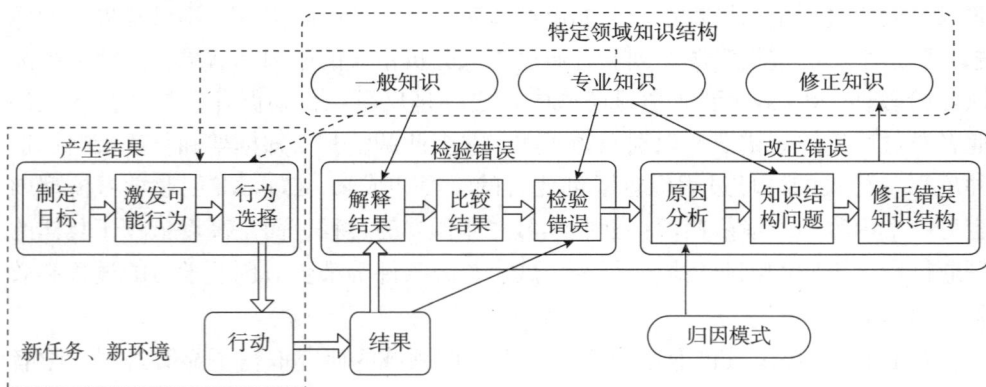

图 3-7　Petkova 的创业学习模型

资料来源：笔者根据文献资料整理所得。

总而言之，Petkova 的创业学习模型以其独特的视角和深刻的见解，为创业研究领域提供了新的思路和方向。通过综述该模型的主要内容、研究进展以及未来展望，本书希望能够为创业学习者、研究者和实践者提供有益的参考和启示。

三、创业学习研究现状

在创业过程中，创业者如何高效地进行创业学习，无疑成为决定其创业活动成功与否的关键因素。创业学习作为一个错综复杂的知识创造与积累过程，正如 Rae 和 Carswell（2001）所阐述的，它涵盖了从"了解"（Knowing）到"行动"（Doing），再到"理解"（Understanding）这一系列紧密相连的环节。这一过程不仅聚焦于创业者个体如何在瞬息万变的市场环境中敏锐地识别并开发潜在商机，更强调了他们如何在这一过程中不断构建新颖的商业构想，并有效组织与管理新兴企业。具体而言，首先，创业者需通过广泛的信息收集与深入分析，实现对市场趋势、技术动态及消费者需求的深刻理解（Knowing）。这一过程要求创业者具备敏锐的洞察力与判断力，能够准确捕捉市场中的微妙变化与潜在机遇。其次，创业者需将所学知识付诸实践，通过实际行动（Doing）来验证其商业构想的可行性与市场潜力。这一环节不仅考验着创业者的执行力与决策能力，更要求他们勇于面对挑战，不断试错与调整策略，以快速适应市场变化。在行动的过程中，创业者还需不断深化对创业本质与商业规律的理解（Understanding）。这种理解不仅来源于实践经验的积累，更离不开对创业理论的深入学习与反思。通过不断总结与提炼，创业者能够逐步构建起自己的创业知识体系，为创业成功抑或是创新精神的培养打下基础。

通过对已有创业学习相关文献的回顾梳理，主要呈现以下四个特点：

（1）在创业学习量表测量方面，创业学习是知识获取和转换的过程，单标安和蔡莉（2014）基于已有创业学习研究基础，通过系统的文献梳理和半结构化访谈提炼出创业学习的维度，他们结合已有研究把创业学习分为经验学习、认知学习、实践学习三个维度，并开发出相应的测量体系。这个维度的划分比较契合我国当前大学生创业学习的实际，本书后续实证分析也沿用了单标安和蔡莉（2014）对创业学习这三个维度的划分。

（2）在创业学习影响因素方面，梁春晓和沈红（2022）通过实证分析发现，创业学习对大学生创业意愿具有显著影响。其中，个人特质、环境因素以及先前经验等因素均会作用于创业学习过程，进而影响创业意愿的形成。这一发现揭示了创业学习是一个多维度、多因素交互影响的过程，强调了外部环境和个人特质在创业学习中的重要性，该研究验证了班杜拉提出的三元交互理论。

此外，创业学习还引入了社会网络视角，谢雅萍和黄美娇（2014）从社会网络视角出发，通过实证研究验证了创业学习、创业能力与创业绩效之间的关系，他们发现，创业学习能够显著提升创业者的创业能力，进而促进创业绩效的提升。同时，社会网络作为创业学习的重要资源和平台，对创业学习和创业绩效之间的关系具有显著的调节作用。这一研究为理解创业学习与创业绩效之间的复杂关系提供了新的视角和证据。陈文沛（2016）则从关系网络的角度探讨了创业学习对创业机会识别的影响，丰富了社会网络视域下创业学习的研究。

（3）在创业学习的作用机制方面，学者主要从个体学习和组织学习两个方面对创业学习进行概念界定。骆鑫和张秀娥（2023）基于有调节的中介效应模型，研究了创业学习对创业成功的影响机制。他们发现，创业学习能够通过提升创业者的知识、技能和经验，增强其对创业环境的适应能力和创新能力，从而间接促进创业成功。此外，该研究还揭示了创业导向、市场环境等调节变量在创业学习与创业成功之间的作用，为理解创业学习的作用机制提供了更深入的洞见。陈文沛（2016）则从关系网络的角度探讨了创业学习对创业机会识别的影响。他的研究表明，创业学习能够通过拓宽创业者的社会网络、增强网络关系质量等途径，帮助创业者更有效地识别和把握创业机会。这一研究揭示了创业学习在创业机会识别过程中的重要作用，强调了关系网络是创业学习成果转化的重要渠道。

需要注意的是，虽然中西方学者对创业学习有了大量的研究基础，但从研究对象来说，主要分为个体学习和组织学习两个方面。在个体学习方面，主要从学习如何认识和处理机会，如何从成功和失败的经验中进行学习，以及如何根据个体特征在动态的环境中学习（Rae，2000）、创业者在企业创建和发展过程中的学习（Cope，2005）、创业者从直接经验或观察别人的行为中获得新知识的过程（Holcomb et al.，2009）、对创业实践中所犯错误进行反思的学习过程（Petoka，2009）等方面来界定。总结来说包括个体的认知学习、经验学习、实践学习和试错学习及失败学习，在个体视角的创业学习研究中，学者对个人特质比较关注。

（4）在创业经典模型研究方面，Rae 的模型更侧重于创业者个体层面的学习和发展，对于理解创业者的学习过程和成长路径具有重要意义。Petkova 模型特别关注失败在创业学习中的作用，为创业者提供了从失败中学习的具体路径和方法。

Holcomb 的模型强调了创业学习的动态性和迭代性，对于理解创业过程中的学习和适应过程具有重要启示。Politis 的模型则更侧重于知识转化和学习的实际效果，为创业者如何将经验转化为可应用的知识提供了理论指导。虽然 Kolb 的模型不直接针对创业学习，但其学习风格分类为理解创业者的学习偏好和方式提供了有益参考，有助于创业教育者根据创业者的特点进行有针对性的指导。尽管这些模型各有侧重，但也存在一定的互补性。例如，Rae 的模型关注创业者个体的成长和发展，而 Petkova 的模型则强调了失败在其中的作用；Holcomb 等的模型揭示了学习的动态性和迭代性，而 Politis 的模型则关注了知识转化的实际效果。未来研究可以进一步探讨这些模型之间的融合与互补关系，构建更加全面和系统的创业学习理论框架。综上所述，这些创业学习模型在理论基础、关注点、侧重点及应用等方面均有所不同，但它们共同为创业学习领域的研究和实践提供了丰富的理论支撑和实践指导。

整体来讲，创业学习的研究主要是理论研究，目前实证研究还比较少，导致研究理论缺少实践基础的支持，另外研究中对研究对象如一般创业者和潜在创业者（如大学生群体）的区分不够。与此同时，现阶段的研究没有对创业学习进行系统分析。所以，下一步需要对创业学习实践进行深入的研究。

借鉴学术界众多学者的创业学习研究成果，本书以大学生潜在创业者为研究对象，从个体学习角度来界定创业学习。本书认为创业学习是大学生为了更好地识别创业机会，基于过去经验的总结反思和对未来机会的评估，获取、转化、积累知识的过程，从而使大学生的知识结构、认知发生改变。基于文献梳理并结合大学生创业者的特点，本书借助单标安和蔡莉（2014）的研究成果，从认知学习、经验学习、实践学习三个维度对创业学习进行界定和阐述。

第四节　创业自我效能文献综述

一、自我效能感定义和内涵

美国心理学家班杜拉（Bandura，1997）在 20 世纪 70 年代提出了自我效能理论，认为自我效能感是"人们对自己是否可以基于现有的知识技能去完成某项任务的信心强度"。班杜拉认为，自我效能能有效地预测个体行为，这是个体进行自我调节持续的心理动力。自我效能感是个人对自己是否能够完成某种行为的推测和判断，自 70 年代自我效能感的概念出现以来，心理学、社会学和组织行为学领域的学者们纷纷引入此概念进行了大量研究。创业自我效能感（Entrepreneurial Self-Efficacy，ESE）作为创业心理学领域的核心概念，不仅反映了创业者对自身能力的信心和评估，还深刻影响着创业过程中的决策制定、资源获取及最终绩效。Bird（1988）首次在对创业的研究中引入自我效能感，指出创业自我效能感并不是个体的某种人格特征或是实际创业行为能力，而是创业者个人能够根据各种信息评估和衡量其自身的创业综合素质能力，并对自己成为创业者的角色以及能力的自信与认可。本书主要借鉴 Luthan 和 Ibrayeva（2006）的理论观点，认为创业自我效能感作为促使大学生付诸创业实际行动的一种内在信心和信念，主要是针对大学生群体而言的，并且创业自我效能感还会通过大学生个体综合能力的增强以及外部环境的改善而提升。个体的创业自我效能不是一成不变的，可以通过其经验的累积获得提升，进而提升后续创业活动的水平（张秀娥等，2017）。个体可以通过创业学习增强创业自我效能，研究表明，创业者获取更多信息和知识后会使其创业自我效能增强，使得他们能更有效地开展后续创业活动（祁伟宏等，2017）。针对大学生群体而言，创业自我效能感是一种能促使大学生付诸创业实际行动的内在信心和信念，除创业学习获取知识后能增加创业自我效能外，它还会通过大学生个体特征以及外部环境（如创业教育和创业氛围）的改善而提升。

二、创业自我效能研究现状和影响因素

（一）创业自我效能感研究现状

班杜拉（1997）强调自我效能感可以在各个不同的领域进行应用，创业方面的学者将这一理论与创业活动相联系，使其在创业者的创业活动中发挥了巨大的作用，对创业者提升自身创业自信心产生了积极的影响，进而间接地提升了创业的成功率。在创业的大军中，有一个特殊的人群，他们就是拥有较强理论知识储备的大学生创业群体，并且这一群体占到创业者的一大部分，解决这一部分群体的创业问题，对于缓解我国社会大学生就业难问题，促进我国经济社会的发展具有非常重要的意义。本书把创业自我效能理论应用到大学生创业者身上，期望能够对大学生的创业活动提供积极的影响与帮助，为潜在大学生创业群体提供指导支持。自我效能感是个体的自我评断，以具体的实际经验作依据。因此，班杜拉（Bandura，1977）等经过大量研究发现，自我效能感的实际影响因素主要有以下四方面：①成就表现。个人的经历和特定活动相关的成败经验对我效能感的影响最大。②替代经验。观察别人所得到的替代性经验也会影响其自我效能感的形成与发展。③言语劝导。言语劝导是通过他人在事实基础上进行的评价、劝说和自我劝导。④生理情绪状态。个体的生理情绪状态在一定程度

上会影响自我效能。这四种影响因素通常会被综合运用来表现对自我效能感的影响。

创业自我效能感通常包含多个维度，以全面反映创业者在不同方面的能力自信。例如，Chen 等（1998）提出了机会识别、关系管理、组织承诺和风险管理四个维度；而 Krueger 和 Brazeal（1994）则将其划分为市场、管理、财务和技术四个维度。这些维度共同构成了创业自我效能感的多维结构，为理解和评估创业者的能力自信提供了框架。创业意向是预测创业行为的重要指标，而创业自我效能感则是影响创业意向的关键因素之一。大量研究表明，创业自我效能感与创业意向之间存在显著的正相关关系。具体而言，高创业自我效能感的个体更有可能识别到创业机会、评估其可行性并产生强烈的创业意愿。此外，创业自我效能感还能通过影响个体的目标设定、资源获取和行动策略等过程，间接促进创业意向的形成和实现。

（二）创业自我效能感影响因素

如前文所述，创业自我效能感特指创业者对自己在创业过程中能否成功完成关键任务（如机会识别、资源整合、企业管理等）的自信程度。梳理学者对创业自我效能感影响因素研究，主要分为三个方面，即个人因素、社会因素、环境因素。

1. 个人因素

个人因素是基于创业个体的个人特质原因，包括先前经验、个人特质、知识技能三个方面。先前经验是影响创业自我效能感的重要因素。具有丰富创业或行业经验的创业者，由于在实践中积累了成功或失败的经验，能够更准确地评估自己的能力，从而拥有更高的创业自我效能感。这一观点得到了多位学者的支持，如 Krueger 和 Brazeal（1994）的研究便强调了经验对创业自我效能感的重要作用。个人特质，如乐观、自信、决断力和适应性等，也显著影响创业自我效能感。具有这些特质的创业者更倾向于积极面对挑战，相信自己能够克服困难，从而保持较高的自我效能感。Chen 等（1998）的研究发现，乐观和自信的创业者更容易识别并利用创业机会。知识技能是创业自我效能感的基础。创业者通过学习和提升自己的知识技能，能够增强对自己能力的信心，进而提升创业自我效能感。近年来，随着创业教育的发展，越来越多的学者开始关注知识技能对创业自我效能感的影响，认为高校创业课程和培训能够显著提升学生的创业自我效能。对大学生而言，担任学生干部经历、兼职打工经历、参加创业比赛经历都是先前经验的重要组成内容（杨学儒等，2018），这些经历对大学生创业学习和创业意向均有重要影响。

2. 社会因素

社会因素主要包括社会支持和榜样作用两个方面。社会支持包括家庭、朋友、导师及社群的支持，对创业自我效能感具有重要影响。良好的社会支持网络能够为创业者提供情感、信息和资源上的帮助，减轻其创业过程中的压力和不确定性，从而提升创业自我效能感。Boyd 和 Vozikis（1994）的研究表明，来自家庭和朋友的支持能够显著增强创业者的自信心和创业意愿。

榜样作用也是社会因素的重要变量。成功创业者的榜样作用对潜在创业者具有显著的激励作用。通过了解和学习成功创业者的故事和经历，潜在创业者能够受到启发和鼓舞，增强自己创业的信心和决心。近年来，随着社交媒体和创业生态系统的发展，榜样作用在提升创业自我效能感方面的作用日益凸显。具体到大学生群体而言，创业比赛获奖项目是最普遍最容易模仿的榜样，而创业比赛作为实践教育的重要内容，对大学生创业学习、创业意向均有重要影响。

3. 环境因素

环境因素主要是指创业环境，包括政策环境、市场环境、文化环境等，对创业自我效能感具有重要影响。良好的创业环境能够降低创业门槛、提供资源支持、营造积极的创业氛围，从而增强创业者的自我效能感。政府通过出台优惠政策、提供创业资金支持等方式，为创业者创造良好的创业环境，有助于提升其创业自我效能感。值得注意的是，家庭成员经商或者从事个体经营经历等家庭环境因素对大学生创业意向也有着重要影响，如表 3-2 所示。

表 3-2　中国创业者自我效能感研究文献概览

作者与年份	研究主题	研究对象	研究方法	研究特点及结论
谢雅萍和陈小燕（2014）	创业激情—创业自我效能	国外创业激情研究文献	文献分析	总结了创业激情对创业者的自我效能感的影响，指出自我效能感是驱动创业行为的一个关键因素，激情与创业者自我效能感呈正相关
吴晓波、张超群和王莹（2014）	社会网络—创业效能感—创业意向	大学生	基于问卷的实证研究	对高校大学生群体实证分析，结果表明：社会网络规模越大，创业效能感越强，创业效能感在社会网络特征与创业意向的因果关系中越能起到部分中介作用
徐小洲和叶映华（2013）	创业自我效能—创业意向	大学生，163 人	基于问卷的实证研究	创业自我效能和外在评价感知对创业意向的影响效应均是显著的，且两个自变量的交互效应也是显著的
刘万利、胡培和许昆鹏（2011）	创业自我效能—创业意向	高新企业创业者，572 位	文献研究	自我效能显著影响创业意愿

作者与年份	研究主题	研究对象	研究方法	研究特点及结论
孙红霞、郭霜飞和陈浩义（2013）	自我效能—创业动机	农民创业者，1015位	基于问卷的实证研究	自我效能感与农民生存型和机会型创业动机强度正相关；风险承担效能感仅与农民机会型创业动机强度正相关
陈寒松、陈宣雨和林晨（2017）	创业学习—创业自我效能感—创业意向	济南、青岛、上海三地的27~40岁创业者，244份有效问卷	基于问卷的实证研究	把创业自我效能划分为创新效能、承担风险、识别机会、关系协调和组织承诺五个维度
徐占东、梅强、陈文娟、杨道建和李慧（2017）	创业环境—创业特质（包括创业自我效能、创业成就性、创业内控性）—创业能力	均为大学生新创企业负责人或创业团队核心成员，有效问卷393份	基于问卷的实证研究	研究将风险、创新等因素列入创业效能之中，将独立性、自信融入控制性指标，应用创业自我效能、创业成就感和创业内控性三个指标表征大学生创业特质

创业自我效能感（Entrepreneurial Self-Efficacy，ESE）是自我效能感概念在创业领域中的延伸，自1989年由Scherer等提出以来，已成为心理学和创业管理研究的重要课题。大量研究表明，创业自我效能感对创业意向、创业决策和创业绩效等方面具有显著影响。相比而言，国外对创业自我效能感的研究起步较早，内容广泛，涵盖了创业自我效能感对创业意图的作用、性别差异、与绩效关系、心理机制等多个方面。例如，Boyd等（1994）研究表明，创业自我效能感是决定创业意向和最终采取创业行动可能性的重要变量；Jung等（2001）进一步指出，创业自我效能感与创业意图及行为之间存在显著正相关关系。这些研究揭示了创业自我效能感在创业过程中的核心作用。

与国外研究相比较，国内对创业自我效能感的研究较为薄弱，尤其是在以在校学生为潜在创业群体的研究上更是少之又少。然而，近年来随着创业教育的兴起，相关研究逐渐增多，主要集中在创业自我效能感的现状、影响因素及培养途径等方面。尽管已有一定成果，但在整体上仍缺乏系统的分析方法和公认的测量工具。创业自我效能感的测量一直是研究中的重点。不同的研究者根据自己的研究需要，开发了多种测量工具，涵盖了市场、创新、管理、风险承担和财务控制等多个维度。例如，Chen和Greene等（1998）开发的量表包括市场、创新、管理、风险承担和财务控制五个维度；而DeNoble、Jung和Ehrlich则提出了侧重于一般管理技能的创业效能感评价量表，包括风险承担、产品创新性、机会识别、组织承诺、关系管理、解决问题能力六个维度。这些量表为创业自我效能感的研究提供了重要的量化工具。尽管创业自我效能感研究已经取得了显著进展，但仍存在一些不足之处。首先，当前研究多集中在西方文化背景下，对不同文化背景下的创业自我效能感差异研究较少。我国研究者应尝试从不同角度找出不同类型的创业者之间创业自我效能感的差异性，开展跨文化比较研究。其次，在创业自我效能感的维度和测量问题上，学术界尚未形成统一认知。不同研究者根据自己的研究需要开发了多种测量工具，导致研究结果难以直接比较和整合。特别是对大学生创业自我效能感的测量研究不足，导致难以为高校创业教育和创业指导提供有效的理论支持和实践指导。最后，实证研究缺乏，创业自我效能感与创业行为、创业学习、创业绩效等之间的关系研究缺乏足够的实验与实证分析支持。探讨创业自我效能感的作用过程机制，将更好发挥其在创业实践中的应用价值。

第五节　创业教育满意度文献综述

创业引领着当前世界的经济变革，世界各国都将创业及创业教育作为经济变革的重要动力。联合国教科文组织在1989年10月首次提出"创业教育"这一概念，发展至今已有30年，在中国知网（CNKI）以"创业教育"为关键词搜索核心期刊共有8600余篇文献（截至2019年12月1日）。国内学者从不同角度研究了创业教育的前因和后果，很多学者基于文献分析，结合中国情境把创业教育定义为以高校和大学生为主，政府、家庭、中小学教育为辅，通过高等教育、基础教育和继续教育使受教育者具备就业和创业相关的知识技能和精神品质，能够在条件成熟时自主选择创业，为他人提供就业岗位、为社会发展作出经济增长的贡献（宁德鹏，2017）。随着高等教育的深化改革和市场经济的全面推进，大学生创新创业教育已成为时代的选择和现实的需要，也是高等教育职能的重要体现。学者对创业教育的研究成果颇丰，主要从创业教育的前置变量（如环境、政策等）和创业教育的结果变量（如创业态度、创业动机等）方面进行研究；通过整理归纳，中国有关创业教育的研究主要分为以下三类：

（1）创业大赛能有效促进创业实践教育。学者樊坤和呼鑫等（2009）认为，参加创业类大赛对大学生实践能力的提升能够起到积极的作用。因此，高校应采取加强专业实践课程的建设、充分发挥教师的指导作用、强化高校与企业的合作等措施，进一步发挥参加创业类大赛在提高大学生实践能力方面所起的作用。从政府部门、高校、学生以及社会诸方面提出相应的对策建议。胡杰（2015）通过问卷调查、访谈等形式，对西部12所地方工科院校大学生的创业教育现状开展实地调研，结果表明，当前大学生对创业兴趣浓厚，但面临着创业能力和创业执行力双重不足的问题。创业大赛诸如"创青春"大学生创业竞赛对培养大学生创新创业意识，促进科技成果转化具有重要作用，但也存在获奖高校及其所在地域分布不均衡、参赛动机过于功利、竞赛成果难以转化等问题。

（2）西方关于创业教育的研究。大学生创业教育早已成为世界各国关注的教育热点，通过文献搜索引擎以"Entrepreneurship Education"为关键词，找到相关文献达1万余条。通过整理发现，这些文献中大多与创业教育课程、计划和相关的历史研究有关。在国际上美国是对创业教育和大学生创业能力培养最为关心的国家，创业教育作为培养未来社会所需创新型和创业型人才的重要途径，近年来在国际上受到了广泛关注。特别是在美国，创业教育的发展历史悠久，体系完善，成为各国学习和借鉴的典范。美国的创业教育起源于20世纪中叶。早在1947年，哈佛大学商学院的迈赖斯·马斯（Myles Mace）教授就开设了"新创企业管理"（Management of New Enterprise）课程，这标志着创业教育在大学中的首次出现（Greene et al., 2004）。随后，美国各高校纷纷响应，将创业教育纳入教育体系。1968年，百森商学院（Babson College）在本科专业中开设了创业方向，进一步推动了创业教育的发展（Greene et al., 2004）。

在创业教育领域，多位学者提出了具有影响力的观点。被誉为"世界创业教育之父"的美国教育家杰弗里·蒂蒙斯（Jeffry A. Timmons）认为，创业不仅仅意味着创办企业，筹集资金和提供工作岗位，其本质在于把握机会，创造性地整合资源以及尽早行动（Timmons, 1999）。他的研究与实践成果集中体现在《创业学》（New Venture Creation）一书中，并在百森商学院全面推行。此外，霍勒斯·摩西（Horace Moses）在1919年提出了实践经验比书本知识更重要的观点，并志愿帮助学生进行市场调研、选定商品等创业实践（Moses, 1919）。这一思想对后来的创业教育产生了深远影响，强调了实践在创业教育中的重要性。

近年来，随着全球创业环境的快速变化，学者们对创业教育的研究也在不断深入。例如，西伊德（Petervan der Sijde）在2008年出版的《创业教学：教育与培训的案例》一书中，提出了创业教育概念框架及五阶段模式，强调创业教学、机构间合作、创业推动力、课程发展及学习风格的重要性（Van der Sijde, 2008）。2009年，布雷吉斯（C. M. Bridges）通过统计分析和调查法，指出创业精神与创业思维是不断变化的世界中经济发展的根本（Bridges, 2009）。同年，马尔斯（M. M. Mars）在《美国高等教育中的诸多创业领域》中指出，在整个美国高等教育界，学术创业已成为一种制度化趋势，这种趋势因制度背景和活动类型的差异在形式和意义上不尽相同。他认为，市场定位的学术创业趋势主要归因于新经济的压力及高等教育环境中占主导地位的新自由主义观念，大学作为创新思想观念和创业活动的沃土，必须迅速回应市场需求以赢得经济效益并回报社会（Mars，2009）。

2012 年 4 月，美国教育部职业与成人教育办公室（Office of Vocational and Adult Education）发布了一份名为《投资于未来：美国职业技术教育变革蓝图》（*Investing in America's Future: A Blueprint for Transforming Career and Technical Education*）的白皮书。该白皮书指出，美国在遭遇经济挑战时，雇主们需要技能、适应性和创新能力更强大的劳动力，因此必须通过教育定制学生所需技能，使他们更具竞争性（Office of Vocational and Adult Education，2012）。这一政策导向进一步推动了美国创业教育的发展，强调了创业教育在提升国家竞争力中的重要作用。创业教育课程与实践是研究的重点之一。Noll（2003）认为，美国的创业教育应该培养学生的创业技能，创业课程应包括定义创业、客观自我评价、想法创新、勾勒商业计划书、实战运行和分析国际政策环境等内容。Kourilsky（1995）则认为，创业教育是一个培养技能和观念的过程，课程应涵盖机会识别、整合资源、建立操作型商业组织等方面。

教育以人为本，创业教育对象是学生，创业教育满意度是考量高校创新创业教育改革成败的重要评价标准。在中国知网（CNKI）以"创业教育满意度"为主题词搜索文献，截至 2024 年 7 月共有 78 条结果，可见学者们对创业教育关注较多但对创业教育满意度研究较少。创业教育作为培养学生创新精神和创业能力的重要途径，其满意度是衡量教育效果的关键指标。

关于满意度的定义，卡多佐（Cardozo，1965）将"顾客满意"（CS）这一概念引入市场营销领域。对于顾客满意度的定义，目前仍然没有统一的认识。顾客满意度是"顾客个体对其付出的代价获得补偿程度的一种认知状态"（Howard，1969）。奥利弗（Oliver et al.，1981）认为，顾客满意度是"一种心理状态，顾客根据消费经验所形成的期望与消费经历一致时而产生的一种情感状态"。谢等（Tse et al.，1988）则认为，顾客满意度是"顾客在购买行为发生前对产品所形成的期望质量与消费后所感知的质量之间所存在差异的评价"。丘吉尔等（Churchill et al.，1982）把顾客满意度视为产品购买者比较预期结果的报酬与投入成本后的评价。

通过梳理已有文献发现目前的研究仅局限于创业教育本身，个体对创业教育的满意度研究很少（Hisrich，1986；张玉利，2004；杨洁，2016）。在创业研究尤其是创业意向研究中，已有研究并没有关注个体创业教育满意度在创业自我效能和创业意向两者之间的调节效应作用，这一空白显然是创业研究领域的一大遗憾。结合创业教育和满意度的相关研究，基于中国创业教育不断提升完善背景下，创业教育满意度有以下四个方面：①课程满意度，这里的课程满意度主要指的是创业课程，中国各高校均已开设创业教育相关课程，这里的课程满意度应包括课程内容的前沿性和实用性、教学方法的多样性以及教学资源的丰富性等。②实践机会满意度，学生对参与创业实践项目、创业竞赛、实习实训等活动的机会和质量的满意度。根据中国教育部等部门颁布的文件，创业竞赛（如"互联网+"国际大学生创新大赛、"挑战杯"全国大学生创业计划竞赛等）已成为全国高校学生参加创业实践的重要平台，但由于各个高校组织赛事形式和水平参差不齐，因此学生参与和获奖情况有所差异，另外，部分学校还开设了创业实习实训、创业实践、大学生创业园等创业实践基地，对大学生创业意向形成和创业能力提升有着重要影响，所以创业教育满意度应包括实践机会的满意度。③师资力量满意度，主要是指学生对创业教育教师的专业知识水平、教学经验和创业指导能力的评价。目前，高校创业教师多为兼任教师，部分高校开设了创业学院，但未按照标准配置安排专任教师。所以师资力量满意度应成为创业教育满意的指标之一。④创业支持服务满意度，包括学校提供的创业咨询、资金扶持、场地设施等支持服务的满意度。大学生群体是比较特殊的群体，他们缺乏创业资金、创业经验、创业知识等，创业支持对大学生创业意向和后续创业行为有着重要影响。

本书将创业教育满意度定义为大学生对创业教育及学校创业活动氛围的理解、期望与创业学习过程中实际感受之间的差异的一种自我感受的评价。

第六节 文献述评与启示

基于以上创业领域研究的文献综述可知，创业研究在研究视角、分析方法上都各有特点。具体而言，理论视角一般以Ajzen（1991）的计划行为理论和Bandura（1977）的三元交互论和自我效能理论为主（丁明磊，2009；陈权，2015），个别也会以Shapero（1982）的创业事件模型为研究基础。实证研究过程中，在研究的方法上，主要以量化的实证分析方法为主，近年来逐渐出现了定性研究和QCA混合研究等方法。

在深入探索创业研究领域的浩瀚文献中，我们可以清晰地描绘出一幅多彩斑斓的学术画卷。这一领域不仅在其研究视角上展现出独特的魅力，更在分析方法上独树一帜，为理解创业现象提供了坚实的理论基础与实证支持。具体而言，当我们聚焦于创业意向及其复杂的影响因素时，不难发现，两大理论框架如同双子星般引领着学术探索的方向。

首先，计划性行为理论（Ajzen，1991）以其深刻的行为预测力，为创业意向的研究奠定了坚实的基石。该理论强调个体行为不仅受个人意愿的驱动，还深受其对行为结果的态度、主观规范以及感知到的行为控制力的影响。这一理论框架的引入，使研究者们能够更加系统地剖析创业意向的形成过程，揭示了诸如个人价值观、社会期望、资源获取能力等多重因素在其中的交织作用。

其次，班杜拉（Bandura，1977）的三元互动理论和自我效能理论也为创业意向的研究增添了新的维度。三元互动理论强调环境、个体行为与认知之间的动态交互作用，揭示了外部环境因素如何通过影响个体的认知和行为选择，进而塑造其创业意向。而自我效能理论则进一步指出，个体对自身能力的信念是决定其是否采取创业行动的关键因素。这一理论的引入，不仅丰富了我们对创业意向内在机制的理解，也为干预和激发潜在创业者的创业热情提供了理论依据。

除了上述两大主流理论外，Shapero（1982）的创业事件模型也为创业意向的研究开辟了新的视角。该模型将创业视为一系列相互关联的事件和决策过程的结果，强调了创业过程中的偶然性和不确定性。这一理论模型的提出，促使研究者更加关注创业过程中的情境因素、决策机制以及创业者的应对策略，为创业意向的研究注入了新的活力。

在实证研究方面，线性回归分析作为一种经典而有效的统计方法，被广泛应用于创业意向及其影响因素的研究中。李静薇（2013）、赵静（2015）等通过精心设计的问卷调查和数据分析，揭示了多种因素对创业意向的显著影响。这些研究不仅验证了理论模型的适用性，也为政策制定者提供了宝贵的参考信息。

然而，随着研究的深入和方法的多样化，越来越多的学者开始尝试采用更加复杂和精细的实证研究方法。其中，结构方程模型作为一种能够同时处理多个变量之间复杂关系的统计方法，逐渐在创业意向的研究中崭露头角。钱永红（2007）、向辉和雷家骕（2014）以及陈寒松等（2017）通过构建结构方程模型，深入剖析了创业意向与其影响因素之间的内在关系，揭示了各因素之间的相互作用机制。这些研究不仅丰富了我们对创业意向形成过程的认识，也为后续的理论探索和实证研究提供了有力的支持。

在探讨创业领域的广泛研究图景时，我们不难发现，过往的研究焦点往往聚焦于一般创业者群体，其核心议题多围绕创业绩效的衡量与优化展开。然而，在这浩瀚的创业研究海洋中，一股不可忽视的清流正悄然兴起——对大学生创业的深入研究。作为社会经济发展的新生力量，大学生创业者以其独特的创新视角和无限潜能，正逐步成为推动"大众创业、万众创新"战略的重要驱动力。因此，深入剖析大学生创业学习机制及其如何塑造创业意向，对于理解和促进这一群体的创业活动具有深远的意义。

大学生创业，这一充满活力的领域，其研究价值不仅在于其潜在的经济贡献，更在于它对于高等教育体系改革、青年职业发展路径拓宽乃至社会创新氛围营造的深远影响。与成熟创业者相比，大学生创业者面临着更为复杂多变的挑战，如资源匮乏、经验不足、市场认知有限等。然而，正是这些挑战，促使他们更加注重创业学习，通过不断的知识积累、技能提升和思维拓展，来弥补自身的不足，并逐步形成坚定的创业意向。

从创业学习的视角出发，我们可以更清晰地看到这一过程中的关键要素及其相互作用。创业学习，作为一种高度情境化、实践导向的学习方式，不仅涉及知识的获取与运用，更强调经验的反思与重构。在双创教育大力推进的背景下，高校、政府、企业等多方力量共同构建了一个多元化的学习生态系统，为大学生创业者提供了丰富的学习资源和实践平台。这些资源和平台，通过模拟创业过程、提供创业指导、组织创业竞赛等形式，有效促进了大学生创业者的学习成效，进而影响了他们的创业意向。

在理论框架上，本书借鉴了 Ajzen（1991）的计划行为理论和 Bandura（1977）的三元交互论及自我效能理论，这些经典理论为我们理解创业意向的形成提供了坚实的理论基础。计划行为理论强调个体行为受到行为态度、主观规范和知觉行为控制三要素的共同影响，而三元交互论则进一步揭示了环境、个体和行为之间的动态交互关系。自我效能理论则强调了个体对自己能否成功完成某一行为的信念对于行为意向和实际行动的关键作用。将这些理论应用于大学生创业学习的情境中，我们可以发现，创业学习通过改变大学生的行为态度、主观规范和自我效能感，进而影响了他们的创业意向。

在实证研究方面，本书将采用量化的实证分析方法，并尝试结合定性研究和 QCA 混合研究等方法，以期更全面地揭示创业学习影响大学生创业意向的作用机制。通过问卷调查、深度访谈、案例分析等多种数据收集方式，我们将收集到大量关于大学生创业学习经历和创业意向的第一手资料。随后，运用统计软件对这些数据进行深入分析，以验证理论假设并揭示潜在的规律。

此外，为了增强文章的说服力和可读性，我们还将引入大量的统计数据、实证研究和成功案例。例如，我们可以引用国内外关于大学生创业成功率的对比数据，展示双创教育对大学生创业意向和创业成功率的积极影响；我们还可以分享一些成功的大学生创业项目案例，通过详细描述他们的创业历程、学习经验和成长故事，来激发更多大学生的创业热情和创新精神。本书将从创业学习的视角切入，深入探索在双创教育大力推进的背景下，创业学习如何影响大学生创业意向的作用机制。通过综合运用多种研究方法和分析工具，并结合丰富的实证数据和成功案例，我们期待能够为大学生创业研究贡献新的洞见和启示。

在深入探讨创业研究领域的广阔天地时，我们不难发现，这一领域不仅在研究视角上丰富多彩，更在分析方法上展现出独特的多样性与创新性。基于对当前创业领域研究综合文献的细致梳理，我们可以清晰地看到，理论框架的构建往往以经典理论为基石，如 Ajzen（1991）提出的计划行为理论，这一理论以其深刻的洞察力和广泛的适用性，在创业意向及其驱动因素的研究中占据了举足轻重的地位。同时，Bandura（1977）的三元交互论和自我效能理论，也为创业研究提供了坚实的理论基础，尤其是在探讨个体与环境、行为之间的复杂互动关系时，这些理论更是不可或缺。此外，Shapero（1982）的创业事件模型，以其独特的视角和深刻的见解，为创业研究开辟了新的路径，成为部分学者深入探究创业过程的重要参考。

在实证研究方面，创业研究的方法论体系日益完善，呈现出从单一到多元、从量化到质性与量化并重的趋势。传统的量化研究方法，如线性回归分析，凭借其严谨的逻辑性和较强的解释力，在创业研究中占据了主导地位。李静薇（2013）等的研究，均通过这一方法深入剖析了创业意向及其影响因素之间的关系。然而，随着研究的深入和方法的创新，结构方程模型等更为复杂、更为精细的量化分析方法也逐渐被引入到创业研究中来，如钱永红（2007）、向辉和雷家骕（2014）等的研究，就充分展示了这一方法在揭示变量间复杂关系方面的独特优势，具体到线性回归分析方面，有很多学者做了大量研究（李静薇，2013），也有部分实证研究采用结构方程模型（钱永红，2007；向辉和雷家骕，2014，陈寒松等，2017）。

与此同时，我们也应注意到，创业研究在视角和方法上的多元化趋势，不仅体现在量化研究方法的不断丰富和完善上，更体现在对定性研究及 QCA（定性比较分析）等混合研究方法的重视和应用上。这些方法的引入，不仅拓宽了创业研究的视野，也为研究者提供了更为全面、更为深入的分析工具。具体到本书所关注的创业学习对创业意向影响机理的研究，我们首先需要明确的是，创业教育满意度、创业学习、创业意向等核心概念的整合性内涵和维度划分。综上所述，创业研究在研究视角和分析方法上均展现出了独特的魅力。通过综合运用计划性行为理论、三元互动理论、自我效能理论以及创业事件模型等多种理论框架，并结合线性回归分析、结构方程模型等实证研究方法，我们得以更加全面、深入地理解创业意向的形成过程及其影响因素。这不仅有助于我们更好地把握创业现象的本质规律，也为促进创业活动的蓬勃发展提供了坚实的理论支撑和实践指导。

本书是关于创业学习对创业意向影响机理的研究，本研究拟界定创业教育满意度、创业学习、创业意向的整合性内涵和维度划分。通过阅读归纳大量相关文献，发现主要呈现以下三个特点和启示：

第一，在创业研究领域，学者更多地关注创业绩效及创业带来的社会贡献，研究多集中在创业绩效、创业动机等方向，对创业教育、创业学习进行多维度、多角度的研究较少；创业学习、创业意向、创业教育满意度相关研究在国外已有一定研究数量，相比之下，国内对创业意向的研究却刚起步，鲜见创业教育满意度、创业学习、创业意向研究的成熟测量量表，现有研究成果中的量表大都缺乏实证检验。

第二，在创业教育的研究方面，主要集中在基本概念的内涵和拓展、创业者特质、创业教育的可行性、创业教育的课程设计等方向，同时，现有的大学生创业能力提升的实证研究众多文献中，不同学者在样本选择上具有异质性，形成的研究成果比较分散；加之现有实证研究文献中样本量较少，数据来源参差不齐，导致研究成果推广性应用性不强。更重要的是，现有的大量研究仅局限于创业教育本身，对个体对创业教育的满意度关注很少。

第三，在创业学习和创业意向方面，已从定性研究转向了方法多样化的定量研究（Rasmussen et al.，2011）。在创业学习对创业意向的影响研究中，大都考虑单一的创业学习形式对创业意向的影响，如经验学习对创业意向的影响研究（Bird，1988），社会网络学习对创业意向的影响研究（Hisrich，1990）。部分学者在研究中也考虑两种以上的创业学习方式对创业意向的影响研究，不可否认的是每一种形式的创业学习都有助于解释创业意向的形成机制，但是其解释力仍不够充分，并且不排除这些不同的学习类型之间可能存在着复杂的交互关系。创业学习与创业意向的关系研究近些年得到学者的关注，但缺乏实证检验，二者关系间的调节变量仍有待开发。

尽管创业研究在多个方面取得了显著进展，但在创业教育、创业学习等具体领域的研究上，仍存在诸多不足和空白。例如，学者们更多地关注于创业绩效和创业带来的社会贡献，而对于创业教育、创业学习等多维度、多角度的研究则相对较少。此外，虽然国外在创业教育满意度、创业学习、创业意向等方面的研究已有一定积累，但国内相关研究却仍处于起步阶段，缺乏成熟、有效的测量量表和实证检验。基于上述分析，本书将从创业学习视角切入，结合当前双创教育大力推进的背景，深入探索创业学习对大学生创业意向的影响机制。具体而言，我们将通过构建理论模型、设计实证研究方案等方式，全面考察不同创业学习方式对大学生创业意向的影响及其作用路径。同时，我们也将关注个体对创业教育的满意度这一重要变量，探讨其在创业学习与创业意向关系中的调节作用。通过这一研究，我们期望能够为创业教育的实践提供更为科学、更为有效的指导，同时也为创业研究领域的进一步发展贡献自己的力量。

第四章

理论模型的构建及假设的提出

第一节　理论基础

一、社会学习理论

社会学习理论（Social Learning Theory，SLT）作为心理学中的基石理论，深刻探讨了个人认知、行为与环境因素三者间的复杂交互作用，及其对人类行为形成与变化的深远影响。其理论渊源可追溯至 Miller 与 Dorad 在 1941 年的开创性工作，他们在《社会学习与模仿》一书中首次提出"社会学习"概念，并奠定了模仿学习的基础理论框架。他们认为，个体通过细致观察模仿对象的行为与语言，随后复现这些行为模式，并在实践中不断强化，这一过程即模仿学习。然而，Bandura 在 1977 年的研究中，对社会学习理论进行了重要的发展与深化。他强调，社会学习不仅限于模仿，更重要的是通过观察他人的行为来学习。Bandura的理论突破了传统模仿学习的局限，指出观察而非直接模仿在社会学习中的核心地位。他进一步提出了三元交互决定论（Triadic Reciprocal Determinism），指出行为、认知和环境三者之间是相互依存、动态影响的，共同构成了一个复杂的行为调节系统。

社会学习理论的核心观点涵盖观察学习、三元交互决定论以及示范过程与强化作用。观察学习强调个体通过观察他人的行为及其后果来学习新行为模式；三元交互决定论则揭示了行为、认知和环境之间的紧密互动关系；而示范过程和强化作用则详细阐述了学习过程中模仿与强化的具体机制，包括外部强化、替代强化和自我强化，这些共同构成了学习行为的动机源泉。在创业研究领域，社会学习理论为理解创业者如何通过学习和模仿他人成功经验提供了有力的理论支撑。

随着数字化时代的到来，创业者越发依赖在线平台、社交媒体等工具进行信息获取与资源共享，社会学习理论在解释创业者如何利用这些新兴工具进行学习与创新方面展现出新的研究价值。

社会学习理论是心理学中一个重要的基础理论，主要探讨个人认知、行为与环境因素三者及其交互作用对人类行为的影响，并经过多年发展，成为解释人类行为形成和变化的重要框架。Miller 和 Dorad 所说的社会学习本质上是模仿学习。班杜拉（Bandura，1977）进一步研究了基于米勒和多拉德的社会学习的概念，并提出了不同的解释。首先，Bandura 相信社会学习的焦点是如何通过模仿来完成某些特定的社会行为。米勒和多拉德（Miller & Dorad，1941）认为，模仿是形成社会行为的前提，而获得社会行为的唯一途径就是学习如何模仿。这两种观点在社会学习与社会行为之间因果关系的辩证上存在差异。其次，班杜拉提出社会学习不需要模仿和强化模仿，人们只需要观察他人的行为即可产生社会行为（Bandura，1969）。Bandura 的解释强调，观察而非模仿在社会学习中起着重要的作用。因此，班杜拉将社会学习定义为人们通过观察和向他人学习来获得社会行为的过程（Bandura，1969）。总体而言，社会学习理论认为社会行为的形成是一个先行因素和结果因素及认知因素的共同控制与调节过程，这三个方面构成了人类行为的控制与调节系统（周必彧，2015）。在社会学习理论出现之前，传统理论文献中存在两种观点：一种是行为学派，他们认为人们的社会行为主要受外部强化的影响；另一种是由认知学派提出的，它更着重于认知控制的影响。与这两种观点不同的是，班杜拉的社会学习理论是综合了两种学派的观点，并提出人们的社会行为不仅受到单一因素的影响，还受到内部和外部环境、外部刺激和强化、认知能力等多种因素的影响（Bandura，1977，1982，1997）。早期的班杜拉的研究将社会学习定义为观察性学习（Bandura，1969）。后来，班杜拉的研究进一步扩展了社会学习的理论，以更加强调人类的主观作用以及认知的控制和影响作用。它通过信息处理理论和强化理论解释了人类行为理论（Bandura，1977，1982，1997）。

社会学习理论的核心观点主要有三个方面：一是观察学习；二是三元交互决定论；三是示范过程和强化作用。

社会学习理论的核心在于观察学习（Observational Learning），即个体通过观察他人的行为及其后果来学习新的行为模式。班杜拉认为，人的复杂行为不仅是遗传因素和生理因素的结果，更是环境包含的人和事物所影响的。在经典实验中，班杜拉让儿童观察成人对不倒翁玩偶的攻击行为，之后儿童在相同情境下表现出相似的攻击行为，验证了观察学习的存在。

班杜拉进一步提出了三元交互决定论（Triadic Reciprocal Determinism），即行为、认知和环境三者之间相互影响、相互作用。他反对单一因素决定论，认为人的行为是内部过程和外界影响相互作用的结果。具体而言，人的行为受到个体认知（如效能期待和结果期待）和环境的共同影响，同时行为本身也影响环境和个体认知。

社会学习理论还强调示范过程（Modeling Process）和强化作用（Reinforcement）的重要性。示范过程包括现实模型、言语指导模型和符号模型三种形式。强化作用则分为外部强化、替代强化和自我强化，它们共同构成了学习行为的动机力量。外部强化是指外界环境对行为的直接奖惩；替代强化是观察者看到榜样行为受到奖惩，从而增强或减弱自身行为动机；自我强化则是个人根据自己设定的标准对行为进行奖励或惩罚。

社会学习理论作为心理学中一个重要的基础理论，为解释人类行为和社会学习过程提供了有力的理论支持。该理论引入创业研究领域以来，在创业学习、创业激励、创业教育等方向备受关注，学者开始深入探讨创业者如何通过观察学习来模仿和借鉴他人的成功经验。研究发现，创业者在选择模仿对象时，会考虑对象的相似性和可接近性等因素。此外，学者还关注了观察学习过程中的认知机制和心理过程。随着数字化时代的到来，创业者越来越依赖于在线平台、社交媒体和大数据等工具来获取信息和资源。除了行为模仿和技能学习外，创业者的认知和情感过程也受到了社会学习理论的关注。研究者开始探讨创业者在观察学习过程中如何形成和改变自己的认知图式、信念和价值观，以及这些认知和情感因素如何影响创业决策和行为。此外，研究者还关注了创业者在面对失败和挫折时的情感反应和学习过程。社会学习理论在解释创业者如何利用数字化工具进行学习和创新方面展现出新的研究价值，未来结合数字化、全球化背景的创业学习研究还需要进一步拓展。

二、三元交互理论

三元交互理论（Triadic Reciprocal Determinism），由美国著名心理学家 Bandura 于 20 世纪 60 年代提出，是一种融合行为主义、认知心理学和人本主义等多领域知识的心理学理论。该理论主要探讨了个体、行为和环境三者之间的动态交互关系，为理解人类行为提供了新的视角。三元交互理论自提出以来，在心理学、教育学、社会学等多个领域得到了广泛的研究与应用。其研究脉络可以大致分为以下三个阶段：①理论构建阶段。班杜拉在批判传统行为主义机械论模式的基础上，提出了三元交互理论，强调个体、行为和环境三者之间的相互作用。这一阶段的研究主要集中在理论框架的构建和理论内涵的阐述上。②理论验证与扩展阶段。随着研究的深入，学者开始通过实证研究验证三元交互理论的适用性，并对其进行扩展和完善。例如，一些研究探讨了不同情境下三元交互关系的具体表现形式，以及不同文化背景下三元交互理论的适用性。③应用研究阶段。近年来，三元交互理论在教育、组织管理、心理咨询等领域得到了广泛应用。学者通过实证研究探讨了该理论在解决实际问题中的有效性。三元交互理论模型如图4-1所示。

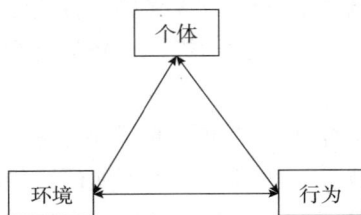

图4-1　三元交互理论模型

资料来源：笔者根据文献资料整理所得。

班杜拉的社会学习理论的核心是三元交互理论，特别是学习者的环境、认知能力与学习行为之间相互影响，影响社会行为的形成和学习效果。班杜拉还指出，在以上三个因素中，学习者个人的认知能力在三个方面的相互作用中起着特别重要的作用（Bandura，2009）。在此之前，社会学习理论强调外部环境并激发对形成行为的影响，而忽略了学习者在其中的个体认知主体作用。Bandura的社会学习理论已经超出了前人的研究范围，创造性开始密切关注学习者的个体主体因素，以及个体主体因素和外界环境因素的反应，并产生极其复杂的相互作用。班杜拉的社会学习理论强调三元互动作用，以解释社会行为的形成具有更大的解释力。三元交互理论中的三元分别是学习主体的个人因素（主要是个人认知）、个体所处的环境因素、个体的学习行为这三个方面。班杜拉认为这三者是相互影响、相互作用的。学习者的个体因素主要是指个人的认知能力，观察能力，自我调节能力以及预见结果和效果的能力（Bandura，2009）。个人环境或者叫个人学习生活的社会环境，也是各种外部令人兴奋的来源。个体的学习行为，即他的学习活动。班杜拉认为这三个因素相互制约，形成了复杂的互动联结系统。三元交互理论解释了社会行为的形成过程，指出个体行为和学习结果的形成受个体内外部环境及其综合认知因素的相互作用的影响（黄颖，

2018）。

在大学生创业研究领域中，这一理论被广泛应用于解释学生参与创新创业活动的动机、过程及结果。学者运用三元交互理论，深入探讨了大学生创业意向的形成机制。李静薇（2013）基于三元交互理论，研究了创业教育对大学生创业意向的作用机制，发现创业教育能够显著提升大学生的创业意向。同时，个体的创业态度、主观规范、知觉行为控制等认知因素以及家庭、学校、社会等环境因素，都会对大学生的创业意向产生影响（李静薇，2013）。三元交互理论在解释创新创业教育的参与行为及影响因素中也有一些进展，阎隽豪等（2023）的研究指出，高校学生参与体育产业创新创业教育的行为受到个体认知、社会支持及教育环境等多重因素的影响，这些因素通过三元交互机制共同作用于学生的参与决策。类似地，许林媛和肖丽平（2023）在"中国智造"背景下，探讨了工科类高职院校"三元融合"双创课堂模式的构建，强调了课程设计、师资力量及企业合作等外部环境因素与学生个体学习动力之间的相互作用。陈蓉蓉和秦野（2023）通过实证研究，探讨了学术创业视野下高校创新创业管理的现状与挑战，揭示了高校在促进学术成果转化及创新创业实践中的新路径。宫仁贵等（2019）进一步从高校创新创业培育机制的角度，探讨了如何通过优化内外部环境提升学生的创新创业能力。此外，三元交互理论也应用在创业失败研究中，杨隽萍等（2016）的研究关注了创业失败对再创业风险感知行为的影响，发现创业者的认知特质在调节失败经历与再创业决策之间起关键作用。这一发现不仅丰富了创业失败理论，也为高校在创新创业教育中如何培养学生的韧性提供了启示。

三元交互理论为创业研究奠定了理论基础，其发展历程经历了理论构建、验证与扩展以及广泛应用三个阶段，为理解人类行为提供了全新的视角和框架。三元交互理论的核心在于强调个体因素（主要是个人认知）、环境因素（包括社会环境）以及学习行为三者之间的相互影响与相互作用。班杜拉认为，这三者共同构成了一个复杂的互动系统，其中个体的认知能力在交互过程中发挥着至关重要的作用。这一理论不仅超越了传统行为主义的机械论模式，也弥补了认知学派在外部环境影响方面的不足，为解释社会行为的形成提供了更为全面和深入的视角。

基于三元交互理论的创业教育、创业学习、创业意向研究及其实践研究已取得显著进展，不仅揭示了影响学生创新创业行为的复杂因素，还探索了多种有效的实践模式。未来研究可进一步细化各因素之间的交互机制，构建更加精准的创新创业教育评价体系，并关注创新创业教育的长期效果，为培养更多具有创新精神和实践能力的高素质人才提供有力支持。

三、计划行为理论

计划行为理论（Theory of Planned Behavior，TPB）由 Ajzen（1991）等提出，计划行为理论视角是所有意向研究中用的最多的模型之一，计划行为理论由理性行为理论（Theory of Reasoned Action，TRA）发展而来，该理论最初被称为理性行动理论（Ajzen & Fishbein，1980），它受主观规范和行为态度两个方面的影响，理性行动理论认为，意向是决定行为的直接因素，行为意向越强，采取行动的可能性越大。理性行为理论自发表以来受到大量研究的支持，慢慢地在后来的研究中发现，该理论忽略了一个重量，即知觉行为控制（Perceived Behavior Control，PBC）。Bandura（1982）研究发现，自信程度（这里的自信指的是个体对自己是否有能力实施行为的感知）是影响个体行为的重要因素。在此基础上，Ajzen（1985）将知觉行为控制（PBC）加入到理性行为理论中，形成了计划行为理论，其核心在于解释和预测个体行为。TPB 认为，个体的行为意向（Behavior Intention，BI）是行为发生的直接决定因素，而行为意向则受到行为态度（Attitude Toward the Behavior，ATB）、主观规范（Subjective Norm，SN）和知觉行为控制（Perceived Behavioral Control，PBC）三个核心要素的共同影响。行为意向是 TPB 理论结构的核心元素，它决定了是否采取行动。行为意向受行为信念、行为态度、主观规范、规范信念和顺从动机的综合影响（Ajzen，1991）。行为态度和行为信念是对行为结果好坏程度的评估。行为信念由行为结果发生的可能性和对行为结果的评价构成，这些信念影响行为态度（Fishbein & Ajzen，1975）。主观规范和规范信念是个体在决策是否执行某特定行为时所感受到的社会压力，反映其他人对个体决策的影响。规范信念指个体知觉重要他人对其行为改变的认可和倾向程度，而遵从动机则表明个体对重要他人期望的遵从程度（Ajzen，1985）。知觉行为控制是个体对行为难易程度的感知，类似于自我效能，受控制信念影响。控制信念是个体知觉促进或阻碍行为执行的因素（Ajzen，1985）。

计划行为理论可以很好地解释和预测个体行为，认为个体创业意愿受到三个因素的影响，即行为态度、主观规范和行为控制。行为态度是个体对采取某种行为所持的态度；主观规范即个体对采取某种行为是否符合个人预期的认知；行为控制即个体对自己行为能力的感知。计划行为理论认为以上三个因素共同作用影响创业意向进而影响创业行为（见图 4-2）。

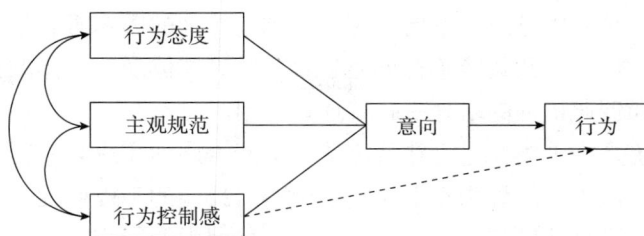

图 4-2　计划行为理论模型

资料来源：笔者根据文献资料整理所得。

　　近年来，计划行为理论在创业领域的应用逐渐增多，并展现出了其在解释和预测创业意向及行为方面的独特价值。通过 TPB 模型，研究者可以系统地分析影响创业意向的各类因素。这些因素不仅包括个体因素（如创业态度、自我效能感），还包括社会因素（如家庭支持、社会认知）和环境因素（如创业教育、创业氛围）。这些因素相互作用，共同影响个体的创业意向。在创业领域的实证研究方面，有研究通过对高校学生进行问卷调查，探讨 TPB 模型各变量对创业意向的预测力。结果显示，行为态度、主观规范和知觉行为控制均对创业意向有显著影响，且知觉行为控制的预测力最大。此外，还有研究基于 TPB 模型，分析高职学生创业意向的影响因素，发现创业态度、创业自我效能、创业主观规范以及创业教育等因素均对创业意向有显著影响。TPB 模型在创业领域的应用还为政策制定者和教育者提供了有益的启示。通过提升学生的创业态度、加强创业教育、提供创业支持和资源等方式，可以增强学生的创业意向和创业能力，同时，大量创业意向研究为计划行为理论的发展奠定了良好的基础，未来模型更多的研究能为决策部门提供更多有益的决策参考。

四、自我效能感理论

　　自我效能感理论是心理学中一个重要的动机理论，由美国心理学家阿尔伯特·班杜拉（Albert Bandura）于 1977 年首次提出。该理论强调个体对自己能否成功完成某一行为的主观判断，即自我效能感（Self-Efficacy），并探讨了这一判断如何影响个体的行为选择、动机、努力程度以及情感反应。自我效能感可以有效地预测个体行为，这是个体自我调节持续的心理动力（Bandura，1997）。班杜拉（Bandura，1977）认为，在特定情况下，个人对特定组织进行一系列活动以达到预期效果的能力的自我判断（个人信心水平的响应）就是自我效能。由于不同领域之间的差异，自我效能感具有很强的领域，因此有关自我效能感的任何讨论都必须在特定领域内进行。本研究探讨的创业行为的影响机制是在创业教育的背景下进行的。作为自我效能感在创业教育中的具体体现,个体的自我效能在大学生创业能力和创业精神的培育中起着重要作用。

自我效能感是指个体对自己在特定情境下能否成功完成某一行为的主观判断或信心。班杜拉认为,这种判断不仅基于个体对技能的掌握程度,还受到成就表现、替代经验、语言劝导和生理情绪状态等多种因素的影响。自我效能感并非实际能力本身,而是个体对自己能力的信心和信念,这种信念会直接影响个体的行为选择和努力程度。自我效能感主要来源于四个方面:

(1)成就表现。个体通过亲身经历获得的成功或失败经验对自我效能感影响最大。成功的经验能够提升自我效能感,而失败的经验则可能降低自我效能感。

(2)替代经验。通过观察他人的行为及其结果,个体可以获得间接经验,从而影响自己的自我效能感。例如,看到与自己能力相近的人成功完成任务,会增加个体的自我效能感。

(3)语言劝导。来自他人的鼓励、建议或反馈也能影响个体的自我效能感,但这种影响相对较弱,因为它缺乏直接的经验基础。

(4)生理情绪状态。个体的情绪状态,如紧张、焦虑等,也会影响自我效能感。高度的情绪唤起和紧张的生理状态往往会降低个体的自我效能感。

这四种影响因素通常会被综合运用来表现对自我效能感的影响,模型如图4-3所示。

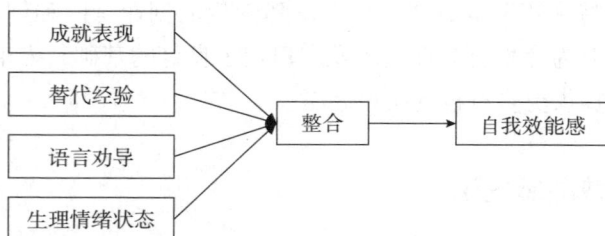

图4-3 Bandura(1977)自我效能影响因素理论模型

资料来源:Bandura A. Self-Efficacy: Toward a Unifying Theory of Behavioral Change[J]. Psychological Review, 1977, 84(2): 191-215.

但实际上,成就绩效、替代体验、言语说服力和生理情感状态对个人自我效能的影响方式和程度因人而异,因为构成这四个因素的不同变量对个人的影响不同。具体的影响因素如图4-4所示。

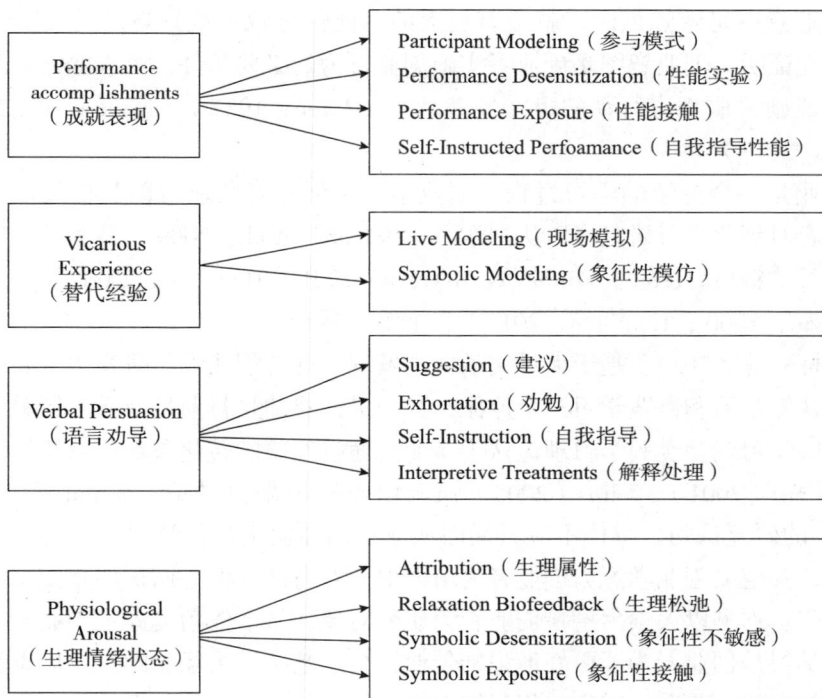

图4-4 效能信息的主要来源和不同模式下的影响机制模型

资料来源：Bandura A. Self-Efficacy: Toward a Unifying Theory of Behavioral Change[J]. Psychological Review，1977，84（2）：191-215.

第二节 模型构建

本研究是大学生创业学习对创业意向的研究，拟涉及的构念和变量是创业意向、创业学习、创业自我效能、创业教育满意度五个变量。

创业意向是个体倾向于从事创业活动的可能性，是创业行为的重要预测指标。本书认为，创业意图是潜在大学生创业群体决定创业的倾向程度，也是大学生个人倾向于从事创业活动的意愿强弱程度。根据计划行为理论，一个人完成某项特定行为的意图是解释他或她为何采取某项行为的关键。Fishbein 等（1975）在研究中提出，"如果你想知道一个人是否会执行某种行为，最简单，最有效的方法就是直接询问他或她是否打算执行该行为"。一般而言，当一个人的创业意图足够强烈时，就会有更大的可能性导致他或她自己的实际创业行为。研究证明，创业意图是创业者实施创业行为的必要条件，个人的创业意图越强，他或她采取相应行动的可能性就越大（Ajzen，1987；Fayolle et al.，2005；李静薇，2013）。

创业是一个持续的学习过程。创业学习指创业者获取与创业相关知识的过程。学者对创业学习研究多以认知学习（Holcomb et al.，2009；蔡莉等，2012）、经验学习（Kolb，1984；Minniti & Bygrave，2001；Hamilton，2011）、实践学习（Rae et al.，2000；Hamilton，2011）三个维度展开。

单标安等（2014）基于大量文献梳理发现，现有创业学习研究中主要有经验学习、认知学习和实践学习三个流派，其中最经典的且目前最受学术界关注的观点是经验学习观。经验学习理论认为企业家通过经验的转化来获得商业知识，例如，Minniti（2001）、Politis（2005）强调创业知识来自经验，Minniti 和 Bygrave（2001）的研究认为，个体不应只局限从成功的经验中进行学习，还必须从失败中学习，并定义创业学习为创业者为增强他们对自己的信心而扩展其知识水平的行为过程。本书以大学生潜在创业者为研究对象，从个体角度界定创业学习，认为创业学习是创业者为了更好地识别创业机会，基于过去经验的自我反省和对未来机会的展望，获取、转化、积累知识的过程，使创业者的知识结构、认知发生改变。基于文献研究并结合大学生创业者的特点，本书借鉴单标安等（2014）的研究成果，从认知学习、经验学习、实践学习三个维度对创业学习进行界定和阐述。

20 世纪 70 年代，Bandura 提出自我效能理论，该理论被学者引入创业研究领域，自我效能感是"人们对自身能否利用所学知识去完成某项工作行为的自信程度"（Bandura，1997）；自我效能感指个体对自己是否有能力完成某一行为所进行的推测与判断。创业自我效能是一个更为广泛的构念，是指个体对自身"动机能力、资源识别及可控行为"的认知评估，并通过自我认知评估对其创业行为产生影响。创业者通过积累过去经验，从经验中不断总结和学习，获得复杂的认知、社会、语言或心理方面的技能，逐渐培养了自我效能。个体的创业自我效能不是一成不变的，可以通过其经验的累积获得提升，进而提升后续创业意愿和后续创业活动的水平（张秀娥等，2017）。创业者可以通过创业学习获取更多信息和知识，增强创业自我效能，从而能更有效地开展后续创业活动（祁伟宏等，2017）。本书认为，针对大学生群体而言，创业自我效能感是一种能促使大学生付诸创业实际行动的内在信心和信念，它还会通过大学生个体综合能力的增强以及外部环境的改善而提升，对创业意向有影响。

创业是人和环境持续互动的结果，创业过程是动态变化的过程，人们的意愿和行为会受到环境的影响，创业活动是个体与外部环境交互作用的结果，创业教育对象是大学生，创业教育目的是使学生获得创业知识，提高创业能力，培训学生创业意愿，帮助有潜质的学生更好地取得创业成功。创业学习的结果是获取创业知识，提升创业自我效能，但接受过创业学习的大学生的创业意向强度，还会受到他们所处学校的创业氛围、创业课程、创业活动的影响。本书将创业教育满意度定义为大学生对创业教育及学校创业活动氛围的理解、期望与创业学习过程中实际感受之间差异的一种自我感受的评价。

综合前文分析，基于社会学习理论、三元交互理论和计划行为理论，结合文献的研究成果，本书提出以下研究模型（见图4-5）。

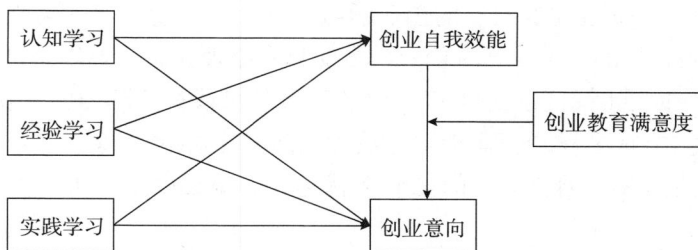

图4-5　创业学习对创业意向的影响理论模型

资料来源：笔者根据文献资料整理所得。

第三节　研究假设

一、创业学习对创业意向的影响

创业学习是创业领域备受关注的研究主题之一，创业学习能很好地解释创业者知识获取、整合、转换及相关创业行为的过程，近年来，国内外对创业学习的研究取得了众多突破，主要集中在创业学习模型的构建（蔡莉等，2013）、创业学习的影响因素、个体创业者创业学习维度划分和测量（单标安等，2014）等，创业学习研究得到了很大程度的丰富。根据 Ajzen（1980）提出的计划行为理论，意向会受到个体行为态度、主观规范、知觉行为控制的影响，创业学习的结果是个体获取知识，它能改变个体的行为态度，进而促进创业意向的提升。

陈寒松等（2017）在分析总结创业相关理论的基础上，以 27~40 岁的 244 名创业者为实证研究对象，验证了创业学习对创业意向具有显著的正向影响。创业学习不仅能使创业者获得创业知识、经验以及技能，而且还对潜在创业者的态度产生影响进而对创业意向有促进作用。潜在创业者的创业学习行为在使自身心理状态发生变化后，使个体创业意向发生改变，这其中与创业学习和创业意向联系最为直接和紧密的是个体的创业自我效能。如于晓宇等（2013）通过实证研究表明，创业学习特别是从失败中学习对创业意向有影响，在考虑到个体自身特点等内部因素之后，创业学习对创业意向影响的直接效应往往比较弱。这与前文所述的 Rae 和 Carswell（2001）的创业学习模型中"主动学习—信心—价值与动机"的路径是相似的，个体通过创业学习使自身心理状态（如创业自我效能）发生改变，从而促进创业意向的改变。对于高等院校或有关部门的创业教育促进，创业教育的实施越多样，创业学习方法和内容越多样化，越丰富，学生的创业意图越强，他们参与创业活动的可能性就越大。基于以上分析，本书提出以下假设：

H1　创业学习正向影响创业意向。

具体到认知学习、经验学习、实践学习对创业意向的影响，分析如下：

（一）认知学习与创业意向

很多学者认为，创业学习是个体认知的过程，即认知学习观是通过观察他人的行为等将其中有价值的信息消化、吸收、转化为自身的知识的过程（Rae & Carswell，2001；单标安等，2014）。在认知学习中，个体观察他人的行为、他人的结果，而后联系先前结构以获取、消化、组织和吸收新知识（Holcomb，2009）。陈寒松等（2017）在分析总结创业相关理论的基础上，以 27~40 岁的 244 名创业者为实证研究对象，验证了创业学习对创业意向具有显著的正向影响。创业学习的结果是获取创业知识，同样地，在认知学习过程中，潜在创业者通过观察他人行为、结果吸收、转化、获取创业知识，创业知识的增加会对个体创业意向有影响，同时，通过认知学习获取创业知识后，个体的创业自我效能增加，进一步促进创业意向的提升。基于以上分析，本书提出以下假设：

H1a　认知学习正向影响创业意向。

（二）经验学习与创业意向

Politis 的创业学习模型中提到通过创业学习可以把先前经验直接转化为创业知识，企业家通过经验的转化来获取商业知识，很多学者如 Minniti 和 Bygrave、Politis、Petkova 强调创业知识来自经验，而 Minniti 和 Bygrave（2001）认为，企业家不应仅仅从成功的经验中进行学习，还必须从失败中吸取教训进行学习，他们把创业学习定义为创业者为增强他们对自己的信心而扩展其创业知识水平的行为过程。在创业研究的经验学习过程中，对已有的创业活动经历进行学习或者反思，长期持续积累经验，能够显著增强潜在创业者的自信心，增加对创业的积极态度。于晓宇等（2013）基于构建创业学习、自我效能感与创业意愿的理论模型，对高校学生及创新创业园区近四百名大学生创业者进行调查，研究结果表明：个体通过经验学习将自己过往积累的经验转化为创业知识，是一个探索和反复试错的过程，以往的相关经验能够显著提高大学生的创业意愿（于晓宇等，2013）。基于以上分析，本书提出以下假设：

H1b　经验学习正向影响创业意向。

（三）实践学习与创业意向

实践环节是高校创业教育中重要组成部分，包括创业沙盘、创业大赛（如"挑战杯""互联网+"等赛事）、模拟创业等。创业教育的可教性理论（Drucker，1985）为学术界研究创业教育对创业学习和创业能力的影响机理奠定了理论基础。许多学者的研究都验证了创业教育能提升大学生创业能力。在经济转型背景下，大学进行创业实践教育可以增强学生的创业知识，参加创业教育的学生通过学习获得相对较多的创业知识。创业实践如创业比赛、创业讲座、创业培训等对提高创业意向有显著影响，并且创业能力能够在创业实践中通过学习得到显著提高，从而促进创业意向的产生。

杨学儒（2018）基于对广东、上海、湖北、江西和吉林五个省份 1000 名大三、大四学生开展的问卷调查，验证了创业教育（包括非课程体系创业实践学习）对大学生创业能力和创业态度产生积极影响。宁德鹏（2017）基于大学生创业教育对创业行为的研究也验证了参加实践学习对大学生创业意向有积极显著的影响。大学生正值学习黄金年龄，创业能力是可以通过创业教育去实践和培养的。创业实践学习可以提升学生的创业技能，丰富学生的创业经验，提升学生创业自我效能，从而促进创业意向的产生。近年来，"挑战杯""互联网+"大学生创新创业大赛如火如荼开展，以赛促创、以赛促教模式广为高校创业教育所采纳，学生通过参与比赛进行了创业实践学习，创业知识储备得到丰富，创业态度和创业意愿发生改变。基于以上分析，本书提出以下假设：

H1c　实践学习正向影响创业意向。

二、创业学习对创业自我效能的影响

个体的创业自我效能是不断变化的，创业者通过其知识和技能的扩充使创业自我效能获得提升，创业效能的提升能够显著影响后续创业活动的水平（张秀娥等，2017）。创业者可以通过创业学习、创业自我效能对创业机会识别产生间接影响。创业者通过创业学习获取更多信息和知识，增强创业自我效能，保持良好的创业精神状态，树立了坚定的创业决心，增强了个体的自信力，从而促进了个体创业意向的形成，进而能更有效地开展后续创业活动（祁伟宏等，2017）。基于以上分析，本书提出以下假设：

H2　创业学习正向影响创业自我效能。

创业学习的三个维度：认知学习、经验学习、实践学习对创业自我效能均有影响，具体分析如下：

（一）认知学习与创业自我效能

Bandura 提出的自我效能感理论，得到了各个领域的推广和应用，自我效能有四个主要来源：经验和成就、榜样、说服力、个体的情绪状态。具体到创业自我效能，有学者认为创业学习能提高个体的创业能力，从而提高创业自我效能（Krueger et al.，2000）。具体来说，创业领域中认知学习的一个重要组成部分是观察榜样及他人创业行为和结果进行知识吸收和转化的过程，这跟自我效能四个主要来源之一"榜样"是一样的。也就是说，在认知学习中，在个体自我感知及比较和他人之间在个人特质或能力方面具有相似性，以及榜样的行为产生明显的效果或有较大影响的情况下，个人会评估榜样在执行任务时使用的相关技能和行为，评估自己的技能与榜样之间的相似程度，并推断达到相同结果所需的努力和知识储备。

在个人特质或能力方面，个人的自我感知和比较与他人相似，并且榜样的行为具有较大的影响效应时，个体通过观察、模仿、沟通交流进行创业学习，榜样对个体自我效能的作用会增强（Bandura，1977）。基于以上分析，本书提出以下假设：

H2a 认知学习正向影响创业自我效能。

（二）经验学习与创业自我效能

如前文所述，创业学习会增加学习主体的自我效能，这种自我效能的增加会促进个体将知识、经验转化为能力，培养或提升个体创业能力。创业者通过积累过去经验，获得复杂的认知、社会、语言或心理方面的技能，逐渐培养了自我效能。杨学儒（2018）、张秀娥（2017）、祁伟宏（2017）、周必彧（2016）等通过实证研究验证了通过经验学习，个体的经历、先前经验能转化为个体知识，从而提高创业机会识别及风险承担等方面的能力，增强个体创业自信心，即创业自我效能。创业经历较多的个体能通过自我评价和自我强化，可以不断提升自我效能感，从而有助于开展更具挑战性的工作；个体的创业自我效能不是一成不变的，可以通过其经验的累积获得提升，进而提升后续创业活动的水平（张秀娥等，2017）。创业者可以利用先前经验获取更多信息和知识，增强创业自我效能，从而能更有效地开展后续创业活动（祁伟宏等，2017）。基于以上分析，本书提出以下假设：

H2b 经验学习正向影响创业自我效能。

（三）实践学习与创业自我效能

在大学教育中，所有实践学习或至少其大部分课程的目的都是教学生将理论应用到具体实践中并了解什么是企业家精神。在学校，学生通过商业模拟培训、创业竞赛和向作为企业家的学生提供的各种创业实践，提高了自己的创业技能。例如，创业竞赛为大学生提供了与创业有关的任务的学习和实践。个人对商业机会进行可行性研究，制订商业计划，并在模拟或真实商业运作中扮演相关角色并发挥重要作用，从而增强个体创业自我效能。创业实践研究，包括邀请成功企业家演讲、商业案例讨论等，这些课程为学生提供观察性学习模型，通过具体的实践交流和使潜在企业家感知自己与创业模型的异同，增强学生的商业信心。在特定的实践学习中，企业家教育家通过社会说服力提高个人的企业家自我效能，引导学生了解实践中的创业过程，并使潜在的企业家以企业家精神为职业目标。此外，个体心理和情感因素对其对创业自我效能产生积极影响（Boyd & Vozikis，1994），通过学习个体的心理状态，实践学习使个体对企业家的工作和生活方式有更深刻的理解转变，提高个体的心理适应能力，增强企业家的自我效能感，进一步促进创业意向的形成。基于以上分析，本书提出以下假设：

H2c 实践学习正向影响创业自我效能。

三、创业自我效能对创业意向的影响

自从班杜拉提出自我效能感的概念以来，许多关于自我效能感的组织行为和社会心理学研究都发现，个人自我效能感的水平与其绩效有着正相关关系：拥有高自我效能的人其创业意向更显著，并且愿意付出努力，遇到困难和障碍时态度顽强。班杜拉（Bandura，1997）提出的自我效能理论，把自我效能感定义为"人们对他们是否可以使用现有的知识和技能来完成某种工作行为的信心强度"。在创业研究领域，Chen 等（1998）通过实证研究发现，高效个体倾向于积极地评价企业家的机会和潜在的回报，也就是说，面对同样的机会和挑战，具有较高创业自我效能的人会认为他们有足够的能力面对机会和挑战，应对不确定风险时他们有较高的竞争力。根据社会认知理论对行为、认知与环境三者之间关系的解释，个体行为受创业自我效能、环境因素和个体因素的影响。其中，创业自我效能决定着个体在特定环境中的应对状态和焦虑反应等诸多心理反应过程，这些过程通过改变他们的情感和思维状态来影响个人的创业意愿（胡玲玉等，2014）。具体来说，创业者自我效能感会导致创业意向的产生及进一步的影响建立新企业的可能性（Boyd & Vozikis，1994）。与自我效能感低下的人相比，自我效能感高的人更可能追求并坚持自己从事的工作（Bandura，1997），具有较高创业自我效能感的人更可能认为他们有开办新企业的可行想法。影响创业意向的一个重要的变量是企业家自我效能（Krueger et al.，1994）。创业自我效能感对创业意图和创业行为有很大的影响（Bandura，1985；Krueger，2000）。创业自我效能是创业意向众多影响因素中的重要一项，因为它包含了个体个性特征以及环境因素，被认为是创业意向和最终行动是创业意向一个强有力的预测因素（Bird，1988）。中国学者吴晓波等（2014）在社会网络、创业自我效能对创业意向研究中，通过对大学生发放问卷，实证研究表明，创业自我效能越强，潜在创业者的创业意向越强。基于以上分析，本书提出以下假设：

H3 创业自我效能正向影响创业意向。

四、创业自我效能的中介作用

自我效能感指个体对自己是否有能力完成某一行为所进行的推测与判断，即个体对自身成功完成某项创业任务的能力的信念强度（Bandura，1997）。近年来，该概念被引入创业研究领域，创业自我效能指的是潜在创业者或者创业者对其成功完成创业任务的信心（Chen et al.，1998）。创业者通过创业学习，获得复杂的认知、社会、语言或心理方面的技能，逐渐培养了自我效能。创业自我效能是创业过程中的核心要素之一，它不仅影响创业者的努力程度、幸福感、战略选择和决策制定，还受到创业教育、制度环境等多种因素的影响。李其容等（2023）的研究探讨了创业进展与创业努力之间的多层次关系，并揭示了创业自我效能作为中介变量在这一关系中的重要作用。该研究指出，创业自我效能不仅直接影响创业者的努力程度，还通过调节努力与进展之间的关系，进而影响创业的成功率。与此同时，创业自我效能与创业幸福感密切相关，李慧慧等（2022）的研究关注了社会支持、创业自我效能感与创业幸福感之间的关系。他们发现，社会支持能够提升创业者的自我效能感，进而增强其创业幸福感。这表明，创业自我效能不仅是创业成功的关键因素，也是提升创业者心理健康和幸福感的重要因素。另外，创业自我效能影响创业导向选择，陈成梦等（2023）的研究探讨了创业自我效能如何激发创业导向选择的问题。在动态及开放的市场环境下，创业自我效能高的创业者更倾向于选择创新性和风险性较高的创业导向，从而追求更高的市场回报。这表明，创业自我效能对创业者的战略选择和决策制定具有重要影响。另外，创业教育对创业自我效能也有积极影响，李其容等（2022）分析了新创业者接受创业教育后创业知识运用的动态变化，并指出创业教育能够显著提升创业者的自我效能感。这表明，通过系统的创业教育，可以帮助创业者更好地掌握创业知识和技能，进而提升其创业自我效能和创业成功率。近年来，在制度创业领域，学者研究发现制度环境与创业自我效能感也有显著影响，张秀娥等（2022）的研究考察了制度环境对创业自我效能感及创业意愿的影响。他们发现，良好的制度环境能够降低创业风险和不确定性，进而提升创业者的自我效能感和创业意愿。这表明，政府在优化创业环境、提供政策支持等方面扮演着重要角色。

针对大学生群体而言，创业自我效能感是一种能促使大学生付诸创业实际行动的内在信心和信念，它还会通过大学生个体综合能力的增强以及外部环境的改善而提升。个体的创业自我效能不是一成不变的，可以通过其知识和技能的累积获得提升，进而提升后续创业活动的水平（张秀娥等，2017）。大学生可以通过创业学习来提高他们的创业自我效能，创业自我效能对他们的机会识别能力会产生积极的影响，从而影响他们的创业意图。创业学习将提高个人的自我效能感，这将增强个人的创业意向（Wilson et al.，2007；Zhao et al.，2005）。通过创业学习，个人不仅获得了丰富的创业知识，而且还有效地提高了自我效能感，呈现良好的创业状态，树立坚定的创业决心。此外，社会创业教育得到进一步改善，这对社会成员的创业态度产生了积极影响，从而激发了公众的创业意图。广义的创业教育可以培养个人的创新精神，增强个人的信心，建立个人的社会地位，促进个人创业意图的形成。李爱国和曾宪军（2018）通过对2012年11所高校的研究生、本专科学生的调研，发现社会支撑（包括创业教育和社会保障两个维度）对大学生自我效能感有显著影响，证实了创业学习能提升大学生的自我效能感。宁德鹏（2017）研究也证实了创业自我效能对创业意向有正向影响，并进一步影响个体的后续创业行为。

创业自我效能是创业过程中的核心要素之一，它不仅影响创业者的努力程度、幸福感、战略选择和决策制定，还受到创业教育、制度环境等多种因素的影响。基于以上分析，本书提出以下假设：

H4　创业自我效能在创业学习与创业意向之间有中介作用。

H4a　创业自我效能在认知学习和创业意向之间有中介效应。

H4b　创业自我效能在经验学习和创业意向之间有中介效应。

H4c　创业自我效能在实践学习和创业意向之间有中介效应。

五、创业教育满意度的调节作用

创业是个体和环境不断互动的一个过程，与一般创业者不同，在大学生所处的环境中，最能影响其创业意向和创业行为的是高校提供的创业教育和创业氛围。创业教育的可教性理论（Drucker，1985）及创业是后天可以习得的已经被学者验证并认可。向辉和雷家骕（2014）以中国20余所高校的近6000个有效问卷作为样本，研究创业教育对大学生创业意向机制的影响，研究建立了创业态度、个人背景和创业意向三者之间的ISO模型，研究发现创业教育不仅可以直接影响创业意向，也可以通过中介机制对创业意向产生显著影响，换句话说，创业教育通过影响创业态度，进而影响创业意向，因此必须高度重视大学生的创业教育。创业学习能通过获取创业知识提升个体创业技能和创业意向。许多学者的研究都验证了创业教育能提升个体创业综合能力。虽然创业教育可以提升个体创业综合素质，但学习的主体是大学生，大学生个体对高校供给的创业教育课程、创业比赛等创业活动的满意度，直接关系到学生学习的主动性和积极性。教和学是一个相互促进的过程，本书所指的创业教育满意度指的是大学生个体对高校所提供的创业教育（包括课程教育和实践教育以及创业大赛、创业活动等）满意程度，是个体的一种心理状态，这种心理状态直接影响大学生的学习态度和学习效果。基于以上分析，本书提出以下假设：

H5　创业教育满意度正向调节创业自我效能和创业意向之间的关系。

第四节　本章小结

综合上述文献分析，本书共提出 14 条假设，如表 4-1 所示。

表 4-1　拟研究假设汇总

对应关系	假设内容
创业学习对创业意向的影响	H1　创业学习正向影响创业意向 H1a　认知学习正向影响创业意向 H1b　经验学习正向影响创业意向 H1c　实践学习正向影响创业意向
创业学习对创业自我效能的影响	H2　创业学习正向影响创业自我效能 H2a　认知学习正向影响创业自我效能 H2b　经验学习正向影响创业自我效能 H2c　实践学习正向影响创业自我效能
创业自我效能对创业意向的影响	H3　创业自我效能正向影响创业意向
创业自我效能的中介作用	H4　创业自我效能在创业学习和创业意向之间有中介作用 H4a　创业自我效能在认知学习和创业意向之间有中介效应 H4b　创业自我效能在经验学习和创业意向之间有中介效应 H4c　创业自我效能在实践学习和创业意向之间有中介效应
创业教育满意度的调节作用	H5　创业教育满意度正向调节创业自我效能和创业意向之间的关系

第五章

研究设计

第一节　问卷设计

一、问卷设计过程

在当代中国高等教育体系中，创业教育正以前所未有的速度蓬勃发展，构建起一个充满活力与创新的生态系统。这一趋势不仅体现在课程设置、师资配备以及教学资源上的持续优化，更在于学生们对于创业精神的广泛接纳与积极参与。随着"创青春""互联网＋"等国家级、省级乃至校级创业大赛的蓬勃兴起，越来越多的青年学子投身于这股创业浪潮之中，寻找着将创意转化为现实、将梦想照进生活的无限可能。

本研究聚焦于中国大部分本科院校的学生群体，旨在深入探讨创业教育在促进学生创业意识觉醒、创业能力提升及创业实践参与等方面的具体成效。为了确保研究的科学性与严谨性，我们在问卷设计之初便广泛借鉴了国内外相关领域学者的研究成果与实践经验，力求使问卷内容既全面覆盖创业教育的核心要素，又能精准捕捉学生群体的真实感受与需求。

问卷设计过程被精心划分为多个关键步骤。首先，我们进行了深入的文献回顾与理论梳理，明确了创业教育的基本概念、目标定位、实施路径及评估标准，为后续问卷框架的构建奠定了坚实的理论基础。其次，我们采用半结构化访谈的方式，与部分高校创业教育教师、创业导师及学生代表进行了深入的交流，收集了他们对于创业教育的看法、建议及实际经验，为问卷内容的丰富与完善提供了宝贵的第一手资料。

在问卷内容的编制上，我们注重了以下三个方面：①全面性，确保问卷能够覆盖创业教育的各个方面，包括创业知识传授、创业技能培养、创业精神塑造及创业实践指导等；②针对性，问卷题项来源于成熟量表，在具体问卷设计中，针对当今学生个性化设计了差异化的问题，以更准确地反映其创业需求与现状；③可操作性，问题表述清晰明了，选项设置合理，便于学生快速准确地作答。

此外，为了增强研究的可信度和丰富度，我们还在调查中融入一些生动的案例分析与统计数据，如国内外成功创业者的励志故事、高校创业教育的最新成果展示以及学生参与创业活动的具体数据与效果评估等。这些内容的加入不仅丰富了问卷的内涵，也进一步激发了学生对于创业的兴趣与热情，更为后续定性访谈奠定了一定的基础。

本研究首先通过科学严谨的问卷设计方法，构建了一份全面、深入、具有针对性的调查问卷，旨在全面了解中国本科院校学生在创业教育背景下的创业意识、创业能力以及创业实践情况，为进一步优化创业教育模式、提升创业教育质量提供有力的数据支持与理论参考。其中问卷设计分为以下三个步骤：

（1）充分借鉴现有国内外具有较高的信度和效度的成熟研究量表，设计问卷初稿。本书借鉴国内外关于创业学习、创业自我效能、创业教育满意度和创业意向等变量具有较好信度和效度的经典文献量表，在问卷初稿设计过程中结合中国创业背景和调研群体特征，邀请三位专家背对背对问卷初稿进行修改和完善，确保问卷的有效质量。

（2）为确保问卷设计的科学性和合理的逻辑性以及语言表达的清晰性，通过查阅中西方与本研究量表相关的经典文献，反复对比后选定较高信度和效度的成熟量表。结合中国创业特定情景和大学生个体特征语境特点，对量表进行了适当的修改，从而形成本书的研究量表。使问卷表述更加符合大学生群体的创业意向研究。

（3）预调研和小样本测试。为确保问卷的有效性，避免正式调研中可能出现的问题，本研究以贵州财经大学、贵州商学院、安顺学院、贵州师范学院本科学生作为调研对象，进行了小范围的预测试。向这四所高校120名学生发放调查问卷，共回收有效数据112份，根据调研对象的反馈，进行因子分析，根据探索性因子分析的结果，对问卷中容易产生偏差的表述进行调整，并最终形成问卷终稿（见附录）。

二、问卷结构

本书的调研问卷主要包括三大部分：①前言和简介。主要向调研对象介绍本次问卷调查的目的和意义、问卷填写要求及注意事项、强调调研对象个人信息的匿名性和保密性，以保证问卷填写真实和有效。②样本的基本信息。包括性别、年龄、专业、生源地归属城镇或农村、是否有学生干部经历、如果创业家庭是否支持等。③对研究所提出的理论模型中涉及的认知学习、经验学习、实践学习、创业自我效能、创业意向、创业教育满意度六个变量，根据经典成熟量表，结合调研对象特点修订后进行科学测量。

第二节　变量设计与测量

研究基于大量国内外有关本研究的经典文献量表，经过反复对比选用了高信度和高效度的经典成熟量表。结合中国企业家的实际情况和大学生的特点，对中国大学本科学生进行了深入的访谈，邀请创业研究相关领域的三位专家背对背提出建议并修订了量表，在问卷正式发放之前进行了小样本预测试，根据预测试结果对量表进行了适当的修改，从而形成了最终研究量表。本书所有量表均采用李克特五点评分法进行测量，其中，"1"表示"完全不一致"，"5"表示"非常一致"。受访大学生根据他们的实际情况评估并选择相应的项目。

一、因变量

在当今这个充满机遇与挑战的时代，创业已成为推动社会进步与经济发展的重要力量。而创业意向作为驱动个体踏上创业征途的内在动力，其研究价值不言而喻。本书聚焦于创业意向的量化测量，尤其是基于 Chen 等（2009）的经典研究成果，结合中国本土情境，进行了深入的探讨与扩展。

Chen 等（2009）所编制的创业意向量表，以其高信效度在学术界广受赞誉。该量表由五个精心设计的题项构成，不仅涵盖了创业意向的核心要素，如"我将要经营自己的生意"直接表达了创业的决心，"我将尽力开办自己的生意"则体现了创业者的努力与坚持；更有"开办自己的公司是我真正的兴趣"深入探索了创业者的内在动机，而"不得不对自己的公司系统进行深入的思考"与"我必须对自己的公司进行充分的准备"则强调了创业前的深思熟虑与充分筹备。这一量表通过严谨的实证研究,其克隆巴赫系数高达 0.9 以上,充分证明了其可靠性与有效性。

在中国,胡玲玉等(2014)敏锐地捕捉到了这一研究成果的价值,将其引入国内,并针对长三角、珠三角地区的创业者进行了实证研究。这一举措不仅丰富了国内创业意向研究的数据库,更为后续研究提供了宝贵的参考建议。他们研究发现,Chen 等(2009)的量表在中国情境下同样表现出色,能够有效地测量出创业者的意向强度。

然而,创业意向的测量并非一成不变。随着时代的发展与社会的进步,创业者的群体特征与需求也在不断变化。因此,李海垒等(2011)根据中国实际情况,编制了针对大学生的创业意向量表。该量表在保留创业意向核心要素的基础上,进一步细化了测量维度。特别是其中关于个体创业意向的测量,他们参考了汤普森(2009)的研究,同时结合了中国大学生的特点,使量表更具有针对性与实用性。

在此基础上,本书综合了 Chen 等(2009)、胡玲玉等(2014)以及李海垒等(2011)的研究成果,经过三位创业领域专家的精心修订与 120 名小样本的测试反馈,最终确定了适用于中国大学生且具有较高信效度的创业意向测量量表。该量表共包含 6 个题项(见表 5-1),所有题型均采用李克特五点计分法,既便于操作又能够准确地反映出创业者的意向强度。

表 5-1 创业意向测量题项

编号	题项	来源
yx1	我曾考虑过以后要开创自己的企业	
yx2	我对开办自己的公司开始着手做准备(如相关创业知识的学习、向创业人士咨询等)	Chen 等(2009)、胡玲玉等(2014)
yx3	相对于一般就业,我更感兴趣于开创自己的企业	
yx4	如果时机成熟,我将创办我自己的企业	
yx5	我将全力以赴开办自己的企业	

值得一提的是,在修订量表题项的语言逻辑时,我们充分考虑了大学生的特点和中国情境下的语言习惯。例如,在表达创业决心时,我们避免了过于生硬或抽象的表述方式,而是采用了更加贴近大学生生活实际、易于理解的语言。这样的处理方式不仅提高了量表的接受度与完成率,更有助于获取更加真实、可靠的测量数据。

二、自变量

在深入探讨创业学习的复杂性与多维度时，我们不得不提及几位先驱学者，如 Deakins 和 Free（1998），他们首次将创业学习这一概念引入学术视野，将其定义为一种在创业旅程中，创业者为提升网络化能力、积累并反思经验、认知错误、整合资源以及吸引外部成员加入团队所进行的一系列学习活动。这一定义不仅揭示了创业学习的多面性，还强调了其在创业成功过程中的核心作用。

Rae 和 Carswell（2001）进一步丰富了创业学习的内涵，将其描述为个体在识别、开发商业机会并构建及管理新企业的过程中，不断重构和优化策略与方法的过程。这一过程充满了探索与试错，是创业者智慧与勇气的集中体现。

Minniti 和 Bygrave（2001）则提出了一个更为深刻的观点，他们认为创业者不应仅仅满足于成功经验的总结，更应勇于面对失败，从每一次挫败中汲取养分，实现自我超越。这种从失败中学习的能力，是创业者不可或缺的重要素质。

在中国情境下，宋晓洪和丁莹莹（2017）将创业学习细化为模仿学习、交流学习和指导学习三个维度，为创业学习的实证研究提供了更为具体的框架。模仿学习，即通过观察和模拟他人行为来积累经验；交流学习，则强调与行业内外专业人士的沟通与互动；而指导学习，则是指接受导师或专家的指导和建议，以提升自身能力。

单标安等（2014）则在此基础上，将创业学习进一步划分为经验学习、认知学习和实践学习三个维度，并制定了相应的测量量表。这一划分不仅体现了创业学习的系统性，还为后续的实证研究提供了有力的工具。

在实证研究方面，学者广泛借鉴了明尼迪（2001）、波利蒂斯（2012）、卢普金（2005）的研究成果，提出了多个具体的测量问题。这些问题涵盖了经验学习的重要性、失败反思的价值、行业信息的获取、学习途径的多样性等方面，为全面评估创业学习效果提供了丰富的数据支持。

其中，关于经验学习的测量问题，如"存在的经验（管理经验、实践经验等）对于业务决策非常重要"，强调了经验在创业决策中的基础性作用；而"经常总结发生的企业家行为"和"不断反思以前的失败行为"，则体现了创业者对经验的深刻反思与总结能力。

在认知学习方面，通过"经常与行业专业人士沟通""非常关注'行业优秀企业'的行为"等问题，揭示了创业者如何通过广泛的信息交流与行业洞察来提升自身认知水平；而"观察他人的行为（包括失败行为）是重要的学习信息来源"，则强调了从他人经验中学习的重要性。

实践学习则更加侧重于创业者在实际操作中的学习与成长。通过"通过持续的商业实践来反映或纠正现有经验"和"不断进行业务实践是应对外部环境变化的有效方法"等问题，我们可以看到实践在创业学习中的核心地位。实践不仅是对理论知识的检验与修正，更是创业者应对复杂多变市场环境的重要武器。

在中国情境下，单标安等（2014）的创业学习三个维度划分及量表题项得到了广泛认可与应用。陈寒松等（2017）借鉴这一框架，对济南、青岛、上海三地的创业者进行了问卷调查，结果验证了创业学习对创业过程的显著影响，并发现创业学习能够显著提高创业者的创业自我效能感和创业意向。这一研究不仅为中国情境下的创业学习研究提供了有力的证据支持，还为创业教育和培训提供了有益的启示。

创业学习是一个复杂而多维度的过程，它贯穿于创业者的整个创业旅程中。通过模仿学习、交流学习和指导学习等多种方式，创业者可以不断提升自身能力；而通过经验学习、认知学习和实践学习等维度的深入探索与实践，创业者则能够更好地应对市场挑战、把握商业机会并实现创业成功。创业学习的结果是获取并创造创业知识，分认知学习、经验学习、实践学习（单标安，2017），本研究借鉴 Lumpkin 等（2005）的量表，采用了单标安等（2014）结合中国具体情境的创业学习研究成果，并针对调研对象大学生群体做了适当修改，把创业学习分为认知学习、经验学习和实践学习三个维度。原有测量题项共 18 道题目，经过小样本测试，剔除了信度在 0.7 以下的题项，保留了认知学习的测量题项如"我经常与创业人士进行交流"等 6 道，经验学习测量题项如"我认为已有的经验对创业决策非常重要"等 3 道，实践学习测量题项 4 道，最终创业学习测量题项共 13 道（见表 5-2）。

表 5-2　创业学习的测量题项

编号	题项	来源
rzxx1	我经常与创业人士进行交流（线上或者线下交流）	单标安等（2014）
rzxx2	我关注创业榜样和相关行业的创业行为	
rzxx3	经常阅读相关书籍和文献以获取有价值的创业信息	
rzxx4	我认为创业过程中反思或借鉴他人的行为对自己的作用较大	
rzxx5	我认为观测他人的行为（包括失败行为）是获取信息的重要来源	
rzxx6	经常参与各种正式或非正式的聚会和讨论会	

编号	题项	来源
jyxx1	我认为已有的经验对创业决策非常重要	Minniti 和 Bygrave（2001）、Politis（2005）、Petkova（2009）、单标安等（2014）
jyxx2	经常总结已发生的创业行为	
jyxx3	不断反思先前的行为（包括失败行为等）	
sjxx1	我注重通过创业实践来积累经验	Lumpkin 和 Lichtenstein（2005）、单标安等（2014）
sjxx2	通过持续的创业实践（如参加创业比赛等）来反思或纠正已有的经验	
sjxx3	我认为亲身实践能够弥补已有认识的不足	
sjxx4	我认为不断地创业实践是应对外部环境变化的有效方式	

三、中介变量

本研究的核心焦点在于探讨创业自我效能这一中介变量在创业研究中的重要作用。自 Boyd 和 Vozikis（1994）首次将自我效能的概念引入创业领域以来，创业效能感（Entrepreneurial Self-efficacy）便成为衡量个体对于自身能否成功扮演创业者角色并完成创业任务信心程度的重要指标。Chen 等（1998）进一步阐释了这一概念，强调了创业效能感在创业过程中的关键作用。

在纷繁复杂的前因变量中，创业效能感无疑是影响创业意向的一个关键因素。它不仅深刻影响着个体的创业决心和动力，还能作为预测创业意向的可靠指标。这一观点得到了 Krueger 和 Brazeal（1994）、Forbes（2005）以及 Wilson 等（2007）等学者的广泛支持。他们通过实证研究，证实了创业效能感与创业意向之间的紧密联系，揭示了提升创业自我效能对于激发创业意向的重要意义。

为了更好地理解创业效能感在创业过程中的作用机制，Zhao 和 Seibert（2005）从社会认知理论的角度出发，首次探讨了自我效能在个体因素（如创业学习、创业经历、冒险倾向、性别等）与创业意向之间的中介效应。社会认知理论强调人的认知、环境与行为之间的相互作用是一个辩证的统一体系。外部环境通过各种刺激对人的行为施加影响，但这种影响的方向和强度并非一成不变，而是需要借助个体自我效能这一关键因素来实现。这一理论为揭示创业效能感在创业过程中的中介作用提供了坚实的理论基础。

在实证研究方面，丁明磊等（2009）通过精心设计的实验和数据分析，成功开发了创业自我效能感模型。该模型不仅深入剖析了创业自我效能感的形成机制和影响因素，还验证了其对创业意向的显著影响。这一研究不仅丰富了创业理论的研究内容，还为实践中的创业者提供了有益的启示和指导。

值得注意的是，个体的创业自我效能并非一成不变。随着经验的不断积累和知识的不断丰富，个体的创业自我效能也会逐步提升。这种提升不仅有助于增强个体的创业信心和决心，还能有效提升后续创业活动的水平和质量。张秀娥等（2017）的研究便充分证明了这一点。他们指出，创业者可以通过积极的创业学习和实践经验的积累来不断提升自身的创业自我效能，进而在创业过程中取得更加显著的成果。

此外，创业者经验对于创业机会识别的影响也是不容忽视的。祁伟宏等（2017）的研究表明，创业者可以利用先前经验获取更多有价值的信息和知识，从而增强自身的创业自我效能。这种增强的自我效能不仅有助于创业者更准确地识别创业机会，还能使其在面对挑战和困难时保持更加坚定的信念和决心。因此，对创业者而言，积极积累创业经验、不断提升自身的创业自我效能是实现成功创业的关键所在。创业自我效能作为创业研究中的关键中介变量，对于揭示创业意向的形成机制和影响因素具有重要意义。通过深入研究创业自我效能的形成机制和影响因素，我们可以为实践中的创业者提供更加精准和有效的指导和支持。同时，我们也应该认识到个体的创业自我效能并非一成不变，而是可以通过积极的创业学习和实践经验的积累来不断提升的。因此，在未来的创业研究中，我们应该继续关注创业自我效能的发展变化及其对创业意向和创业行为的影响作用。

本研究借鉴 Liñán 等编制的 6 题项量表。中国学者胡玲玉等（2014）、陈寒松等（2017）均引用了此量表验证了创业自我效能对创业意向的影响。本研究参考 Liñán（2009）、胡玲玉等（2014）、陈寒松等（2017）的研究成果，结合研究对象大学生实际，基于中国情境和语境对创业自我效能量表进行修改，形成 6 个题项的创业自我效能量表（见表 5-3）。

表 5-3　创业自我效能题项

编号	题项	来源
xn1	我知道如何制订创业计划	
xn2	如果创业，我有能力掌控企业创立的过程	
xn3	如果要创业，我能获取创办一家公司的步骤和要求的相关信息	Liñán（2009）、胡玲玉等（2014）、
xn4	创办并运营一家公司对我来说比较容易	陈寒松等（2017）
xn5	如果以后要创办企业，我对自己有信心	
xn6	如果我创办企业，获得成功的可能性大	

四、调节变量

在深入探讨创业教育如何塑造大学生群体的创业意向及行为的过程中，我们不难发现，创业教育满意度作为一个至关重要的调节变量，其影响力不容忽视。根据前期精心构建的理论框架与模型推演，我们清晰地看到，创业教育满意度如同一位精细的调控者，微妙地调节着创业自我效能与创业意向之间的动态关系。

创业教育，作为高等教育体系中一颗璀璨的明珠，不仅承载着传授创业知识、技能的使命，更肩负着激发大学生创新精神、培养未来创业领袖的重任。正如Djankov（2002）所深刻指出的那样，这一环节对于塑造学生的创业意向及后续行为具有无可替代的作用。创业教育不仅仅限于课堂之内，它涵盖了丰富的课程体系、浓厚的创业氛围以及形式多样的创业实践活动，共同构建了一个全方位、多层次的创业教育生态系统。

而创业教育满意度，则是这一生态系统中最为敏感的"晴雨表"。它不仅是学生对创业教育效果的简单评价，更是其内心期望与实际体验之间微妙差异的直观反映。具体来说，创业教育满意度涉及学生对创业课程内容的实用性、教师教学方法的有效性、学校创业氛围的浓厚程度以及参与创业活动的机会与收获等多方面的感知与评判。这些看似细微的感知差异，实则深刻地影响着学生对创业知识的吸收效率、对创业精神的认同程度以及后续创业行为的决策过程。

回顾历史长河，我们不难发现，教育始终以人为本，致力于满足学生的个性化需求与发展愿望。在创业教育领域，学生的满意度更是成为衡量教育质量、评估教育效果的重要标尺。大量教育实践与成功案例表明，当学生对创业教育感到满意时，他们往往能够以更加饱满的热情、更加主动的态度投入到创业知识的学习与实践中去。这种积极的学习态度不仅有助于提升学生的创业自我效能感，更能够激发其内在的创业意愿与潜能。

然而，值得注意的是，尽管创业教育满意度的重要性已得到广泛认可，但关于其如何具体影响创业意向及行为的内在机制尚需进一步揭示。前人的研究大多停留在表面现象的描述与分析上，未能深入剖析创业教育满意度与创业意向之间的内在联系及其作用机制。因此，本研究创新性地将创业教育满意度引入为调节变量，旨在通过严谨的实证研究揭示其在创业意向对创业行为影响过程中的调节效应。

具体而言，我们预期创业教育满意度将在以下三个方面发挥调节作用：①它能够增强创业自我效能对创业意向的促进作用。当学生对创业教育感到满意时，他们更有可能将所学的创业知识转化为实际行动的自信与动力。②它能够调节创业意向向创业行为转化的难易程度。在高度满意的创业教育背景下成长起来的学生往往具备更强的执行力与抗风险能力，能够更顺利地跨越从意向到行为的鸿沟。③它还能够为高校优化创业教育体系提供有益的参考与借鉴。通过收集并分析学生对创业教育的满意度数据，高校可以更加精准地把握学生的需求与期望，从而有针对性地调整教育内容与方式，提升教育质量与效果。创业教育满意度作为调节变量的引入，不仅丰富了创业教育领域的研究视角与理论框架，更为实践层面提供了有益的指导与启示。

根据访谈结果，经过咨询创业研究领域专家，本研究拟定了诸如"对学校总体的创新创业比赛或课程满意""学校的创新创业激励机制完善""学校的创新创业类校园活动丰富"3道创业教育满意度的测量题项，具体题项如表5-4所示。

表5-4 创业教育满意度测量题项

编号	题项	来源
myd1	对学校总体的创新创业比赛或课程满意	
myd2	学校的创新创业激励机制完善	作者根据访谈结合实际拟定
myd3	学校的创新创业类校园活动丰富	

五、控制变量

与一般创业群体不同，大学生这一特殊群体在创业道路上展现出了独特的特点与困境。他们作为知识的承载者与未来的建设者，怀揣着满腔的热情与梦想，却也不得不面对经验不足、资金短缺等现实难题。本书旨在深入探讨大学生创业的独特之处，并通过对一系列控制变量的详细分析，揭示其背后的深层原因与影响因素。

首先，我们不得不正视的是，大学生在创业过程中最显著的短板便是经验的缺乏。与那些在社会摸爬滚打多年的创业者相比，大学生往往缺乏对市场趋势的敏锐洞察、对商业模式的深刻理解以及对团队管理的实战经验。这种经验的缺失，往往导致他们在面对复杂多变的商业环境时显得力不从心。因此，对大学生创业者而言，如何快速积累经验、提升自我能力，成为他们必须跨越的第一道门槛。

其次，创业启动资金的匮乏也是大学生创业者普遍面临的难题。与那些拥有雄厚资金支持的创业者不同，大学生往往只能依靠家庭资助、奖学金或小额贷款等方式筹集资金。这种资金渠道的有限性，不仅限制了他们的创业规模和发展速度，也增加了创业失败的风险。然而，这并不意味着大学生在资金方面毫无优势可言。相反，他们可以利用互联网平台的众筹、风险投资等新型融资方式，为自己的创业项目注入新的活力。

最后，大学生长期处于校园求学情境之中，这既是一种优势，也是一种限制。一方面，校园为他们提供了一个相对纯净、充满学术氛围的学习环境，有利于他们积累知识、拓宽视野；另一方面，这种封闭的环境也让他们难以接触到社会的真实面貌，导致他们在创业过程中容易陷入理想化的误区。因此，大学生创业者需要学会在校园与社会之间找到平衡点，既要充分利用校园资源，又要积极融入社会、了解市场。

在探讨大学生创业的独特之处时，我们不得不提到社会网络资源和社会资本的重要性。对大学生而言，他们的社会网络资源和社会资本高度依赖所在家庭和学校现有的资源和关系网络。这种依赖性既为他们提供了一定的便利条件，也限制了他们的创业视野和选择范围。为了打破这种局限性，大学生创业者需要主动拓展自己的人际网络、积累社会资本，以便在创业过程中获得更多的支持和帮助。

基于以上分析，本研究将受访者的性别、出生地（农村或城市）、本专业排名、是否享受当地低保、创业是否能得到家人支持等作为控制变量进行深入探讨。这些控制变量的选择并非随意为之，而是基于对大学生创业现状的深刻理解和全面考量。通过对这些变量的细致分析，我们可以更加准确地把握大学生创业的规律和特点，为相关政策的制定和实施提供有力的参考依据。

具体而言，性别差异可能导致大学生在创业过程中展现出不同的风险偏好和决策方式，出生地的不同则可能影响到大学生的社会资源获取能力和创业环境适应性，本专业排名则反映了大学生在专业知识储备和学习能力方面的差异，是否享受当地低保则直接关系到大学生创业的经济压力和生活保障，而创业是否能得到家人支持则直接影响到大学生的创业信心和动力。通过对这些控制变量的综合考量，我们可以为大学生创业者提供更加精准、个性化的指导和支持。

研究表明，在创业者中，女生比男生对创业职业的兴趣会更低（Marlino & Wilson，2003）。因此，在本研究中我们将性别作为控制变量。"1"表示男性，"2"表示女性。从性别角度来看，男生各种创业资本与创业意愿都高于女生（魏国江，2020）。众多学者从不同角度都验证了性别、家庭背景等因素对潜在创业者的创业行为、创业信心会产生影响（胡玲玉等，2014；范巍等，2009）。家庭背景和家庭结构对潜在创业者的创业意向、创业行为均会有影响；农村生源和城市生源的学生创业能力和学习能力存在差异，本研究中把生源地作为控制变量之一，其中"1"表示城市生源，"2"表示农村生源。2020年度发布的《中国大学2019年度创业报告》显示，家庭背景和家庭经济条件对大学生创业意愿有影响，特别是家庭经济条件好和家庭经济条件困难的学生创业意愿会更强烈，所以本研究增加是否享受当地低保作为控制变量，旨在测量个体家庭经济情况，其中"1"表示享受低保，说明家庭经济条件困难，"2"表示否，说明家庭经济条件良好。与此同时，家庭支持作为社会支持的一部分，也显著影响了大学生创业意愿，所以本研究增加了如果创业是否能得到家人支持作为控制变量，其中"1"表示支持，"2"表示不支持。专业排名作为学生学习成绩的表征，学习成绩是学生认知能力的一种体现，所以本研究把学生专业排名作为控制变量之一，其中"1"表示学习成绩排名前10%，"2"表示学习成绩在10%~20%，"3"表示学习成绩在20%~50%，"4"表示学习成绩在50%以后。

以上控制变量是从先前理论和文献并结合大学生创业实际所推论的，本书将在下一章数据处理过程中通过分析验证这些控制变量在本研究中对其他主要变量的影响，进一步筛选与分析，然后再对本书所提出的研究假设进行实证检验。

第三节　数据收集和分析

为确保问卷所收集数据的可靠性和准确性，本研究借助问卷星平台，通过全国高校共青团研究中心向中国东部、西部高校各发出问卷1000份，总计2000份，问卷发放前联系目标学校双创工作负责老师和辅导员并对他们进行讲解培训，通过老师向同学发放本研究的调查问卷，回收到的问卷中去掉答题时间小于3分钟的问卷，最终得到有效问卷1711份。在完成问卷设计并发放回收后，采用统计软件SPSS 22.0和AMOS23.0对所调研的数据进行处理和分析。本书采用描述性统计分析、信度和效度分析、方差分析、相关性分析和回归分析等统计分析方法。

一、描述性统计分析

描述性统计分析，作为统计学中不可或缺的组成部分，其重要性不言而喻。

它广泛应用于科研、商业、政策制定等多个领域，通过精心设计的统计方法，将数据从纷繁复杂中提炼出来，以直观、清晰的方式呈现给研究者或决策者，从而揭示数据背后的主要特征和内在规律。

具体而言，描述性统计的任务是将原始的、未经处理的数据资料转化为一种易于理解和分析的形式。这种转化过程不仅仅限于简单的数据汇总，更包括对数据内在特性和关系的深入挖掘。正如 Sekaran（2013）所强调的，描述性统计能够帮助研究者描述特定情境下的一组因素，为后续的分析工作奠定坚实基础。

在描述性统计分析的框架内，一系列关键指标和概念发挥着核心作用。其中，频数分析用于统计各个类别或数值出现的次数，从而了解数据的分布情况；集中趋势指标（如均值、中位数、众数）则用于描述数据的中心位置或平均水平，反映数据的集中程度；而离差指标（如极差、方差、标准差等）则用于评估数据的离散程度或变异程度，揭示数据间的差异和波动。

本研究聚焦于潜在创业者的多个维度，包括个体特征、创业学习经历、创业自我效能、创业意向以及创业教育满意度等。通过运用描述性统计分析的方法，我们期望能够全面、深入地了解这一群体的特性和现状。我们将统计潜在创业者的年龄、性别、教育背景、工作经验等基本信息，以描绘出这一群体的基本轮廓。同时，通过对比分析不同特征群体的创业意向和创业行为，我们可以进一步探讨个体特征对创业活动的影响。

二、信度和效度分析

信度和效度分析作为评估统计调查结果准确性和可靠性的重要手段，其起源可追溯到心理学和社会科学研究领域。随着统计学和数据分析技术的不断发展，信度和效度分析已成为科学研究不可或缺的一部分。信度和效度分析的起源可以追溯到 20 世纪初的心理学领域。心理学家们开始关注如何确保心理测验结果的可靠性和准确性，从而推动了信度和效度分析理论的发展。随着社会科学、管理学、医学等领域的不断发展，信度和效度分析逐渐被广泛应用于各类研究中。较高的信度（Reliability）与效度（Validity）是适当的量表或优良的测验所要具备的两大特征（吴明隆和涂金堂，2012）。信度是指经过许多次测验测量所得到结果的一致性（Consistency）或稳定性（Stability）（吴明隆和涂金堂，2012）。在李克特态度量表法中，常用 Cronbach's α 系数检验量表的信度，通常认为 Cronbach's α 的值大于 0.7 是可接受的最小信度值，表明量表中各变量及其维度内部具有较好的一致性。效度（Validity）是指测量分数的正确性，简而言之，是指通过一个测验能够真实地测量它所想要测量的心理特征的程度（吴明隆和涂金堂，2012），主要包括内容效度（Content Validity）、收敛效度（Convergent Validity）和判别效度（Discriminant Validity）三种效度。通过 AMOS 求出创业学习、创业自我效能、创业机会识别、风险感知和创业意向各题项的标准化因子载荷，并计算复合信度值（Composite Reliability，CR）和变量的平均提炼方差（Average Variance Extracted，AVE）来检验本书研究的收敛效度，通过比较 AVE 的平方根和潜变量相关系数值来验证本书研究的判别效度。

三、结构方程模型

结构方程模型（Structural Equation Modeling，SEM）自 20 世纪 70 年代由 Karl Joreskog 等杰出学者提出以来，其影响力和应用范围逐渐扩大，已成为社会科学研究领域中一颗璀璨的明珠。经过近半个世纪的精心雕琢与不断完善，SEM 已不仅是一种统计方法，它更是一种深度解析社会现象、揭示复杂关系网络的有力工具。

在心理学领域，SEM 以其独特的魅力赢得了广泛赞誉。它如同一座桥梁，连接着抽象的心理概念与具体的行为表现，使研究者能够深入探讨如人格特质与行为模式之间的微妙联系。例如，邱浩政与林碧芳（2009）在其著作中便巧妙地运用了 SEM 来分析外向性人格特质如何影响个体的社交行为，以及这种影响在不同情境下的变化。通过细致入微的数据分析与模型验证，他们不仅揭示了心理变量之间的复杂关系，还为心理咨询与治疗提供了宝贵的理论依据。而在社会学领域，SEM 同样展现出了其非凡的洞察力。面对教育、就业等复杂多变的社会问题，SEM 以其独特的视角和强大的分析能力，为我们揭示了问题背后的深层原因与影响因素。它不仅能够量化分析社会现象之间的直接关联，还能够考虑到变量间的交互作用与潜在误差项，从而为我们呈现出一个更加全面、真实的社会图景。SEM 之所以能够在众多统计方法中脱颖而出，关键在于其融合了因子分析与路径分析的双重优势。因子分析能够帮助我们提炼出数据中的核心信息，构建出简洁明了的潜变量；而路径分析则能够清晰地描绘出这些潜变量之间的因果关系链条。两者相结合，使 SEM 能够同时估计多个因果关系并考虑到变量间的相互作用与误差项，为复杂事件的内在关系分析提供了前所未有的精度与深度。

具体而言，SEM 由测量模型和结构模型两部分组成。测量模型主要负责描述观测变量与潜变量之间的关系，它如同一个精准的转换器将抽象的心理概念转化为可量化的数据指标；而结构模型则负责描述潜变量之间的因果关系，它如同一幅精细的地图为我们揭示出社会现象背后的逻辑脉络。通过这两部分的有机结合，SEM 能够为我们呈现出一个既准确又全面的社会现象分析框架。

在研究中我们充分运用了 SEM 的上述优势来构建和检验我们的理论模型。通过路径分析，我们清晰地描绘出了各变量之间的因果关系链条；通过中介效应检验，我们揭示了某些变量在因果关系中的桥梁作用；而通过调节效应检验，我们则进一步探讨了不同情境下因果关系的变化规律。这些分析不仅为我们验证了理论假设提供了有力的证据支持，还为我们深入理解社会现象提供了宝贵的启示与洞见。

四、方差分析、相关分析与回归分析

方差分析（Analysis of Variance，ANOVA）、相关分析（Correlation Analysis）和回归分析（Regression Analysis）是统计学中三种重要的分析方法，它们在不同领域的研究中发挥着关键作用。方差分析通常被称为 F 统计法，首先需要计算组间（Between Groups）与组内（Within Groups）的离差平方和（SS），除以自由度，就得到均方（Mean Square，MS），F= 组间方差 / 组内方差（吴明隆和涂金堂，2012）。方差分析由英国统计学家罗纳德·费雪（Ronald Fisher）于 20 世纪初发明，最初用于农业试验数据的分析。ANOVA 通过比较不同处理组之间的均值差异，来判断这些差异是否具有统计学意义，进而推断不同处理对结果的影响是否显著。方差分析又称为变异数分析，其核心在于分析实验数据中不同来源的变异对总变异的贡献大小，从而确定实验中的自变量是否对因变量有重要影响。

相关分析起源于统计学早期的研究，用于研究两个或多个变量之间的线性关系。通过计算相关系数（如皮尔逊相关系数、斯皮尔曼等级相关系数等），可以量化变量之间的关联程度。相关分析是研究一个变量的变动引起另一个变量如何变动。在管理学实证研究中，通常采用 Pearson 相关矩阵分析任意两变量之间的关系。最常用的分析指标是 Pearson 系数，以 r 表示，$-1 \leqslant r \leqslant 1$，它可表明两变量关系的方向及变化的强度。一方面，我们可以通过相关矩阵分析变量之间的相互关系；另一方面，比较 AVE 的平方根值和相关系数大小以检验本研究量表的判别效度。相关分析仅能够分析两个变量关联的强度与方向，无法确定彼此之间的因果关系，无法用一个变量去预测另一个变量的变化。

回归分析起源于 19 世纪的数学和统计学研究，主要用于研究一个或多个自变量与因变量之间的定量关系。通过建立回归模型，可以预测因变量的值或解释因变量的变化原因。回归分析则可以利用一个自变量去预测另一个变量（效标变量），属不对称设计（邱皓政，2000）。在回归分析中，通常使用的是最小二乘法（Method of Least Square），其会使所得的回归线的误差（预测值与实际值）的平方和最小（马信行，1999）。通过回归分析验证本书所提出的假设。方程 $E(y)=a+\beta x$，把 x 的值与 y 的条件分布的均值联系了起来，称为回归函数，应用最小平方法提供了样本预测方程 $\hat{y}=a+bx$，估计了 x 值总体中所有被试对象的 y 的均值（Agresti & Finlay，2011）。根据自变量的数量，回归分析一般可以分为一元和多元回归分析，通常采 t 检验和 F 检验验证回归模型。

本研究先采用结构方程模型（SEM）对主效应、中介效应、调节效应进行数据分析，接着用回归分析对 SEM 的数据处理进行验证，以确保数据研究结果的稳健性。

第六章

数据分析与假设检验

第一节　基本信息分析

本研究聚焦于中国本科院校学生群体，深入剖析了当前创业教育在中国高校中的蓬勃发展态势及其对学生创业实践的深远影响。随着国家对创新创业教育的重视不断加深，诸如 SYB（Start Your Business）、KAB（Know About Business）等创业课程教育已在全国各大高校广泛普及，并取得了显著成效。这些课程不仅为学生提供了系统的创业知识，还激发了他们参与创业实践的热情。

近年来，"创青春""互联网 +"等创业大赛活动如雨后春笋般涌现，为在校学生搭建了展示自我、实践创新的广阔舞台。这些赛事不仅提升了学生的创业技能，还促进了不同高校、不同专业之间的交流与合作。在此背景下，学生参与创业活动的渠道和机会日益增多，创业文化在校园里蔚然成风。

为了确保研究的科学性和准确性，我们借助了问卷星这一专业的在线调查平台，通过全国共青团研究中心向东西部地区的本科院校发放了共计 2000 份调查问卷。在问卷发放前期，我们邀请了 20 余所高校的创新创业负责人对问卷进行了详细解读，以确保学生能够准确理解问卷内容并有效作答。

经过精心筛选和整理，我们最终收到了 1898 份有效填写的问卷。在剔除答题时间过短和关键信息缺失的问卷后，我们得到了 1711 份高质量的有效问卷，有效百分比高达 90.1%。这一数据不仅体现了学生对创业教育的关注和热情，也为我们后续的数据分析提供了坚实的基础。

在参与调查的学生中，男生和女生的比例分别为 38.6% 和 61.4%，显示出女生在创业活动中具有较高的参与度。此外，我们还发现，农村生源的学生占据了绝大多数（85.4%），这可能与农村学生更加珍惜学习机会、更加渴望通过创业改变命运的愿望有关。在家庭经济条件方面，超过 55% 的学生认为自己的家庭条件一般或不如周围的同学，这表明大多数学生来自普通家庭背景，他们在创业过程中可能面临着更多的挑战和困难。

值得注意的是，有 29.3% 的学生表示其家庭成员中有创业经历。虽然这一比例不高，但足以说明家庭背景对学生创业意愿和行为的潜在影响。家庭中的创业氛围和经验传承可能会激发学生的创业兴趣，并为他们提供宝贵的实践指导和支持。对调查对象的相关特征进行分析，可以了解调查其的基本情况，结果如表 6–1 所示。

表 6–1　问卷基本信息频率统计

基本信息	类别	个案数（人）	百分比（%）
性别分布	男	660	38.6
	女	1051	61.4
地域背景	农村	1462	85.4
	城市	249	14.6
专业属性	文史哲类	72	4.2
	经管类	860	50.3
	法学类	18	1.1
	教育学类	214	12.5
	理工类	157	9.2
	农学类	16	0.9
	医学类	246	14.4
	其他	128	7.5
年级分布	大一	636	37.2
	大二	607	35.5
	大三	292	17.1
	大四	153	8.9
	研究生	23	1.3
学生干部身份	否	713	41.7
	是	998	58.3
学习成绩	50% 以后	396	23.1
	20%~50%	742	43.4
	10%~20%	367	21.4
	前 10%	206	12.0

基本信息	类别	个案数（人）	百分比（%）
家庭背景	否	1210	70.7
	是	501	29.3
享受当地低保	否	1263	73.8
	是	448	26.2
家人支持	否	600	35.1
	是	1111	64.9

从表中可以看出本次调研的一些基本情况，具体数据分布如下：

（1）性别分布。女性大学生占比61.4%（1051人），显著高于男性大学生（38.6%，660人）。这一性别差异可能为创业学习和创业意向的研究提供有趣的视角。

（2）地域背景。农村学生占据绝大多数，占比85.4%（1462人），而城市学生仅占14.6%（249人）。这反映了农村大学生在创业学习方面的特殊需求和挑战。

（3）专业属性。经管类专业学生成为创业学习的主要群体，占比50.3%（860人）。这可能与经管类专业更注重商业实践和市场分析有关，为学生提供了更多与创业相关的课程和活动。

（4）年级分布。大一、大二学生成为创业学习的主力军，分别占比37.2%和35.5%。这表明，大学生在入学初期便开始关注并参与创业学习，为未来的创业意向打下基础。

（5）学生干部身份。58.3%的学生干部表示积极参与创业学习，这可能与学生干部在组织协调、领导力等方面的优势有关，使他们更有可能成为创业学习的引领者。

（6）学业成绩。排名在20%~50%的学生成为创业学习的主要群体，占比43.4%。这表明，创业学习并非仅属于顶尖学生，而是广泛存在于各个学业水平的学生之中。

（7）家庭背景。尽管70.7%的学生表示家庭成员没有创业经历，但仍有相当一部分学生（29.3%）在家庭的熏陶或支持下参与创业学习。

（8）享受当地低保。73.8%的学生家庭并未享受当地低保，说明大部分学生在经济上具备一定的自主性和独立性。

（9）家人支持。64.9%的学生表示在创业学习过程中得到了家人的支持。这一数据强调了家庭支持对于大学生创业学习的重要性。

第二节　描述性统计

本书对问卷涉及的认知学习、经验学习、实践学习、创业自我效能、创业教育满意度、创业意向这六个变量的题目均值、标准差以及正态性的评判指标偏度、峰度等信息进行统计分析，结果如表 6-2 所示。

表 6-2　描述统计

题项	个案数	最小值	最大值	平均值	标准差	偏度	峰度
rzxx1	1711	1.00	5.00	2.576	0.956	0.172	−0.218
rzxx2	1711	1.00	5.00	2.760	0.949	0.070	−0.148
rzxx3	1711	1.00	5.00	2.755	0.916	0.088	0.024
rzxx4	1711	1.00	5.00	3.243	0.966	−0.255	−0.004
rzxx5	1711	1.00	5.00	3.260	0.943	−0.342	0.125
rzxx6	1711	1.00	5.00	2.732	0.938	0.038	−0.139
jyxx1	1711	1.00	5.00	3.237	1.060	−0.180	−0.442
jyxx2	1711	1.00	5.00	2.836	0.973	0.069	−0.239
jyxx3	1711	1.00	5.00	3.258	0.960	−0.320	0.053
sjxx1	1711	1.00	5.00	3.137	0.963	−0.210	−0.080
sjxx2	1711	1.00	5.00	3.000	0.961	−0.107	−0.162
sjxx3	1711	1.00	5.00	3.353	0.946	−0.386	0.110
sjxx4	1711	1.00	5.00	3.246	0.925	−0.347	0.208
xn1	1711	1.00	5.00	2.667	0.802	−0.124	0.526
xn2	1711	1.00	5.00	2.634	0.824	−0.029	0.246
xn3	1711	1.00	5.00	2.735	0.876	−0.023	0.037
xn4	1711	1.00	5.00	2.326	0.879	0.325	0.197
xn5	1711	1.00	5.00	2.990	0.951	−0.085	−0.004
xn6	1711	1.00	5.00	2.761	0.847	−0.044	0.457
myd1	1711	1.00	5.00	3.174	0.909	−0.190	0.598

题项	个案数	最小值	最大值	平均值	标准差	偏度	峰度
myd2	1711	1.00	5.00	3.154	0.914	−0.231	0.571
myd3	1711	1.00	5.00	3.136	0.937	−0.281	0.467
yx1	1711	1.00	5.00	3.088	1.000	−0.169	−0.260
yx2	1711	1.00	5.00	2.721	0.962	0.100	−0.224
yx3	1711	1.00	5.00	3.008	0.972	−0.111	−0.163
yx4	1711	1.00	5.00	3.194	0.976	−0.298	−0.036
yx5	1711	1.00	5.00	3.063	1.009	−0.144	−0.271

由表 6-2 可知，问卷包含的题目均数比较分散，在 2~4 之间，并且研究学者克莱恩（Kline，1998）认为，当偏度 <3、峰度绝对值 <10 时，表明样本不是偏离正态。表中的偏度峰度都是达到标准参照值，因此满足正态检验条件，数据可以进一步做下面的研究分析。

第三节　信度分析

信度分析（Reliability Analysis）用于描述量表可靠性，一般学者认为大于 0.7 的问卷信度较好。

从表 6-3 可以看出，本研究的认知学习、经验学习、实践学习、创业自我效能、创业教育满意度、创业意向的 Cronbach's α 分别为 0.899、0.817、0.852、0.897、0.841、0.917，都大于 0.7，说明本研究的各个变量都具有很好的可信度。

表 6-3　信度分析

变量	Cronbach's α	项数
认知学习	0.899	6
经验学习	0.817	3
实践学习	0.852	4
创业自我效能	0.897	6
创业教育满意度	0.841	3
创业意向	0.917	5

第四节   效度分析

效度分析（Validity Analysis）是实证分析中重要的部分，一般检验问卷的采用 KMO 和巴特利特球形度检验，KMO 大于 0.7，并且同时满足巴特利特球形度检验显著性小于 0.05，说明效度好，利用 IBM 公司的 SPSS24.0 进行效应分析得出的结果如表 6-4 所示。

表 6-4   KMO 和 Bartlett's 球形检验

KMO 取样适切性量数	0.937
近似卡方	26753.725
自由度	351
显著性	0.000

由表 6-4 可得到 KMO 和 Bartlett's 球形检验值显著，值分别为 0.937、0.000，适合做因子分析。进行因子分析的时候采取的方法是主成分分析法，选择因子的方式是特征值大于 1 认为是其因子，并且在旋转的时候采取正交旋转进行因素分析。最终经过多次迭代得到其方差分析表（见表 6-5）。

表 6-5   总方差解释

成分	初始特征值			提取载荷平方和			旋转载荷平方和		
	总计	方差百分比	累计 %	总计	方差百分比	累计 %	总计	方差百分比	累计 %
1	9.522	35.265	35.265	9.522	35.265	35.265	4.109	15.219	15.219
2	2.699	9.996	45.261	2.699	9.996	45.261	3.898	14.437	29.655
3	2.071	7.671	52.931	2.071	7.671	52.931	3.769	13.959	43.615
4	1.748	6.474	59.406	1.748	6.474	59.406	2.829	10.479	54.094
5	1.649	6.108	65.513	1.649	6.108	65.513	2.278	8.437	62.531
6	1.391	5.153	70.666	1.391	5.153	70.666	2.197	8.135	70.666
7	0.545	2.019	72.685						

成分	初始特征值			提取载荷平方和			旋转载荷平方和		
	总计	方差百分比	累计 %	总计	方差百分比	累计 %	总计	方差百分比	累计 %
8	0.517	1.915	74.599						
9	0.502	1.858	76.457						
10	0.486	1.802	78.259						
11	0.463	1.716	79.975						
12	0.443	1.642	81.617						
13	0.437	1.619	83.237						
14	0.414	1.532	84.768						
15	0.398	1.474	86.243						
16	0.386	1.428	87.671						
17	0.362	1.339	89.010						
18	0.349	1.293	90.303						
19	0.343	1.271	91.574						
20	0.333	1.232	92.806						
21	0.323	1.195	94.001						
22	0.311	1.151	95.152						
23	0.288	1.067	96.219						
24	0.273	1.013	97.232						
25	0.267	0.987	98.220						
26	0.250	0.925	99.144						
27	0.231	0.856	100.000						

注：提取方法：主成分分析法

　　由表6-5可知，表中6个因子的总解释方差达到了70.666%，说明27个题项可以由6个公因子进行解释，因子载荷系数如表6-6所示。

表 6-6　旋转后的成分矩阵

变量	题项	成分						共同度
		1	2	3	4	5	6	
认知学习	rzxx1	0.799	0.196	0.143	0.065	0.032	0.123	0.717
	rzxx2	0.829	0.195	0.109	0.088	0.034	0.121	0.761
	rzxx3	0.790	0.230	0.084	0.069	0.018	0.101	0.699
	rzxx4	0.761	0.169	0.130	0.130	0.037	0.130	0.660
	rzxx5	0.720	0.166	0.060	0.091	0.054	0.027	0.562
	rzxx6	0.741	0.164	0.100	0.113	0.017	0.092	0.608
经验学习	jyxx1	0.158	0.160	0.136	0.205	0.055	0.795	0.747
	jyxx2	0.161	0.223	0.137	0.072	0.011	0.795	0.732
	jyxx3	0.151	0.212	0.138	0.090	0.064	0.794	0.730
实践学习	sjxx1	0.108	0.141	0.158	0.787	0.033	0.063	0.681
	sjxx2	0.127	0.231	0.150	0.732	0.055	0.145	0.652
	sjxx3	0.075	0.124	0.157	0.782	0.008	0.087	0.665
	sjxx4	0.169	0.176	0.171	0.832	0.049	0.091	0.792
创业自我效能	xn1	0.242	0.731	0.198	0.170	0.071	0.110	0.679
	xn2	0.245	0.747	0.179	0.143	0.055	0.138	0.693
	xn3	0.208	0.749	0.180	0.118	0.060	0.131	0.672
	xn4	0.222	0.690	0.192	0.145	0.060	0.108	0.599
	xn5	0.223	0.754	0.208	0.168	0.032	0.175	0.720
	xn6	0.173	0.687	0.215	0.153	0.052	0.182	0.607
创业教育满意度	myd1	0.039	0.007	0.110	0.013	0.878	0.029	0.785
	myd2	0.022	−0.007	0.092	0.014	0.877	−0.012	0.779
	myd3	0.082	0.258	0.133	0.105	0.811	0.118	0.774
创业意向	yx1	0.148	0.214	0.797	0.138	0.100	0.070	0.737
	yx2	0.122	0.201	0.804	0.154	0.103	0.138	0.755
	yx3	0.124	0.218	0.832	0.129	0.076	0.108	0.788
	yx4	0.105	0.201	0.791	0.167	0.082	0.104	0.723
	yx5	0.116	0.181	0.821	0.158	0.085	0.096	0.762

由表 6-6 可知，每个题项的载荷系数介于 0.6~0.9，满足大于 0.5，且同一个因子在其他因子条件下载荷系数均小于 0.5，每个题都有很好的单一维度识别性，初步判断问卷研究的 6 个量表具有良好的效度。

第五节　验证性因子分析

采用验证性因素分析进行各变量内部题项的收敛效度检验，主要有测量模型和模型拟合度进行模型的评判。

本研究问卷由认知学习、经验学习、实践学习、创业自我效能、创业教育满意度、创业意向这六个潜在变量构成，在深入探讨创业教育与个体创业意向之间复杂关系的过程中，本研究精心设计了一套全面而细致的问卷，旨在通过量化分析揭示认知学习、经验学习、实践学习、创业自我效能、创业教育满意度以及创业意向六大潜在变量之间的内在联系。

问卷的构思基于深厚的理论背景与广泛的文献回顾，确保了每个潜在变量的定义都清晰明确，且相互间存在合理的逻辑联系。具体而言，问卷共包含 27 个精心设计的题项，分别对应于六大潜在变量。

（1）认知学习。这一部分旨在测量个体对创业知识、理论及概念的理解程度。通过 6 个题项，问卷深入探索了受访者对于创业基本概念、市场趋势、商业模式等方面的认知深度与广度。例如，"我能够清晰地解释创业的核心要素"和"我熟悉当前创业市场的热门趋势"等题项，有效捕捉了受访者的认知学习水平。

（2）经验学习。经验是创业过程中不可或缺的宝贵财富。本部分通过 3 个题项，聚焦于个体通过亲身经历或观察他人经历所获得的创业知识与技能。例如，"我曾在创业团队中担任过角色，积累了宝贵的经验"和"我通过案例分析，对创业过程中的挑战有了更深刻的认识"等题项，生动地描绘了经验学习的多种途径。

（3）实践学习。将理论知识转化为实际行动是创业成功的关键。实践学习部分包含 4 个题项，旨在评估个体在模拟或真实创业环境中的表现与收获。如"我参与过创业计划大赛，并成功提交了项目方案"和"我通过实习或兼职，亲身体验了创业企业的运营流程"等题项，展现了实践学习在提升创业能力方面的重要作用。

117

（4）创业自我效能。自信是驱动创业行为的内在动力。本部分通过 6 个题项，衡量了个体对自己在创业过程中完成任务、克服挑战的能力的信心。例如，"我相信自己有能力创办一家成功的企业"和"我坚信自己能够应对创业过程中的各种不确定性"等题项，深刻揭示了创业自我效能对创业意向的积极影响。

（5）创业教育满意度。作为连接教育与实践的桥梁，创业教育满意度是衡量教育质量的重要指标。通过 3 个题项，问卷收集了受访者对创业教育内容、方法、效果等方面的评价。如"我对所接受的创业教育内容感到满意"和"我认为创业教育对我未来的创业计划有很大帮助"等题项，为评估创业教育效果提供了重要依据。

（6）创业意向。作为本研究的核心因变量，创业意向部分通过 5 个题项，直接询问了受访者对于未来创业的规划与打算。如"我正在考虑在未来几年内创办自己的企业"和"我已经开始为创业做具体的准备工作"等题项，直观反映了受访者的创业意愿与行动倾向。

通过对这 27 个题项进行验证性因子分析（CFA），我们得到如图 6-1 所示的详细结果。分析结果显示，各潜在变量的测量模型均具有良好的拟合度，各题项与其对应的潜在变量之间均存在显著的正相关关系。这一发现不仅验证了问卷设计的合理性与有效性，还为后续深入探讨各潜在变量之间的相互作用机制奠定了坚实的基础。

从图 6-1 可以得出，模型满足 t 法则，模型是可以被过度识别的，因此建立的模型没有明显的错误。

利用 AMOS 软件对因子模型进行估计，得到所有的观测变量的载荷系数大于 0.5，对应的 $p<0.001$，达到显著（见表 6-7）。认知学习的建构信度 CR 和平均变异量抽取值 AVE 分别为 0.899 和 0.600，经验学习的建构信度 CR 和平均变异量 AVE 抽取值分别为 0.818 和 0.600，实践学习的建构信度 CR 和平均变异量 AVE 抽取值分别为 0.855 和 0.598，创业自我效能的建构信度 CR 和平均变异量 AVE 抽取值分别为 0.898 和 0.594，创业教育满意度的建构信度 CR 和平均变异量 AVE 抽取值分别为 0.841 和 0.638，创业意向的建构信度 CR 和平均变异量 AVE 抽取值分别为 0.918 和 0.690，都达到 CR 大于 0.7、AVE 大于 0.5 的标准。

从表 6-8 中可以看出，模型拟合指数中的 GFI=0.964、AGFI=0.956、RMSEA=0.032、CMIN/DF=2.792，NFI=0.968，TLI=0.976，CFI=0.979，SRMR=0.037，都是满足验证性因子分析评判的拟合指标的标准参考值，模型的拟合效果可以被接受。

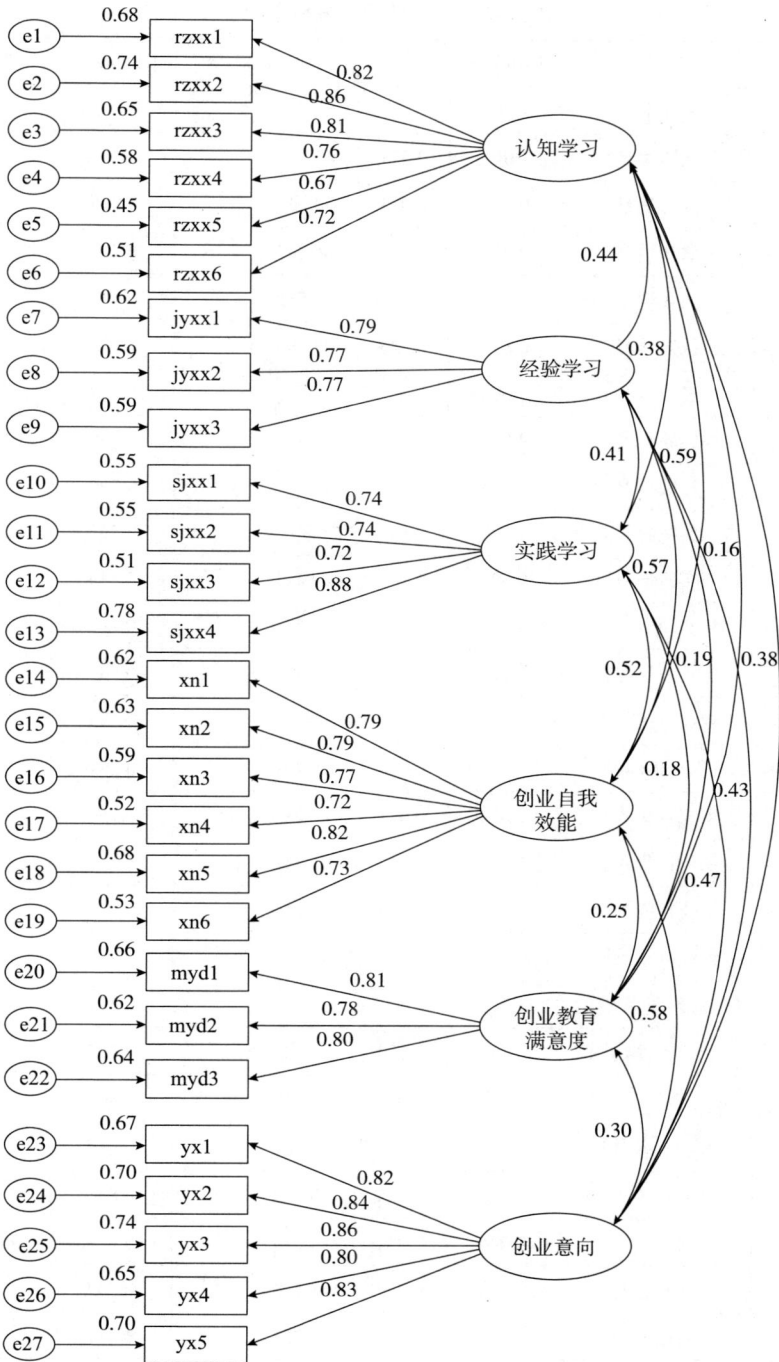

图 6-1　验证性因子分析模型

表 6-7 验证性因子分析参数

			Estimate	S.E.	C.R.	p	因子载荷	CR	AVE
rzxx1	<---	认知学习	1.000				0.823		
rzxx2	<---	认知学习	1.041	0.024	42.629	***	0.863		
rzxx3	<---	认知学习	0.938	0.025	38.022	***	0.805	0.899	0.600
rzxx4	<---	认知学习	0.931	0.027	34.802	***	0.759		
rzxx5	<---	认知学习	0.800	0.027	29.582	***	0.667		
rzxx6	<---	认知学习	0.853	0.026	32.593	***	0.715		
jyxx1	<---	经验学习	1.000				0.787		
jyxx2	<---	经验学习	0.895	0.031	29.298	***	0.767	0.818	0.600
jyxx3	<---	经验学习	0.886	0.030	29.366	***	0.769		
sjxx1	<---	实践学习	1.000				0.745		
sjxx2	<---	实践学习	0.992	0.034	29.413	***	0.740	0.855	0.598
sjxx3	<---	实践学习	0.946	0.033	28.671	***	0.717		
sjxx4	<---	实践学习	1.136	0.033	34.527	***	0.881		
xn1	<---	创业自我效能	1.000				0.790		
xn2	<---	创业自我效能	1.033	0.029	35.409	***	0.794		
xn3	<---	创业自我效能	1.058	0.031	33.711	***	0.766	0.898	0.594
xn4	<---	创业自我效能	1.001	0.032	31.547	***	0.721		
xn5	<---	创业自我效能	1.235	0.033	37.246	***	0.823		
xn6	<---	创业自我效能	0.972	0.031	31.699	***	0.727		
myd1	<---	创业教育满意度	1.000				0.811		
myd2	<---	创业教育满意度	0.973	0.030	32.182	***	0.785	0.841	0.638
myd3	<---	创业教育满意度	1.017	0.034	30.146	***	0.800		
yx1	<---	创业意向	1.000				0.817		
yx2	<---	创业意向	0.985	0.024	40.330	***	0.836		
yx3	<---	创业意向	1.024	0.024	42.335	***	0.861	0.918	0.690
yx4	<---	创业意向	0.961	0.025	38.172	***	0.804		
yx5	<---	创业意向	1.031	0.026	39.992	***	0.835		

注：* 表示 p<0.05，** 表示 p<0.01，*** 表示 p<0.001。下同。

表 6-8　验证性因子模型检验拟合指数

拟合指标	可接受范围	测量值
CMIN		862.762
DF		309
CMIN/DF	<3	2.792
GFI	>0.9	0.964
AGFI	>0.9	0.956
RMSEA	<0.08	0.032
IFI	>0.9	0.979
NFI	>0.9	0.968
TLI（NNFI）	>0.9	0.976
CFI	>0.9	0.979
SRMR	<0.05	0.037

从验证性因子分析模型的检验和评价结果可以看出，这 27 个题项收敛于 6 个因子的收敛效果较好，模型通过了验证性因子分析。

第六节　相关分析和区别效度

在本研究通过题目得分平均值计算出来作为这个维度的得分，再进行皮尔逊相关 R 分析。相关分析主要是研究变量之间的相关关系，同时将 R 和每个变量 AVE 开方值进行比较，如果相关系数低于 AVE 开方，说明区分效度好，研究结果见表 6-9。

表 6-9　相关分析和区别效度

	均值	标准差	认知学习	经验学习	实践学习	创业自我效能	创业教育满意度	创业意向
认知学习	2.888	0.770	0.775					
经验学习	3.110	0.854	0.378[**]	0.775				

续表

	均值	标准差	认知学习	经验学习	实践学习	创业自我效能	创业教育满意度	创业意向
实践学习	3.184	0.790	0.330**	0.349**	0.773			
创业自我效能	2.685	0.702	0.536**	0.486**	0.461**	0.771		
创业教育满意度	3.154	0.801	0.142**	0.159**	0.150**	0.219**	0.799	
创业意向	3.015	0.853	0.346**	0.370**	0.425**	0.530**	0.267**	0.831
AVE			0.600	0.600	0.598	0.594	0.638	0.690

从相关系数可以得出认知学习与创业自我效能有显著的正相关关系（r=0.536，p<0.01）；经验学习与创业自我效能有显著的正相关关系（r=0.486，p<0.01）；实践学习与创业自我效能有显著的正相关关系（r=0.461，p<0.01）；说明自变量和中介变量有显著的正相关关系；认知学习与创业意向有显著的正相关关系（r=0.346，p<0.01）；经验学习与创业意向有显著的正相关关系（r=0.370，p<0.01）；实践学习与创业意向有显著的正相关关系（r=0.425，p<0.01）；说明自变量和因变量有显著的正相关关系；最后创业自我效能与创业意向有显著的正相关关系（r=0.530，p<0.01），说明变量之间都有显著的正相关关系。

第七节　假设检验

本章在提出的理论模型和变量之间关系的假设基础之上，分别设定了自变量创业学习（三个维度：认知学习、经验学习、实践学习）对创业意向有正向影响，创业学习对创业自我效能有正向影响，创业自我效能正向影响创业意向，以及创业自我效能的中介作用和创业教育满意度在创业自我效能和创业意向之间起到调节作用，其中主要使用结构方程模型检验变量之间关系，和上述内容验证性因子分析的基本步骤相类似，都要经过模型设定、模型识别、模型估计、模型检验这几个过程；后面的模型使用计量模型检验创业自我效能在创业学习和创业意向之间的中介作用。

一、创业学习对创业意向影响的主效应检验

创业学习和创业意向关系模型 I 如图 6-2 所示，该模型是为了创业学习的三个维度与创业意向关系的第一个假设 H1，H1 创业学习（三个维度）对创业意向有正向影响。

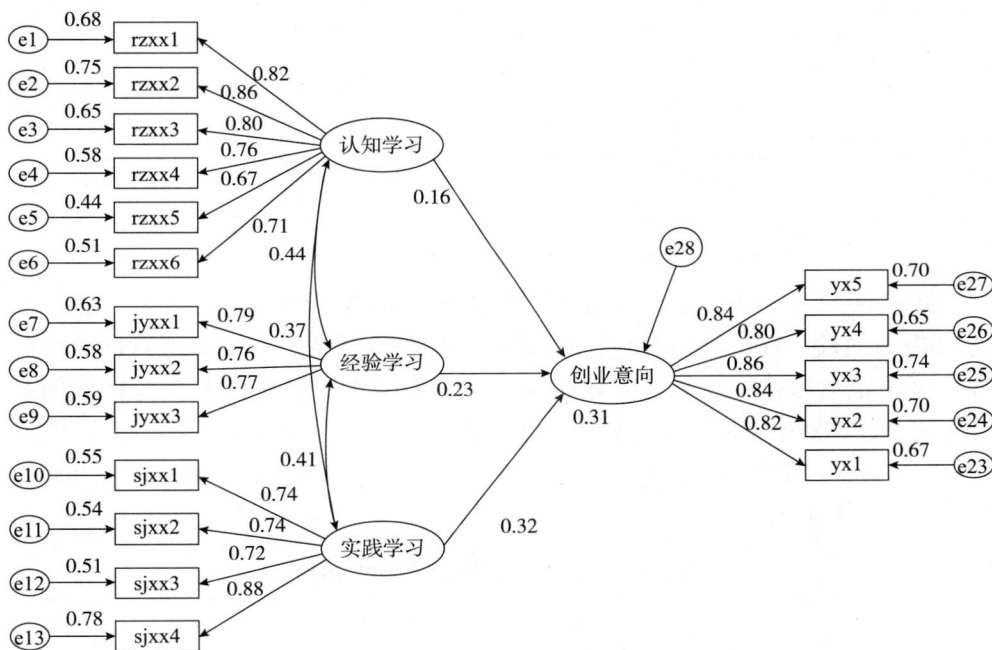

图 6-2　主效应结构方程模型

从表 6-10 中可以看出，模型拟合指数中的 GFI=0.980、AGFI=0.973、RMSEA=0.029、CMIN/DF=2.436、NFI=0.982、TLI=0.987、CFI=0.989、SRMR=0.022，都符合模型拟合较好的检验标准，因此模型的拟合效果较好。

表 6-10　主效应模型检验拟合指数

拟合指标	可接受范围	测量值
CMIN		314.225
DF		129
CMIN/DF	<3	2.436

续表

拟合指标	可接受范围	测量值
GFI	>0.9	0.980
AGFI	>0.9	0.973
RMSEA	<0.08	0.029
IFI	>0.9	0.989
NFI	>0.9	0.982
TLI(NNFI)	>0.9	0.987
CFI	>0.9	0.989
SRMR	<0.05	0.022

从表 6–11 可以看出，认知学习对创业意向有显著的正向影响（β =0.160，P<0.001），假设 H1a：认知学习正向影响创业意向成立；经验学习对创业意向有显著的正向影响（β =0.227，P<0.001），假设 H1b：经验学习正向影响创业意向成立，实践学习对创业意向有显著的正向影响（β =0.317，P<0.001），假设 H1c：实践学习正向影响创业意向成立，最后模型对创业意向的解释 R^2 为 0.306，解释百分比为 30.6%。

表 6–11　主效应模型的路径系数参数

			未标准化系数	标准误	T	p	标准化系数	R^2
创业意向	<---	认知学习	0.165	0.028	5.838	***	0.160	
创业意向	<---	经验学习	0.221	0.029	7.581	***	0.227	0.306
创业意向	<---	实践学习	0.360	0.032	11.145	***	0.317	

二、创业自我效能在创业学习对创业意向影响中的中介效应模型

创业学习—创业自我效能—创业意向关系模型如图 6–3 所示，该模型是为了验证中介变量创业自我效能是否在创业学习的三个维度对创业意向关系中起到中介效应，验证其相关假设。

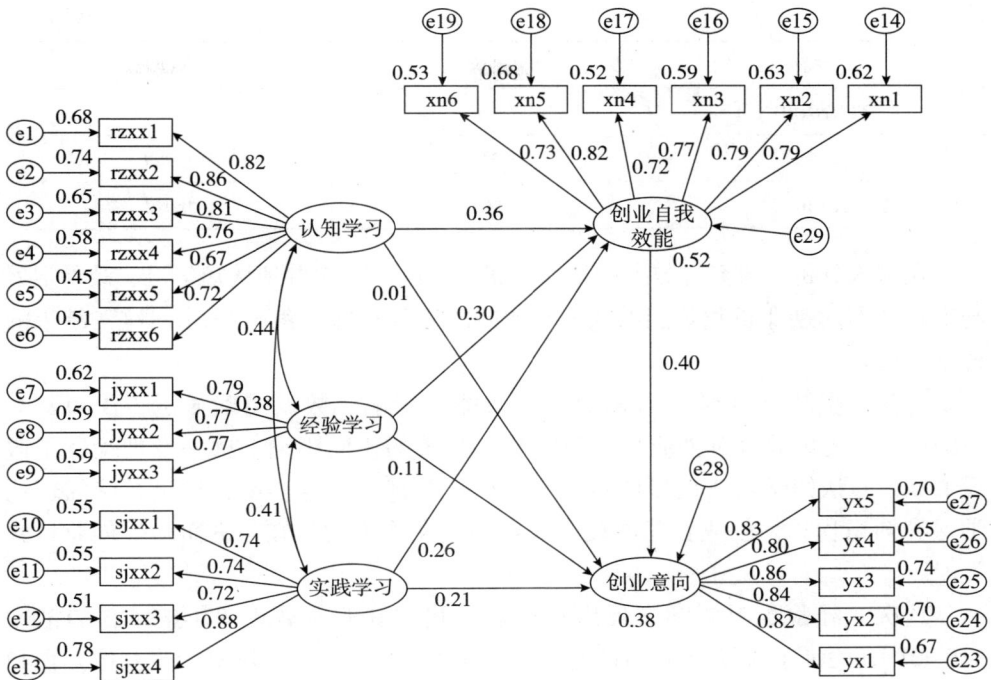

图 6-3 中介效应结构方程模型

从表 6-12 中可以看出，模型拟合指数中的 GFI=0.976、AGFI=0.970、RMSEA=0.025、CMIN/DF=2.076、NFI=0.979、TLI=0.988、CFI=0.989、SRMR=0.022，都符合模型拟合较好的检验标准，因此中介效应模型的拟合效果较好。

表 6-12 中介效应模型检验拟合指数

拟合指标	可接受范围	测量值
CMIN		502.486
DF		242
CMIN/DF	<3	2.076
GFI	>0.9	0.976
AGFI	>0.9	0.970
RMSEA	<0.08	0.025
IFI	>0.9	0.989
NFI	>0.9	0.979

拟合指标	可接受范围	测量值
TLI(NNFI)	>0.9	0.988
CFI	>0.9	0.989
SRMR	<0.05	0.022

在深入分析本研究的数据结果后，我们可以清晰地看到认知学习、经验学习与实践学习对创业自我效能以及创业意向的显著影响。表6-13是对这一结果的详细解读。

首先，关于认知学习对创业自我效能的影响，数据明确显示（$\beta=0.363$，$p<0.001$），认知学习对创业自我效能具有显著的正向影响。这一发现验证了假设H2a，即认知学习正向影响创业自我效能的成立。这表明，通过系统的理论学习和知识积累，创业者能够提升对自身创业能力的认知，进而增强创业自我效能。

其次，经验学习同样展现出对创业自我效能的显著正向影响（$\beta=0.300$，$p<0.001$），验证了假设H2b的正确性。经验学习强调通过实际经历来获取知识和技能，这种学习方式使创业者在面对创业挑战时能够更加从容应对，从而提升其自我效能。正如许多成功企业家所分享的，他们的创业之路充满了试错与调整，正是这些宝贵的经验让他们更加坚信自己的创业能力。

最后，实践学习也对创业自我效能产生了显著的正向影响（$\beta=0.258$，$p<0.001$），假设H2c得到验证。实践学习强调将理论知识应用于实际操作中，通过不断地尝试与实践来提升技能和能力。在创业过程中，创业者需要不断地将所学应用于解决实际问题，这种实践过程不仅锻炼了他们的创业能力，也增强了他们的自我效能。

值得注意的是，模型对创业自我效能的解释力达到了51.8%（$R^2=0.518$），这表明，认知学习、经验学习与实践学习在解释创业自我效能方面发挥了重要作用。这一结果进一步强调了多维度学习在创业教育中的重要性。

在探讨创业意向的影响因素时，我们发现创业自我效能作为中介变量对创业意向具有显著的正向影响（$\beta=0.402$，$p<0.001$），验证了假设H3的成立。这表明，创业者的自我效能水平越高，他们越有可能产生创业意向。同时，我们也注意到，虽然认知学习对创业意向的直接效应不显著（$\beta=0.013$，$p>0.05$），但经验学习和实践学习却对创业意向产生了显著的直接效应（$\beta=0.107$，$p<0.001$；$\beta=0.214$，$p<0.001$）。这一发现再次强调了实践经验和实际操作在激发创业意向

中的重要作用。

最后，模型对创业意向的解释力达到了 38.5%（R^2=0.385），这表明，除了创业自我效能外，还可能存在其他因素（如个性特质、社会环境等）对创业意向产生影响。未来的研究可以进一步探讨这些因素与创业意向之间的关系。

表 6-13　中介效应模型的路径系数参数

			未标准化系数	标准误	T	p	标准化系数	R^2
创业自我效能	<---	认知学习	0.292	0.021	14.144	***	0.363	
创业自我效能	<---	经验学习	0.228	0.021	10.918	***	0.300	0.518
创业自我效能	<---	实践学习	0.228	0.022	10.261	***	0.258	
创业意向	<---	认知学习	0.014	0.030	0.470	0.639	0.013	
创业意向	<---	经验学习	0.105	0.030	3.528	***	0.107	
创业意向	<---	实践学习	0.244	0.032	7.675	***	0.214	0.385
创业意向	<---	创业自我效能	0.518	0.046	11.272	***	0.402	

为了进一步检验创业自我效能变量是否在创业学习对创业意向影响中起到中介效应，采用 Bootstrap 中介效应检验，其中采用 AMOS 里面的 Bootstrap 程序，方法采用 Bias Corrected，置信次数 5000，结果如表 6-14 所示。

表 6-14　Bootstrap 中介效应检验

中介路径	直接效应	总效应	中介效应	标准误	Bias Corrected（95%）		
					LLCI	ULCI	p
认知学习—创业自我效能—创业意向	0.013	0.159***	0.146	0.017	0.116	0.183	0.000
经验学习—创业自我效能—创业意向	0.107**	0.227***	0.120	0.016	0.092	0.155	0.000
实践学习—创业自我效能—创业意向	0.214***	0.318***	0.104	0.013	0.080	0.131	0.000

从表 6-14 可以看出，认知学习—创业自我效能—创业意向的中介效应为0.146，Bias Corrected（95%）的置信区间［0.116，0.183］，不包含 0，说明中介效应显著，H4a：创业自我效能在认知学习和创业意向之间起到中介作用成立；其中直接效应为 0.013，没有达到显著水平，说明该中介为完全中介。

经验学习—创业自我效能—创业意向的中介效应为 0.120，Bias Corrected（95%）的置信区间［0.092，0.155］，不包含 0，说明中介效应显著，H4b：创业自我效能在经验学习和创业意向之间起到中介作用成立；其中直接效应为 0.107，达到显著水平，说明该中介为部分中介。

实践学习—创业自我效能—创业意向的中介效应为 0.214，Bias Corrected（95%）的置信区间 [0.080, 0.131]，不包含 0，说明中介效应显著，H4c：创业自我效能在实践学习和创业意向之间起到中介作用成立；其中直接效应为 0.214，达到显著水平，说明该中介为部分中介。

三、调节效应分析

为保持研究方法的统一性，确保数据结果的稳健性，在追求创业教育满意度调节效应研究的精准性时，本研究依旧采用 AMOS 作为核心分析工具，以确保测量方法的连贯性与数据结论的可靠性。在后续章节中，将采用回归分析验证 AMOS 的数据分析处理结果，对 AMOS 的数据解析结果进行再验证，力求双重保险，让结论更加稳固。

回溯学术脉络，Kenny 和 Judd（1984）的奠基性工作为我们揭示了潜变量交互效应建模中乘积指标的重要性，这犹如一盏明灯，照亮了我们的研究之路。而吴艳和温忠麟（2011）的深入研究，则为我们提供了调节效应检验中乘积指标应用的实操指南，特别是标准化估计时的配对乘积指标建模策略，以及极大似然估计的优选，让我们的研究之路更加平坦。

在本研究中，我们紧密跟随温忠麟和吴艳（2010）的研究步伐，对潜变量交互效应的"标准化"估计进行了细致入微的分析。首先，将所有指标进行了中心化处理，确保数据处于同一基准线。其次，我们依据指标的信度水平，即它们在完全标准化解中的负荷大小，进行了巧妙的配对，并计算了它们的乘积。面对潜变量指标数量不一的挑战，果断剔除了信度较低的指标，以确保配对结果的质量。在打包处理与配对计算的过程中，严格遵循"大乘大、小乘小"的原则，用 SPSS 软件高效地完成了配对计算乘积。

最终，我们采用了无约束方法，构建了一个没有均值结构的模型（见图 6-4）。这一模型设计使我们能够专注于潜变量之间的交互效应，而不受均值结构复杂性的干扰。通过这一模型的深入剖析，我们得以窥见创业教育满意度调节效应的内在逻辑与机制，为教育政策的制定与优化提供了有力的数据支撑与理论参考。

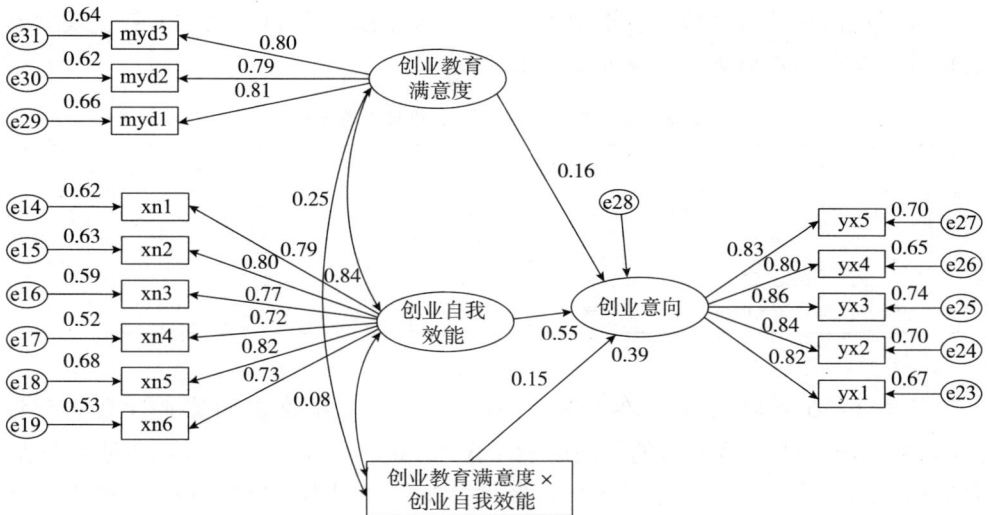

图 6-4 调节效应结构方程模型

从表 6-15 中可以看出，模型拟合指数中的 GFI=0.969、AGFI=0.957、RMSEA=0.048、CMIN/DF=4.890、NFI=0.971、TLI=0.971、CFI=0.977、SRMR=0.045，都符合模型拟合较好的检验标准，证明了所检验的模型（见图 6-4）具有很好的模型拟合度，因此调节效应模型的拟合效果较好。

表 6-15 中介效应模型检验拟合指数

拟合指标	可接受范围	测量值
CMIN		415.660
DF		85
CMIN/DF	<3	4.890
GFI	>0.9	0.969
AGFI	>0.9	0.957
RMSEA	<0.08	0.048
IFI	>0.9	0.977
NFI	>0.9	0.971
TLI(NNFI)	>0.9	0.971
CFI	>0.9	0.977
SRMR	<0.05	0.045

注：CMIN/DF 表示卡方 / 自由度；SRMR 表示残差均方和平方根；GFI 表示拟合优度指数；AGFI 表示调整后的拟合优度指数；RMSEA 表示渐进残差均方和平方根；NFI 表示规范拟合指数；TLI 表示非规范拟合指数；CFI 表示比较拟合指数。

为了更清晰地看调节效应模型中各变量之间的影响程度，将调节效应模型图的标准化路径系数显著性整理如表 6-16 所示。

表 6-16　调节效应模型的路径系数参数

			未标准化系数	标准误	T	p	标准化系数	R^2
yx	<---	xn	0.715	0.035	20.674	***	0.554	
yx	<---	myd	0.175	0.027	6.577	***	0.158	0.386
yx	<---	xn×myd	0.196	0.027	7.183	***	0.152	

从表 6-16 可以看出，本研究的 xn 对 yx 有显著的正向影响（β=0.554，p<0.001），myd 对 yx 有显著的正向影响（β=0.158，p<0.001），xn×myd 对 yx 有显著的正向影响（β=0.152，p<0.001），交互项成立，说明调节效应成立；模型对创业意向的解释 R^2 为 0.386，解释百分比为 38.6%。假设 H5 成立。

根据调节效应分析结果，本研究画出了创业教育满意度调节创业自我效能度对创业意向的影响效应斜率如图 6-5 所示。

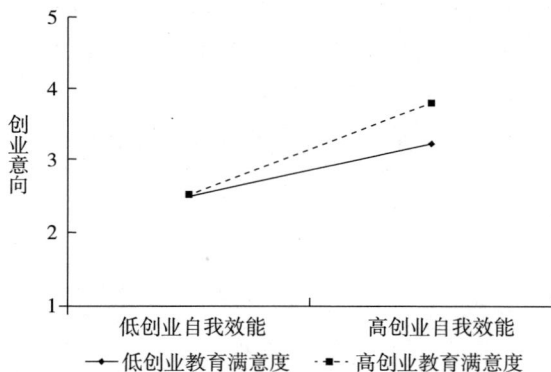

图 6-5　创业教育满意度调节创业自我效能度对创业意向的影响效应

第八节　回归分析检验验证

为验证前文所述结构方程数据分析结果，确保研究结果的稳健性，研究采用另一种数据处理方法——SPSS 回归分析验证上一步的数据处理结果。

相关分析只能简单的描述两个变量之间的作用，不能够排除影响因素之间存在相互作用，因此本书进一步采用多元线性回归分析。多元线性回归可以排除自变量之间的相互作用，得到自变量与因变量之间的关系，本研究以认知学习、经验学习、实践学习为自变量，创业自我效能为中介变量，创业意向为因变量进行回归分析。

一、以认知学习、经验学习、实践学习对创业意向的影响分析

本研究以认知学习、经验学习、实践学习为自变量，创业意向为因变量，性别、出生地、本专业排名、享受当地低保、能得到家人支持为控制变量进行回归分析，结果如表 6-17 所示。

表 6-17　认知学习、经验学习、实践学习对创业意向的回归分析

	未标准化系数		标准化系数	t	显著性	共线性统计	
	B	标准误差	Beta			容差	VIF
（常量）	0.796	0.102		7.831	0.000		
性别	−0.129	0.037	−0.073	−3.470	0.001	0.950	1.052
出生地	0.068	0.051	0.028	1.345	0.179	0.969	1.032
本专业排名	0.021	0.019	0.023	1.079	0.281	0.948	1.054
享受当地低保	0.098	0.041	0.050	2.406	0.016	0.975	1.026
能得到家人支持	0.137	0.037	0.077	3.691	0.000	0.985	1.015
认知学习	0.187	0.025	0.168	7.340	0.000	0.810	1.235
经验学习	0.189	0.023	0.190	8.180	0.000	0.791	1.264
实践学习	0.314	0.025	0.291	12.807	0.000	0.827	1.209

R^2=0.276，调整后 R^2=0.272，F=80.935***，DW=1.912

从表 6-17 可以看出，模型的 R^2 为 0.276，调整后的 R^2 为 0.272，说明模型解释创业意向变异百分比为 27.2%，方差分析 F 值为 80.935，在 0.001 水平上达到显著，说明模型是可以接受，异方差检验 DW 为 1.912，接近 2，说明模型不存在异方差，每一个变量的 VIF 都低于 5，说明模型不存在共线性，估计的结果是稳定的，最后结合标准化回归系数可以看出：排除控制变量的影响后认知学

习对创业意向有显著的正向影响（β=0.168，p<0.001）；经验学习对创业意向有显著的正向影响（β=0.190，p<0.001）；实践学习对创业意向有显著的正向影响（β=0.291，p<0.001）；假设 H1a（认知学习正向影响创业意向）成立，假设 H1b（经验学习正向影响创业意向）成立，假设 H1c（实践学习正向影响创业意向）成立。

二、认知学习、经验学习、实践学习对创业自我效能的影响分析

以认知学习、经验学习、实践学习为自变量，创业自我效能为因变量，性别、出生地、本专业排名、享受当地低保、能得到家人支持为控制变量进行回归分析，结果如表 6-18 所示。

表 6-18　认知学习、经验学习、实践学习对创业自我效能的回归分析

	未标准化系数		标准化系数	t	显著性	共线性统计	
	B	标准误差	Beta			容差	VIF
（常量）	0.478	0.072		6.640	0.000		
性别	−0.177	0.026	−0.123	−6.760	0.000	0.950	1.052
出生地	0.121	0.036	0.061	3.381	0.001	0.969	1.032
本专业排名	0.013	0.014	0.017	0.934	0.350	0.948	1.054
享受当地低保	−0.122	0.029	−0.077	−4.256	0.000	0.975	1.026
能得到家人支持	0.075	0.026	0.051	2.858	0.004	0.985	1.015
认知学习	0.323	0.018	0.354	17.950	0.000	0.810	1.235
经验学习	0.204	0.016	0.248	12.433	0.000	0.791	1.264
实践学习	0.216	0.017	0.243	12.429	0.000	0.827	1.209

R^2=0.463，调整后 R^2=0.461，F=183.714***，DW=1.965

从表 6-18 可以看出，模型的 R^2 为 0.463，调整后的 R^2 为 0.461，说明模型解释创业自我效能变异百分比为 46.1%，方差分析 F 值为 183.714，在 0.001 水平上达到显著，说明模型是可以接受，异方差检验 DW 为 1.965，接近 2，说明模型不存在异方差，每一个变量的 VIF 都低于 5，说明模型不存在共线性，估计的结果是稳定的，最后结合标准化回归系数可以看出：排除控制变量的影响后认知学习对创业自我效能有显著的正向影响（β=0.354，p<0.001）；经验学习对创业自我效能有显著的正向影响（β=0.248，p<0.001）；实践学习对创业自我效能有

显著的正向影响（β =0.243，p<0.001）；假设 H2a：认知学习正向影响创业自我效能，假设 H2b：经验学习正向影响创业自我效能，假设 H2c：实践学习正向影响创业自我效能都是成立。

三、创业自我效能对创业意向的影响分析

以创业自我效能自变量，创业意向为因变量，性别、出生地、本专业排名、享受当地低保、能得到家人支持、创业自我效能为控制变量进行回归分析，结果如表 6–19 所示。

表 6–19　创业自我效能对创业意向的回归分析

	未标准化系数		标准化系数	t	显著性	共线性统计	
	B	标准误差	Beta			容差	VIF
（常量）	1.151	0.086		13.461	0.000		
性别	−0.046	0.037	−0.026	−1.233	0.218	0.929	1.076
出生地	0.023	0.050	0.009	0.454	0.650	0.965	1.036
本专业排名	0.029	0.019	0.032	1.517	0.129	0.953	1.049
享受当地低保	0.183	0.040	0.095	4.585	0.000	0.973	1.027
能得到家人支持	0.106	0.037	0.059	2.889	0.004	0.981	1.020
创业自我效能	0.636	0.026	0.523	24.894	0.000	0.937	1.068

R^2=0.295，调整后 R^2=0.293，F=119.008***，DW=1.905

从表 6–19 可以看出，模型的 R^2 为 0.295，调整后的 R^2 为 0.293，说明模型解释创业意向变异百分比为 29.3%，方差分析 F 值为 119.008，在 0.001 水平上达到显著，说明模型是可以接受，异方差检验 DW 为 1.905，接近 2，说明模型不存在异方差，每个变量的 VIF 都低于 5，说明模型不存在共线性，估计的结果是稳定的，最后结合标准化回归系数可以看出：排除控制变量的影响后创业自我效能对创业意向有显著的正向影响（β =0.523，p<0.001），假设 H3：创业自我效能正向影响创业意向成立。

四、中介分析

现有心理学、管理学、教育学等文献中，检验中介作用通常采用 Banon 和

Kenny（1986），温忠麟等（2004）所提出的依次回归检验程序。根据 Banon 和 Kenny（1986）所提出的中介作用的检验方法，须符合以下三个条件：①自变量对因变量的影响；②自变量对中介变量有影响；③将自变量和中介变量同时加入回归模型以后，中介变量对因变量的影响系数显著，并且自变量对因变量的影响系数不显著（完全中介）或显著降低（部分中介）。

通过前文回归分析可知，自变量创业学习的三个维度对因变量创业意向均有影响，创业学习的三个维度对创业自我效能也有影响，满足了中介效应第一步和第二步的检验条件，根据温忠麟等（2004）所提出的依次回归检验程序，本研究进行第三步中介效应检验，结果如表 6-20 所示。

表 6-20　创业自我效能在认知学习、经验学习、实践学习对创业意向影响的中介回归分析

	未标准化系数		标准化系数	t	显著性	共线性统计	
	B	标准误差	Beta			容差	VIF
（常量）	0.588	0.098		6.005	0.000		
性别	−0.052	0.036	−0.029	−1.442	0.149	0.925	1.081
出生地	0.015	0.048	0.006	0.320	0.749	0.963	1.038
本专业排名	0.015	0.018	0.017	0.832	0.406	0.948	1.055
享受当地低保	0.151	0.039	0.078	3.882	0.000	0.964	1.037
能得到家人支持	0.104	0.035	0.058	2.947	0.003	0.980	1.020
认知学习	0.046	0.026	0.042	1.754	0.080	0.681	1.468
经验学习	0.101	0.023	0.101	4.382	0.000	0.725	1.379
实践学习	0.220	0.024	0.204	9.038	0.000	0.758	1.319
创业自我效能	0.434	0.033	0.357	13.330	0.000	0.537	1.864

R^2=0.344，调整后 R^2=0.341，F=99.152***，DW=1.923

从表 6-20 可以看出，模型的 R^2 为 0.344，调整后的 R^2 为 0.341，说明模型解释创业意向变异百分比为 34.1%，方差分析 F 值为 99.152，在 0.001 水平上达到显著，说明模型是可以接受，异方差检验 DW 为 1.923，接近 2，说明模型不存在异方差，每个变量的 VIF 都低于 5，说明模型不存在共线性，估计的结果是稳定，最后结合标准化回归系数可以看出：排除控制变量的影响后创业自我效能对创业意向有显著的正向影响（ β=0.357，p<0.001），满足中介分析的条件，中介效应成立，其中认知学习对创业意向没有显著的正向影响

（β=0.042，p>0.05），说明该中介为完全中介，假设 H4a：创业自我效能在认知学习和创业意向之间起到中介作用成立，经验学习对创业意向有显著的正向影响（β=0.101，p<0.001），说明该中介为部分中介，假设 H4b：创业自我效能在经验学习和创业意向之间起到中介作用成立，实践学习对创业意向有显著的正向影响（β=0.204，p<0.001），说明该中介为部分中介，假设 H4c：创业自我效能在实践学习和创业意向之间起到中介作用成立。

五、调节效应分析

为研究创业教育满意度是否在创业自我效能对创业意向的影响中是否起到调节作用，本研究通过采用层次回归进行调节效应检验。层次回归是建立在回归分析方法之上的，其基本思想是将研究的不同类型的变量依次放入模型里面，以考察在排除了其他变量的贡献的情况下，该变量对回归方程的贡献。如果变量仍然有明显的贡献，那么我们可以做出该变量确实具有其他变量所不能替代的独特作用的结论。这种方法主要目的可以排除前面的自变量对因变量的影响后得到新加入的变量对因变量是否有影响。

由调节变量分析理论可知，调节变量和自变量为连续性变量的时候，应该对调节变量和连续变量首先进行中心化处理，然后用两者的乘积作为新的变量，设自变量为 X，调节变量为 M，那么中心化后的数据为 $X-\bar{X}$，$M-\bar{M}$，两者的乘积为（$X-\bar{X}$）×（$M-\bar{M}$）又叫作交叉项，用交叉项作为一个自变量，对因变量进行回归，如果标准化的回归系数显著，说明有调节作用（见表 6-21）。

表 6-21　创业教育满意度在创业自我效能对创业意向影响中起到的调节作用层次分析

类型	自变量	创业意向			
		Model 1	Model 2	Model 3	Model 4
控制变量	性别	−0.125***	−0.026	−0.029	−0.026
	出生地	0.059*	0.009	0.001	−0.004
	专业排名	0.079**	0.032	0.033	0.029
	是否享受当地低保	0.067**	0.095***	0.088***	0.083***
	能否得到家人支持	0.102***	0.059**	0.054**	0.054**
自变量	创业自我效能		0.523***	0.490***	0.503***
调节变量	创业教育满意度			0.154***	0.146***

续表

类型	自变量	创业意向			
		Model 1	Model 2	Model 3	Model 4
调节效应	创业自我效能 × 创业教育满意度				0.137***
统计量	R^2	0.039	0.295	0.318	0.336
	调整后 R^2	0.036	0.293	0.315	0.333
	R^2 变化量		0.256	0.023	0.019
	F	13.846***	119.008***	113.349***	107.834***
	F 变化量		619.697***	56.249***	47.540***

Model 1 是直接加入控制变量对创业意向的回归分析，显示性别对创业意向有显著负向影响（β=−0.125，p<0.001），出生地对创业意向有显著正向影响（β=0.059，p<0.05），本专业排名对创业意向有显著正向影响（β=0.079，p<0.01），享受当地低保对创业意向有显著正向影响（β=0.067，p<0.01），能得到家人支持对创业意向有显著正向影响（β=0.102，p<0.001），Model 2 是在 Model1 的基础上加入自变创业自我效能，创业自我效能对创业意向有显著正向影响（β=0.523，p<0.001），Model 3 是在 Model 2 的基础上加入调节变量创业教育满意度，结果显示创业教育满意度对创业意向有显著正向影响（β=0.154，p<0.001），最后 Model 4 是在 Model 3 的基础上加入调节效应，结果创业自我效能 × 创业教育满意度对创业意向有显著正向影响（β=0.137，p<0.001），也就是说表现创业教育满意度会增强创业自我效能对创业意向的正向影响，假设 H5：创业教育满意度在创业自我效能对创业意向影响起到正向调节作用成立。

对应的调节效应如图 6-6 所示，从中可以看出在高水平创业教育满意度的时候创业自我效能对创业意向有显著的正向影响（β=0.640，p<0.001），低水平创业教育满意度的时候创业自我效能对创业意向有显著的正向影响（β=0.366，p<0.001），高水平创业教育满意度的时候影响 0.640 要高于低水平创业教育满意度的时候影响 0.366。

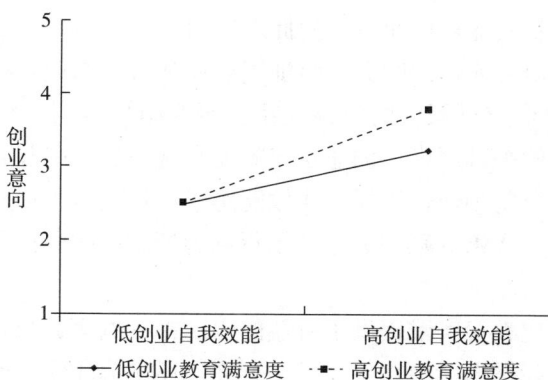

图 6-6　创业教育满意度调节创业自我效能度对创业意向的影响效应

随着创业浪潮的兴起，理解创业意向的形成机制成为学术界和实务界共同关注的焦点。本研究旨在通过实证分析，探讨创业学习（包括认知学习、经验学习、实践学习）如何直接或间接地影响个体的创业意向，并考察创业自我效能和创业教育满意度在这一过程中的调节作用。

本研究通过严谨的回归分析，对主效应、中介效应及调节效应进行了全面检验。目标在于揭示不同学习类型对创业意向的具体影响路径，以及创业自我效能和创业教育满意度在这一过程中的作用。

（1）主效应分析。回归分析结果显示，创业学习（认知学习、经验学习、实践学习）均对创业意向产生了正向影响。具体而言，经验学习（$\beta=0.101$，$p<0.001$）和实践学习（$\beta=0.204$，$p<0.001$）对创业意向的影响尤为显著，表明这两种学习类型在激发创业意愿方面具有重要作用。

（2）中介效应分析。进一步分析发现，创业自我效能在创业学习与创业意向之间起到了重要的中介作用。具体而言，虽然认知学习对创业意向的直接影响不显著（$\beta=0.042$，$p>0.05$），但创业自我效能在其间起到了完全中介作用，表明认知学习通过提升个体的自我效能感来间接促进创业意向的形成。对于经验学习和实践学习而言，创业自我效能在其间则起到了部分中介作用，说明这两种学习类型既直接影响创业意向，又通过提升自我效能感来间接促进创业意愿。

（3）调节效应分析。调节效应分析揭示了创业教育满意度在创业意向形成过程中的重要作用。结果显示，创业教育满意度不仅直接对创业意向产生显著正向影响（$\beta=0.154$，$p<0.001$），还通过增强创业自我效能对创业意向的正向影响来发挥调节作用（$\beta=0.137$，$p<0.001$）。这一发现表明，提高创业教育满意度能够

进一步增强创业自我效能对创业意向的促进作用。

综上所述，本研究通过回归分析验证了创业学习、创业自我效能与创业教育满意度在创业意向形成过程中的复杂关系。研究结果表明，经验学习和实践学习是激发创业意向的关键因素；创业自我效能在这一过程中起到了重要的中介作用；而创业教育满意度则通过增强自我效能感的途径进一步促进了创业意向的形成。所以，本研究中 AMOS 数据分析结果得到验证，回归分析与结果方程分析结果一致。

这些发现为创业教育实践提供了有益的启示：一方面，教育者应重视学生的实践经验积累和实际操作能力培养；另一方面，还应关注学生的自我效能感培养以及他们对教育过程的满意度评价。通过综合施策，可以更有效地激发学生的创业意愿和潜力。

第九节　实证分析结果

一、研究假设验证

通过结构方程模型里面的主效应分析，本研究验证了创业学习的三种不同方式：认知学习、经验学习、实践学习对因变量创业意向都有显著的正向影响，在中介效应模型里面得到了认知学习、经验学习、实践学习对创业自我效能也是有显著的正向影响，中介变量创业自我效能对创业意向有显著的正向影响，中介是成立的，其中 BOOTSTRAP 中介检验得到了创业自我效能在认知学习对创业意向的影响中起到完全中介，在经验学习、实践学习对创业意向的影响中起到部分中介，这回归分析里面的第一步认知学习、经验学习、实践学习对创业意向的影响分析中得到的结论与主效应模型的结论一致，认知学习、经验学习、实践学习对创业自我效能的影响回归分析得到的结论与中介效应模型里面的路径得到的结论一致，最后创业自我效能对创业意向的回归分析得到中介对因变量有显著影响的结论一致；最后认知学习、经验学习、实践学习、创业自我效能对创业意向的回归分析得到中介结果是认知学习是完全中介，经验学习、实践学习是部分中介，再一次验证了中介假设，因此具有很好的稳健性。本研究 11 个研究假设均得到验证，假设验证结果如表 6-22 所示。

表 6-22 研究假设检验结果

序号	假设内容		结果
1	H1a	认知学习正向影响创业意向	支持
2	H1b	经验学习正向影响创业意向	支持
3	H1c	实践学习正向影响创业意向	支持
4	H2a	认知学习正向影响创业自我效能	支持
5	H2b	经验学习正向影响创业自我效能	支持
6	H2c	实践学习正向影响创业自我效能	支持
7	H3	创业自我效能正向影响创业意向	支持
8	H4a	创业自我效能在认知学习和创业意向之间有中介效应	完全中介
9	H4b	创业自我效能在经验学习和创业意向之间有中介效应	部分中介
10	H4c	创业自我效能在实践学习和创业意向之间有中介效应	部分中介
11	H5	创业教育满意度正向调节创业自我效能和创业意向之间的关系	支持

　　创业作为一个多学科交叉的领域已成为国外研究的热点，尤其是创业教育的研究，近年来方兴未艾。中国正处于经济转型时期，在创业教育持续推进的背景下，中国高校连续扩招、毕业生人数逐年攀升、就业情况不容乐观，如何通过创业学习培养和提升大学生的创业意向成为创业研究领域的重要话题。因此，本研究基于对中西方学者的研究成果的回顾、梳理和归纳，构建了创业学习通过创业自我效能影响大学生创业意向的模型，并提出了 11 个研究假设。通过对中国中西部地区高校大学生进行问卷调查，检验分析了本文提出的理论模型和研究假设。首先，本章将基于前文的理论基础、文献回顾和实证分析，对研究的主要结论进行归纳提炼；其次，探讨本研究的理论贡献和实践启示；最后，提出研究不足和研究展望。

二、研究结论

　　在当今中国，随着"大众创业、万众创新"的深入推进，社会各界尤其是政府部门和高等教育机构，正以前所未有的力度推进着创业教育的普及与深化。这一战略举措不仅为国家经济的转型升级注入了新的活力，更在青年学生群体中激起了对创业梦想的无限憧憬与探索。特别是在各大高校，创业教育已不再是边缘化的课程，而是成为培养学生创新思维、实践能力和社会责任感的重要平台。

在这一背景下，我们观察到一个显著的现象：那些曾经对创业持模糊、观望态度的在校大学生，在深入接触创业教育后，逐渐展现出了不同的态度变化。一部分学生开始将创业视为一种充满挑战与机遇的未来选择，他们的心中燃起了创业的熊熊烈火，对未知的世界充满了探索的欲望。而另一部分学生，则通过自我反思与评估，意识到自身条件与创业道路之间尚存差距，从而更加明智地选择了适合自己的发展道路。这一转变的背后，是创业教育所发挥的激励与筛选作用。高效的创业教育不仅为学生提供了丰富的创业知识、技能和经验，更重要的是，它帮助学生打破了信息不对称的壁垒，让他们能够更加全面、客观地了解创业的本质、挑战与机遇。通过创业学习，学生们得以在理论与实践之间架起桥梁，将所学知识转化为解决实际问题的能力，进而明确自己的创业意愿与方向。

为了进一步探究创业学习对创业意向的影响机制，本研究深入分析了创业自我效能的中介作用以及创业教育满意度的调节作用。创业自我效能是指个体对自己能否成功进行创业活动的信念和预期。我们发现，创业学习能够显著提升学生的创业自我效能，使他们更加自信地面对创业过程中的各种挑战。同时，创业教育满意度作为调节变量，对创业学习与创业意向之间的关系产生了显著影响。当学生对创业教育感到满意时，他们更容易将所学知识转化为实际行动，从而增强创业意向的强度和稳定性。

通过实证分析，我们得出了以下三个结论：①创业学习是推动大学生产生创业意向的重要驱动力之一；②创业自我效能在这一过程中起到了关键的中介作用；③创业教育满意度则作为调节因素，对创业意向的形成与发展产生了重要影响。这些结论不仅丰富了我们对创业教育与创业意向之间关系的理解，也为高校优化创业教育模式、提升创业教育效果提供了有益的参考和借鉴。本研究通过创业学习对创业意向的作用机制进行深入研究，探讨了创业自我效能的中介作用，创业教育满意度的调节作用，通过前文的实证分析得到以下三个结论：

（一）创业学习的重要作用

本研究通过对大学生群体的实证分析检验，验证了创业学习（认知学习、经验学习、实践学习）正向影响创业自我效能和创业意向；研究结果与张秀娥（2018）结论一致（张秀娥、徐雪娇和林晶，2018）。研究结果表明，在政府社会高校全力推进双创工作的情境下，中国的创业教育是有效的，大学生通过创业学习能强化创业自我效能，并影响到他们的创业意向。

首先，本研究发现，认知学习正向影响创业自我效能和创业意向，假设H1a、H2a均得到支持。自德鲁克（Drucker,1985）提出创业可教论以来，在认知学习过程中，大学生通过观察创业榜样或者其他人行为，经过吸收、转化，获取到创业知识，创业知识的增加会对个体创业意向有影响，同时，通过认知学习获取创业知识后，个体的创业自我效能增加，进一步促进创业意向的提升。这与班杜拉（Bandura）所提出的社会学习理论中的观察学习是一致的，大学生通过认知学习获取知识能有效提升自我效能从而形成创业意向。

其次，本研究发现，经验学习正向影响创业自我效能和创业意向，假设H1b、H2b 均得到支持。这与 Politis（2005）、张秀娥（2018）、祁伟宏等（2017）研究结果一致。创业是人和环境持续互动的过程，经验是个体曾经经历过的事件，是个体与外部环境交互作用的结果，作为潜在创业者的大学生，以往的经验影响着他们的创业学习，如学生干部的经验，实习和创业经验等都是大学生学习创业的重要来源。经验丰富的创业者可以更深入地了解市场，产品和服务的内在价值，将外部经验转化为自身知识和技能，并有效地促进他们对创业机会的识别。先前的经验可以为潜在创业群体带来独特的知识，例如，隐性知识和创业知识（Politis，2005），并改变他们的认知特征，大学生的先前经验与一般创业者有所区别，大部分学生均没有创业经验，但他们之前的学生干部经历、实习经历、创业大赛经验等都是经验学习的重要源泉，大学生可以利用先前经验获取更多信息和知识，提升信心，增强创业自我效能，使其能更有效地开展后续创业活动。

最后，本研究发现，实践学习对正向影响创业自我效能和创业意向，假设H1c、H2c 均得到支持。研究的结果验证了 Unger 等（2011）、Morris 等（1994）的观点。近年来，"挑战杯"大学生创业计划竞赛、"互联网+"大学生创新创业大赛、中国"创翼"创业大赛如火如荼开展，以赛促创、以赛促教模式为高校创业教育广为采纳，学生通过参与比赛进行了创业实践学习，其创业知识储备得到丰富，创业自我效能得以提升，促进了创业意向的形成和强化，创业实践学习（如参加创业比赛撰写计划书、创业模拟、创业实习、实训等），可以提高大学生的创业技能，增强学生在不确定情境中应对各种风险的信心，从而对创业意愿产生积极的影响。

随着中国"大众创业、万众创新"的持续推进，中国政府各类机构，尤其是在高校对创业教育的不断深入下，有一部分对创业持模糊、观望态度的在校大学生将创业视为一种未来选择，开始产生强烈的创业意愿抑或明确自身条件不适合创业。因此可以推断，通过高效的创业教育、大学生的创业学习等对创业人才队伍产生了激励和筛选作用，创业学习使得学生对创新创业的信息不对称减少，帮助学生更加明确其创业意愿。

（二）创业自我效能作为中介的重要作用

本研究以创业自我效能为中介，在主效应分析的基础上，加中介变量创业自我效能后进行中介效应分析，结果显示，认知学习对创业意向没有显著的正向影响（$\beta=0.042$，$p>0.05$），创业自我效能在认知学习和创业意向之间起到完全中介作用，经验学习对创业意向有显著的正向影响（$\beta=0.101$，$p<0.001$），创业自我效能在经验学习和创业意向之间起到部分中介作用，实践学习对创业意向有显著的正向影响（$\beta=0.204$，$p<0.001$），创业自我效能在实践学习和创业意向之间起到部分中介作用，假设 H4a、假设 H4b、假设 H4c 均得到支持。研究结果验证陈寒松等（2017）、宁德鹏（2017）等创业自我效能中介作用的观点，符合徐二明和谢广营（2016）关于中介中心度的定义和边界条件。

以往研究创业学习对创业意向的影响机制比较模糊，本研究中介效应的发现，在一定程度上明确了创业学习对创业意向的影响机制。创业自我效能指的是潜在创业者或者创业者对自己能否完成既定创业的信心（Chen et al.，1998）。创业者通过创业学习，获得复杂的认知、社会、语言或心理方面的技能，逐渐培养了自我效能。对大学生群体而言，创业自我效能感是一种能促使大学生付诸创业实际行动的一种内在信心和信念，这种信心处在动态变化中，它还会通过大学生个体综合能力的增强以及外部环境的改善而提升。目前，中国大学毕业生创业比例相对较低，在这部分选择创业的群体中，创业失败率仍然很高，究其原因，学习不够信心不足是关键，即创业自我效能不高。所以，高校创业教育除了教授创业相关知识外，更应该关注和培养大学生创业自我效能。

（三）创业教育满意度的重要调节作用

本研究以创业教育满意度作为调节变量，将其引入创业自我效能和创业意向影响模型中，调节效应分析中创业教育满意度对创业意向有显著正向影响（$\beta=0.154$，$p<0.001$），创业自我效能 × 创业教育满意度对创业意向有显著正向影响（$\beta=0.137$，$p<0.001$），即创业教育满意度会增强创业自我效能对创业意向的正向影响，假设 H5 创业教育满意度在创业自我效能对创业意向影响起到正向调节作用得到验证。本研究的创业教育满意度数据来源于大学生主观感受的满意度评价，大学生创业教育的开展应与时俱进立足于学生个体需求，提供更为精准的符合差异化需求的有效创业教育支持供给。创业教育满意度对学生创业学习的积极性、学生创业意向的培育有着重要的积极作用，根据中国人民大学发布的《2017 中国大学生创业报告》（2018 年发布）数据显示，超过一半的学生认为高

校创业教育有一定帮助，学生对于高校创业教育总体还是满意的。2020 年 7 月中国人民大学发布的《中国大学生创业报告 2019》[①] 显示，大学生创业者对高校创业教育（包括创业课程和创业实践活动）评价呈现满意度好感度逐渐上升的趋势，但仍有相当比例的大学生反馈创业课程和实践活动存在不足和缺憾，这在一定程度上从侧面表明高校创业教育和相关支持的有效供给不足，加之在中国各区域各层次高校所处创业生态系统不尽相同，但创业教育课程同质化程度高，创业相关政策趋同，不同地区不同专业学生个性化需求还没充分被满足。所以，高校创业教育应以学生为本，为学生提供精准的创业教育支持，为学生创业学习提供良好的平台和氛围，以培育学生的创业意向。

[①] 《中国大学生创业报告 2019》：超 75% 大学生有创业意愿［EB/OL］. https://baijiahao.baidu.com/s?id=1671291492083114146&wfr=spider&for=pc.

第七章

定性分析和进一步验证

创业是一个持续的学习过程。创业学习指创业者获取与创业相关知识的过程。学者对创业学习研究多以认知学习（Holcomb et al.，2009; 蔡莉等，2012）、经验学习（Kolb，1984；Minniti & Bygrave，2001；Politis，2005；Dimov，2007）、实践学习（Rae et al.，2010；Hamilton，2011）三个维度展开。单标安和蔡莉等（2014）基于大量文献梳理，发现现有创业学习研究中主要有经验学习、认知学习和实践学习三个流派，针对大学生群体而言，创业比赛是基于高校创业背景下创业学习的有效途径，参与创业比赛的过程是大学创业知识获取、转化和应用的过程，也是大学生认识创业的良好平台，同时也是下一步潜在创业者先前经验积累的过程。随着"大众创业、万众创新"政策的深入实施，创业教育和创业实践在高校中得到了广泛关注和推广。创业比赛作为创业教育的重要组成部分，对培养学生的创业能力、创新思维和实践经验、激发大学生创业意向具有重要作用。

第一节 以创业比赛为典型的创业学习对大学生创业的影响

科技竞赛、挑战杯等赛训体系在大学生创新创业能力培养中发挥着重要作用。通过构建完善的赛训体系、促进科技竞赛与实验教学的融合、深入分析科技竞赛的实效性及影响因素等措施，可以进一步提升大学生的创新创业能力。

一、创业比赛能够促进教育理论与实践的融合

创业教育的关键在于教育与实践的结合。创业比赛正是实现这一结合的有效

途径之一。通过参与比赛，学生能够将所学的理论知识应用于实践中，通过解决实际问题来加深对理论知识的理解和掌握。同时，比赛中的反馈和指导也能够帮助学生及时发现问题、调整策略，从而不断提升自己的创业能力。创业比赛能够激发大学生创业意向与兴趣，"挑战杯"创业比赛通过模拟创业过程，帮助大学生加深对创业的认知，从而增强其创业意愿。潘炳超和陆根书（2022）研究表明，创业比赛作为一种外部刺激因素，能够激发大学生的创业意向和兴趣。通过参与比赛，学生不仅能够接触到真实的创业环境和挑战，还能在比赛中获得成就感和满足感，从而增强对创业的认同感和自信心。这种积极的心理体验有助于学生在未来选择创业道路时更加坚定和自信。

二、增强团队协作和沟通能力，培养创业能力和技能

创业比赛往往需要团队合作，这有助于培养学生的团队协作精神和沟通能力。在团队中，每个学生都需要发挥自己的优势，共同为项目的成功努力。通过共同解决问题、承担责任和面对挑战，学生能够学会如何有效地与他人合作，这对于他们未来的创业和职业发展具有重要意义（郭启琳和臧爽，2018）。创业比赛是一种体验式教育模式，通过模拟真实的创业过程，使学生在实践中学习和掌握创业所需的知识和技能（傅波，2021）。沈丝楚等（2021）的研究也表明，参与"双创"项目成功的学生在决策偏好上表现出更强的创新性和冒险性，这与他们在创业比赛中的锻炼密不可分。创业比赛不仅要求学生具备扎实的专业知识，还需要他们具备市场分析、财务管理、团队协作等多方面的能力，这些能力的锻炼和提升对学生未来的创业和职业发展具有重要意义。

三、大学生创业研究领域，先前经验被视为影响创业决策、过程及结果的关键因素之一

参加创业比赛是大学生积累先前经验的重要途径。先前经验通常指创业者在进入新创企业之前所积累的知识、技能、行业洞察力和人际关系等（李颖等，2021；吴周玥等，2024）。这些经验可以细分为功能性经验（如专业技能、行业经验）、行业经验（特定行业的深入了解）和创业经验（先前创业活动的经历）等（李颖等，2021）。这些经验为创业者提供了宝贵的资源，有助于其更好地应对创业挑战。大学生创业者的先前经验在多个方面对其创业活动产生了深远影响。它不仅影响了创业者对生态系统的承诺、创业学习的效果以及商业模

式的创新，还促进了创业认知的演进和社会网络的构建。在先前经验对创新能力和商业模式创新能力方面，黄明睿等（2024）和李颖等（2021）的研究均探讨了先前经验对创业学习及商业模式创新的影响。黄明睿等（2024）发现，在信息茧房的背景下，创业学习通过先前经验的调节能够更有效地促进商业模式设计。而李颖等（2021）则进一步指出，先前经验不仅直接影响商业模式创新，还通过战略导向这一中介变量发挥作用。这表明，拥有丰富的先前经验的创业者更倾向于通过学习和创新来优化商业模式，以适应不断变化的市场环境。同时，先前经验对创业认知也有显著影响，这种创业认知正是创业学习的重要组成部分。薛继东和王娜（2021）通过纵向多案例研究，揭示了连续创业者认知演进与创业有效性之间的关系，并强调了先前经验在其中的作用。他们发现，连续创业者在不断积累先前经验的过程中，其创业认知会逐步深化和演进，从而提高了创业活动的有效性。这表明，先前经验不仅是创业活动的起点，也是推动创业者不断前行、实现持续成长的重要动力。此外，先前经验对社会网络构建也有显著影响，社会网络是创业者人力资本和社会资本的主要来源之一；胡新华等（2020）的研究关注于创业者先前经验对其社会网络构建的影响。他们研究表明，具有丰富先前经验的创业者更有可能构建出高质量的社会网络。这些网络不仅为创业者提供了信息、资源和支持，还促进了创业机会的发现和利用。因此，先前经验在帮助创业者拓展社会网络、提升创业成功率方面发挥了重要作用。

综上所述，创业比赛作为创业学习特别是实践学习的重要组成部分，对大学生创业意向和创业能力有着显著的影响。通过参与比赛，学生能够激发创业意向与兴趣、培养创业能力与技能、促进创业教育与实践的结合以及增强团队协作和沟通能力。

第二节 创业比赛实践育人的重要意义

"挑战杯"全国大学生创业计划竞赛是由共青团中央、中国科协、教育部和全国学联共同发起的一项全国性的大学生课外学术实践竞赛，其起源可以追溯到20世纪80年代末至90年代初。最初，"挑战杯"竞赛主要聚焦于大学生课外学术科技作品，随着竞赛的不断发展，逐渐衍生出了"挑战杯"中国大学生创业计划竞赛（以下简称"小挑"）这一并列项目。这两个项目交叉轮流举办，每两年一届，成为全国大学生展示创新创业成果的重要平台。"挑战杯"竞赛，作为国内最具影响力的大学生创新创业和科技学术活动之一，自其 1989 年诞生以来，不仅极大地激发了大学生的创新创业热情，还在促进高等教育改革、培养创新型人才方面发挥了重要作用。"挑战杯"创业比赛从最初的几十所高校参与，发展到如今全国 2700 余所高校近 20 万件作品的规模，经历了从地方性赛事到全国性大赛的跨越。历届赛事紧扣时代脉搏，围绕国家发展战略和社会需求，设置不同的竞赛主题和赛道，如科技创新和未来产业、乡村振兴和农业农村现代化、社会治理和公共服务、生态环保和可持续发展、文化创意和区域合作等，引导大学生结合实践观察设计项目，实现知识与社会实践的深度融合。"挑战杯"竞赛旨在引导和激励大学生通过广泛的社会实践、深刻的社会观察，将所学知识与经济社会发展紧密结合，不断提高创新、创意、创造、创业的意识和能力。竞赛为大学生提供了一个参与科技创新的平台，让他们在实践中学习、在挑战中成长，逐步培养起科研能力和创新思维。通过参与"挑战杯"竞赛，大学生能够将前沿的科学知识与社会实践相结合，增加接触社会、了解社会的机会。这有助于他们自觉地将职业理想与社会需要紧密结合起来，培养社会责任感和使命感，从而实现价值观与就业观的转变。同时，竞赛中涌现出的优秀项目还能直接转化为创业成果，为大学生提供就业机会和创业机会。

自 2008 年起，我国的大学生创业教育经历了逐步发展并日益完善的历程。王歆玫（2018）在研究中选取了《中国教育报》中关于大学生创新创业教育的报道作为样本，通过 Python 技术进行了高频关键词的提取，并构建了共词矩阵。随后，她利用 UCINET 软件对共词矩阵进行了深入的分析，包括高频关键词的点度中心性分析和聚类分析。基于这些分析，呈现出我国创业教育自 2008 年以来的发展脉络：2008~2010 年，我国的大学生创新创业教育处于推进阶段。在这一时期，受到新兴产业市场的有力推动，创新创业教育主要聚焦于创业指导与实践，致力于提升学生的创业能力和实践经验。进入 2011~2013 年，我国的大学生创新创业教育迎来了野蛮生长期。在这一阶段，得益于创新创业新政策的出台与实施，创新创业教育更加侧重于创业服务，为学生提供了更加全面和专业的支持。而到了 2014~2017 年，我国的大学生创新创业教育步入了科学发展期。在这一时期，面对双创新环境的压力与挑战，创新创业教育不断深化改革，力求在创新与创业之间找到更加平衡和可持续的发展路径。改革创新创业教育，科学化、系统化、全面化和文化化成为新时代创新创业教育的新起点。

　　以竞赛为核心的备赛训练、赛事参与以及赛后提升的全方位赛训活动，经过多年的实践探索，已逐渐构建起了"前端孵化、中端实践、后端优化"的大学生创新创业赛训体系完整链条，对于激发并培养大学生的创新创业能力发挥了至关重要的作用（武一婷，2020）。尽管这一体系已初具规模，但仍存在一些问题亟待解决，例如，生态系统尚未全面构建、"一揽子"政策指引亟须整合优化、"政—校—企"三方协同机制尚需进一步提升以及赛训体系需要更深入地融入创新创业人才培养的各个环节。时至今日，技术不断迭代，大学生创业迎来了新的时期，我们应当致力于建立起更加完善的赛训体系生态系统，构建高效的政策牵引体系，并搭建起"政—校—企"深度融合的合作平台，以推动赛训体系全面融入创新创业人才培养的全过程，进一步激发大学生的创新创业活力，助力他们实现自己的创业梦想。张睿（2019）针对上海市 11 所高校的全国"挑战杯"获奖者，进行了关于其创新素养与创造力现状的实证性调查。研究结果显示，全国"挑战杯"获奖者的创新素养评价指标体系涵盖了创新人格、创新意识、创新思维、创新行为、创新支持感知以及创新自我效能感这六大维度，共计 19 个因子。研究表明，创新意识、创新思维、创新行为以及创新自我效能感均对创造力产生了直接的正面推动作用。而创新人格则通过创新意识和创新思维的中介作用，对创造力产生了积极的正面影响。此外，创新支持感知则以创新行为和创新自我效能感为中介，对创造力产生了正向的促进效果。值得注意的是，创新人格与创新支持感知分别作为创新素养的内部与外部动机，通过相互之间的交互作用，共同对创造力产生了深远的影响。杨健和蔡述庭等（2018）针对"挑战杯"竞赛的独特性，从实验教学理念、体系、内容、方法及环境等多个维度，深入探究了研究型教学模式的构建，旨在推动"挑战杯"竞赛与实验教学之间的紧密融合。通过这种实验教学，他们成功促进了学生创新能力和科学素养的显著提升。从创业学习角度来看，创业比赛参赛经历是实践学习的典型方式，参赛经历作为大学生创业学习的经验学习，也是创业学习的有效方式之一，而在参赛过程中不断与团队、环境互动，获取新知识的过程是认知学习的重要方式。这些发现为我们更深入地理解创新素养与创造力之间的关系提供了新的视角和洞见。

　　学术界有关"挑战杯"竞赛的研究成果大多集中于竞赛的作用、选题指导、竞赛过程中的人才培养模式、参赛团队绩效的影响因素等方面，尽管有少量文献已对竞赛实效性做出了探讨，但用现象来说明现象的研究逻辑并不能直观测量化，本书根据前文研究基础，进一步地选取有参赛经历并获奖的大学生进行深入访谈，并对访谈数据进行深入的分析和挖掘，以期能够解释创业学习如何影响创业意向这一作用机制。

一、基本信息

结合前文实证研究，为进一步验证创业学习对大学生创业意向、创业能力的影响，本研究根据前期问卷调查情况，通过关键词搜索是否参与过创业比赛、是否获奖等选项，从中抽取了 20 名同学进行访谈，利用扎根理论（Grounded Theory，GT）进行三级编码。

扎根理论是由哥伦比亚大学的 Anselm Strauss 和 Barney Glaser 两位学者在 20 世纪 60 年代共同提出的一种研究方法。它强调从经验资料中归纳出理论，是一种自下而上的定性研究方法。扎根理论是质性研究领域重要的研究方法，是一种从原始资料入手，从下而上、不断提取与归纳，最终上升到理论研究与理论构建的研究方法，该方法的重点在于概念提取与确立概念、核心概念之间的时间关系、因果关系、结构关系等（何琼峰，2014）。选"挑战杯"全国大学生创业大赛参赛学生作为研究对象，主要原因有三个：一是创业比赛是创业学习中实践学习的重要组成部分，且"挑战杯"系列创业比赛是历经时间最久、参赛规模最大的全国大学生创业比赛盛宴；二是创业比赛是检验创业学习和创业教育的良好观测点，能够很好地体现大学城创业知识获取和转化的过程；三是根据数据可得性原则，根据前期问卷调查获取一部分调研对象信息，从中选取参加过创业比赛且获奖的项目负责人和团队成员进行访谈。

针对大学创业学习实际情况采用半结构性访谈方式，聚焦"挑战杯"创业大赛主要围绕"参赛动机""实践学习过程""创业能力提升情况"三个议题，细化为"请问你们的参赛经历对你们毕业以后的职业选择有没有影响呢？"、"参赛经历对个人能力有何影响？"、参加比赛的原因（学分、获奖、兴趣、他人影响）等问题。

本研究在 1700 余名受访者中，有一部分大学生实际参与了创业比赛并获得了不错的成绩，创业比赛是创业学习的重要组成部分，参赛过程包含了学生对学校政策的感知、对所在学校创业教育和创业氛围的满意度，本书选取了"挑战杯"全国大学生创业计划竞赛作为实践学习的观测点。

"挑战杯"等大学生创业竞赛作为大学生创业学习的重要组成部分，备受学术界的关注，创业学习在创业情景中的突出作用已经得到众多学者的认同。定性分析共访谈贵州"挑战杯"历年获奖项目负责人 20 人次，调查结束后，多次通过对高校创新创业负责老师进行访谈交流验证相关数据。

（一）研究对象

创业比赛是创业教育的重要组成部分，本书以创业比赛获奖学生为访谈对象，共访谈 20 名同学。访谈对象基本信息如表 7-1 所示。

表 7-1 访谈对象基本信息

序号	编号	出生年月	户籍	是否独生子女	父母职业	家人是否支持创业	中学就读情况	所学专业	是否担任过学生干部	参赛是否有学分	所获奖项
1	Tzb001	1990	城镇	独生子女	母亲：劳务员 父亲：公务员	支持	普通高中	文学院汉语言文学专业	学生会主席	有	国家级铜奖
2	Tzb002	1989	农村	非独生子女（有个妹妹）	农民	支持	普通高中	经济管理（农村区域发展专业）	无	没有（14 年已经毕业）	国家级铜奖
3	Tzb003	1989	城镇	独生子女	还没退休（爸爸是老师；妈妈无业）	支持	普通高中	新闻	社团干部	具体没有说加不加	省级银奖
4	Tzb004	1996	城镇	非独生子女（有个哥哥，警察）	农民	支持	重点高中	行政管理	学生会主席	没有	省级铜奖
5	Tzb005	1993	农村	非独生子女（有一个妹妹，读研究生）	农民	支持	普通高中	计算机软件工程	没有	没有	国家铜奖、省级金奖
6	Tzb006	1996	城镇	非独生子女（有一个弟弟，在读研究生）	工人	支持	重点高中	特殊教育	社团组织部部长	没有	省赛铜奖

序号	编号	出生年月	户籍	是否独生子女	父母职业	家人是否支持创业	中学就读情况	所学专业	是否担任过学生干部	参赛是否有学分	所获奖项
7	Tzb007	1988	农村	非独生子女（有4姐妹；老大老二在做工程，妹妹在家带小孩）	农民	支持	普通高中	师范类（生物科学）	社联干部	—	省级金奖
8	Tzb008	1997	城镇	—	务工	支持	普通高中	农学	广播站主持人	—	国赛铜奖、省赛银奖
9	Tzb009	1993	农村	非独生子女（一个妹妹，一个姐姐）	父亲：工地上班 母亲：无业		普通高中	机械工程	艺术团，学生会主席	—	国赛铜奖
10	Tzb010	1994	农村	非独生子女（一个姐姐）	环保行业工人	不太支持	普通高中	学前教育	学生会，学生组织，班委	没有	省级铜奖
11	Tzb011	1997	农村	非独生子女（一个姐姐，老师）	做生意	支持	—	护理	学生会主席	没有	国赛铜奖、省赛金奖
12	Tzb012	1998	城市	独生子女	父亲：没有工作 母亲：火锅店上班	支持	重点中学	药学	学习委员	—	国赛铜奖、省赛金奖
13	Tzb013	1997	城市	独生子女	自由职业	不反对	普通高中	应用心理学	社团联合会主席，学生兼职副书记	有	国赛铜奖、省赛金奖

序号	编号	出生年月	户籍	是否独生子女	父母职业	家人是否支持创业	中学就读情况	所学专业	是否担任过学生干部	参赛是否有学分	所获奖项
14	Tzb014	1997	农村	非独生子女（一个姐姐，老师；一个哥哥，医生）	批发，酒店	以前不支持，现在创业有所成效证明了自己	重点高中	电子商务	班长	有	省赛金奖
15	Tzb015	1995	农村	非独生子女	农民	反对	重点高中	数学	社团干部	有	省赛一等奖、全国决赛贵州代表队
16	Tzb016	1996	城镇	非独生子女（一个弟弟）	父亲：建筑商 母亲：工厂工人	不支持（希望进体制）	重点高中	会展经济与管理	班级宣传委员、学生会成员	有	国赛铜奖、省赛金奖
17	Tzb017	2000	城镇	独生子女	父亲：物管公司员工 母亲：个体户	不太支持（倾向于找稳定的工作）	重点高中	工程管理	学生会部长、社团社长	没有	省赛银奖
18	Tzb018	1999	农村	非独生子女（一个兄弟）	普通工人	支持	重点高中	—	副部长	有	省赛银奖
19	Tzb019	1994	农村	非独生子女（一个姐姐）	个体户	支持	重点高中	针灸	学生会主席团	无	互联网＋省级银奖项目
20	Tzb020	2000	农村	非独生子女（两个弟弟）	父亲：教师 母亲：农民	支持	普通中学	眼视光医学	班级团支书	不清楚	互联网＋省级银奖项目

153

（二）项目负责人基本情况

在深入进行的访谈中，我们精心挑选了 20 名来自不同背景的学生作为研究对象。在这 20 名学生中，男生的比例占据了显著的优势，共有 13 人，占总人数的 65%，而女生则稍显逊色，仅有 7 人，占总人数的 35%。与前文大样本的实证分析所呈现的女性受访者居多产生了差异，这一性别分布或许在一定程度上反映了创业比赛中获奖的项目负责人性别趋势，但具体原因还需进一步探讨。

在户籍分布上，我们看到了城乡结合的多样性。其中，拥有城镇户籍的学生有 9 人，占总人数的 45%，而农村户籍的学生则达到了 11 人，占据了 55% 的比例。这一数据不仅揭示了访谈对象的广泛代表性，也让我们不得不正视城乡教育资源分配不均的问题，以及这种不均对学生未来职业选择可能产生的深远影响。

在家庭结构方面，独生子女与非独生子女的比例也颇为引人关注。作为独生子女的学生仅有 5 人，占总人数的 25%，而非独生子女则多达 15 人，占比高达75%。这一现象或许能够反映出当前家庭对孩子教育的重视程度，以及非独生子女在成长过程中可能面临的独特挑战与机遇。

谈及父母职业，我们发现其多样性同样令人瞩目。有 4 名学生的父母是农民，占总人数的 20%，他们或许在艰苦的环境中更加珍视教育的力量；而父母为自由职业的学生则占据了大多数，共有 13 人，占比高达 65%，这可能与当前社会经济的多元化发展密切相关；此外，还有 7 名学生的父母是国家公职人员，占比 35%，他们的家庭背景或许为学生提供了更多的职业选择和视野拓展的机会。

在学业成就方面，学生们的高中就读学校情况也呈现出一定的差异性。有 8名学生来自重点高中，占总人数的 40%，他们或许在更加优质的教育资源中打下了坚实的基础；而来自普通高中的学生则有 12 人，占比 60%，虽然他们面临更多的挑战，但同样展现了坚韧不拔的精神和积极向上的态度。

在高等教育阶段，学生们就读的高校类型也各具特色。来自省属高校的学生占据了大多数，共有 15 人，占比高达 75%，这既体现了省属高校在高等教育体系中的重要地位，也反映了学生们对高等教育的普遍追求；而来自地方性高校的学生则有 5 人，占比 25%，他们的选择或许更加贴近家乡和地域特色，同时也为地方经济发展贡献了自己的力量。

在访谈中，我们还特别关注了家庭对学生创业态度的影响。令人欣慰的是，有 16 名学生的家庭对创业表示了支持，占总人数的 80%。这种积极的态度不仅源于家庭对学生个人能力的信任，也体现了家庭对于创新精神和创业文化的认同与鼓励。然而，也有 4 名学生的家庭对创业持反对态度，占比 20%。他们反对的主要原因在于希望孩子能够拥有一份稳定的工作，尤其是进入体制内工作。这种观念虽然传统且保守，但也反映了当前社会对于就业稳定性和安全感的普遍追求。

综上所述，本次访谈的对象在性别、户籍、家庭结构、父母职业、高中就读学校情况以及就读高校类型等方面均呈现出多样化的特点。这些特点不仅反映了当前社会的复杂性和多元性，也为我们深入理解和分析学生的职业选择和创业态度提供了丰富的素材和视角。同时，我们也应该看到家庭在学生职业选择和创业态度中的重要影响，并努力营造一种更加开放、包容和创新的家庭氛围和社会环境。

（三）参赛经历对个人能力提升和后续发展的影响

在深入探讨学生参与创新创业大赛的现状与影响时，发现参赛项目的专业方向与学生未来的工作意向之间存在着紧密的联系。具体而言，有 5 位同学（占总体受访者的 25%）选择了与自己后续工作方向紧密相关的专业项目参赛，这显示出他们对未来职业规划的明确认知与高度前瞻性。这些同学或许在本科阶段就已经明确了个人兴趣与职业定位，从而能够更有针对性地选择参赛项目，为未来的职业生涯奠定了坚实基础。

反观另外 15 位同学（占比 75%），他们的参赛项目与未来工作方向并不直接相关。这一现象背后，或许隐藏着学生对跨学科知识的渴望与探索精神。在创新创业的广阔舞台上，不少学生选择跳出专业框架，尝试将不同领域的知识融合创新，以期在项目中碰撞出更多火花。这种跨学科的尝试不仅拓宽了学生的视野，也促进了知识的交流与融合，为创新创业注入了新的活力。

从参赛项目的类型来看，学生们的选择涵盖了管理类、医学类、工程类、农学类等多个领域，充分展示了大学生创新创业的多样性与广泛性。在管理类项目中，学生们围绕经济管理、行政管理、农村经济与管理、工程管理、电子商务等方向展开探索，将理论知识与实践操作紧密结合，为解决社会经济问题提供了新思路。医学类项目则聚焦于护理、药学、应用心理学、针灸、眼视光医学等领域，体现了学生们对医疗健康事业的关注与贡献。工程类项目如计算机软件工程、机械工程等，则展示了学生们在科技创新方面的才华与努力。而农学类项目则紧扣国家乡村振兴战略，致力于推动农业振兴与农村区域发展。

值得注意的是，学生干部经历在创新创业大赛中扮演着重要角色。本次访谈的 20 名同学中，有 18 人（占比 90%）拥有学生干部经历，他们在学校社团、学生会、班级等组织中担任了重要职务，如学生会主席、社团部长、班级班干委员等。这些经历不仅锻炼了学生们的组织协调能力、团队合作精神和领导能力，还为他们积累了丰富的人脉资源和项目经验。在创新创业大赛中，这些优势得以充分发挥，使他们能够更加自信地面对挑战，取得更加优异的成绩。

具体而言，有学生干部经历的同学在项目管理、团队协作、资源整合等方面表现出更强的能力。他们擅长制订详细的计划、分配任务并跟踪进度，确保项目顺利进行。同时，他们还能够有效地沟通协调各方资源，为项目争取更多的支持和帮助。这些能力在创新创业大赛中尤为重要，因为它们直接关系到项目的成功与否。

在获奖情况方面，在本次访谈的 20 名同学中，有 9 人（占比 45%）获得了国家级奖项，11 人（占比 55%）获得了省级奖项。这一成绩不仅是对学生们辛勤付出的肯定，更是对他们创新精神和创业能力的认可。值得一提的是，有学生干部经历的同学在获奖比例上占据优势，这进一步证明了学生干部经历在创新创业大赛中的重要作用。

综上所述，学生参与创新创业大赛的现状呈现出多样化、广泛化、专业化等特点。学生们通过选择与自己专业方向相关或跨学科的项目参赛，不仅提升了自身的综合素质和能力水平，还为未来的职业生涯奠定了坚实基础。同时，学生干部经历在创新创业大赛中发挥着重要作用，为学生们提供了宝贵的经验和资源支持。结合前文实证分析结果，学生干部经历作为先前经验能够提高大学生创业自我效能，而自我效能的提升能够影响创业意向的形成和发展。

（四）后续发展情况

在深入访谈的 20 名同学中，我们得以窥见当代青年在就业与创业道路上的多样选择与面临的挑战。首先，就就业基本情况而言，已顺利步入职场的同学共有 7 人，他们中的大多数选择了教育行业与企业作为自己的职业起点，这既体现了当前社会对教育与企业人才需求的旺盛，也反映了同学们在职业规划上的务实与稳健。

而在创业领域，我们看到了更为鲜明的对比与深刻的启示。4 名同学凭借坚韧不拔的毅力和独到的商业眼光，成功地将自己的创业梦想变为现实，虽然这一比例仅占受访者的 20%，但足以证明创新创业大赛在激发青年创业热情、培养创业能力方面的积极作用。然而，我们也必须正视创业路上的艰辛与不易。尽管 1

名同学勇敢尝试却未能如愿以偿，但其失败的经历无疑为后来者敲响了警钟，提醒我们在追求梦想的同时，也要做好充分的市场调研与风险评估。

值得注意的是，创业成功的同学中，有不少是继续延续大赛项目或从事与大赛项目相关的行业，这充分说明了参赛经历对于创业方向的选择与创业成功的助力。然而，我们也必须清醒地认识到，自主创业的道路并非坦途，它受到学校支持不足、缺乏企业资源、自身能力限制以及家庭朋友观念等多重因素的影响，使得多数人最终选择了更为稳妥的就业方式。

再来看参赛项目的后续发展情况，发现获奖项目虽然能够在一定程度上获得学校的关注与支持，但真正能够持续发展并创业成功的却寥寥无几。在访谈中，有 9 个获奖项目得到了延续，这主要得益于指导老师的辛勤付出与低年级同学的积极参与。然而，在这 9 个延续项目中，仅有 2 人成功创业，占比仅为 22%，这一数据无疑为我们敲响了警钟，提醒我们在关注创业获奖的同时，更要重视项目的后续发展与创业支持体系的建立。

相较之下，项目搁置的情况则更为普遍，占比高达 55%。这些项目大多在参赛结束后便被束之高阁，无人问津。这既是对学生辛勤努力的浪费，也是对创新创业资源的极大浪费。因此，我们呼吁高校在举办创新创业大赛的同时，也要加强对学生后续创业的支持与引导，避免"断节"式就业现象的发生。

此外，我们还发现参赛经历对同学们的职业选择与后续工作产生了深远的影响。在访谈中，有 15 名同学表示参赛经历对自己的职业选择产生了影响，占比高达 75%。他们认为，参赛过程中锻炼的团队组织能力、管理能力、统筹协调能力以及解决问题的能力等，都是未来职业生涯中不可或缺的宝贵财富。同时，也有 18 名同学表示参赛经历对自己的后续工作产生了积极影响，占比高达 90%。他们认为，在参赛过程中培养的交际能力、学习能力以及工作能力等，都为自己在职场上的发展奠定了坚实的基础。

综上所述，创新创业大赛作为培养青年创新创业精神与能力的重要平台，其价值与意义不言而喻。然而，我们也必须正视其中存在的问题与挑战，努力构建更加完善的创新创业支持体系，为青年创业者提供更加坚实的后盾与更加广阔的发展空间。

（五）学校及相关政策支持情况

在当今这个充满机遇与挑战的时代，创新创业已成为高校学子展现自我、实现梦想的重要途径。然而，一项关于创新创业大赛后续项目发展情况的调研揭示了诸多现实问题，尤其是经费支持、家庭与社会支持以及政策认知等方面的不足，成为阻碍项目持续发展的主要障碍。本书将在原文基础上，通过增加细节、引用、统计数据和实证研究，深入探讨这些问题，并提出相应的解决策略。

经费支持是创新创业的"生命线"，调研结果显示，有经费支撑的项目负责人仅占45%，而无经费支持者则高达55%。这一比例不仅反映了创新创业项目在资金获取上的巨大困难，也揭示了高校在资金支持方面的不足。具体而言，经费来源渠道单一，主要依赖于获奖奖金，而高校自身的资金支持却微乎其微。这种现状使得许多有潜力、有创意的项目因资金短缺而难以持续。

值得注意的是，许多项目负责人来自农村或家庭条件一般，他们缺乏足够的财力去支撑项目的后续发展。这种背景差异进一步加剧了创新创业的不平等现象。因此，加大资金支持力度，拓宽经费来源渠道，成为推动创新创业项目持续发展的关键。高校应设立专项基金，为优秀项目提供必要的资金支持；同时，积极引入社会资本，鼓励企业、风险投资机构等参与创新创业项目的投资与孵化。

家庭与社会的双重支持是学生创新创业的"坚强后盾"，在对待项目态度上，仅有30%的受访者表示想将项目继续发展，而高达70%的受访者则因资金不足、家庭不支持、缺乏社会支持及不了解国家政策等原因选择放弃。这一数据深刻地揭示了家庭与社会支持对于创新创业项目的重要性。

对于高校毕业生而言，他们面临着巨大的就业压力和生活压力。如果得不到家庭的理解和支持，他们很难有勇气放弃稳定的工作而选择充满不确定性的创业之路。同时，社会的认可与支持也是推动创新创业项目发展的重要力量。政府、企业和社会各界应共同努力，为创新创业者营造一个良好的外部环境，让他们感受到来自社会的温暖与力量。

政策宣传是大学生创新创业的"导航灯"，在谈到国家政策时，许多受访者表示不了解或了解得不够深入。这反映出高校在政策宣传方面的不足。事实上，国家对于大学生创新创业给予了诸多优惠减免政策，包括税收减免、贷款贴息、创业补贴等。然而，由于信息不对称和宣传不到位等原因，许多学生并未能充分利用这些政策资源。

因此，高校应加大对国家政策的宣传力度，通过举办讲座、培训、咨询等方式，让学生深入了解国家政策的具体内容和申请流程。同时，建立政策咨询与服务平台，为学生提供一对一的政策指导和帮助。只有这样，才能让学生充分享受到国家政策的红利，坚定他们延续项目继续创业的信心和决心。

创业比赛参赛经历是大学生职业生涯的"加速器"，调研还发现，参赛经历对职业选择和后续工作产生了深远的影响。75%的受访者表示参赛经历对他们的职业选择产生了影响；90% 的受访者则认为参赛经历对后续工作产生了影响。这种影响主要体现在团队组织能力、管理能力、统筹协调能力以及解决问题能力等方面。

这些能力的提升不仅有助于学生在职场中脱颖而出，更为他们的创新创业之路奠定了坚实的基础。因此，高校应鼓励学生积极参与各类创新创业大赛和实践活动，通过实践锻炼和团队合作来提升自己的综合素质和能力水平。同时，加强对学生职业规划的指导和帮助，引导他们将参赛经历与未来职业发展相结合，实现个人价值与社会价值的双赢。

综上所述，创新创业大赛后续项目的发展面临着诸多挑战和机遇。只有加大资金支持力度、强化家庭与社会支持、加强政策宣传力度以及充分利用参赛经历等资源，才能推动创新创业项目持续健康发展，为经济社会发展注入新的活力和动力。

二、数据整理和分析

（一）一级编码

根据扎根理论分析范式，首次提取对受访者的话语含义，将看似零散无序的对白话语中提取有效成分，并进行简单归类，为后续再次深度提取与归类打下坚实基础。从看似零散无序的语句中提取成分归类为学术词语或语句并进行属性和维度确认的过程，即开放性编码的过程。编码过程中对受访者话语中重复的话语进行合并编码，以减小一级编码过程中的繁杂程度，对村民话语中提取的有效成分进行归类，如表 7-2 所示。

表 7-2　访谈资料三级编码节选

问题	访谈原始话语	一级编码——初次概念提取
参赛动机		
1.学生干部经历是否对你参赛有影响呢？	学生会是组织部所以对写策划书比较了解，后面参加比赛，对于策划这一块写的话会好一点；主要在团队的打造方面以及在管理方面或者是人际交往这一块有很大的帮助；有很大的帮助；增强了个人沟通，在各方面能力都有很大的提升；学生干部经历对我有很大的帮助，因为你会跟更多的人更多的事情打交道，对自己的表达能力、工作能力和人际关系的处理能力都有一定的帮助	①团队的打造；②沟通能力，表达能力，工作能力，人际交往能力；③管理能力，组织能力……

续表

问题	访谈原始话语	一级编码——初次概念提取
2. 你还记得你当时为什么去参加这个比赛吗？	是我们团委的老师给我推荐的一个任务；指导老师叫我去参加的，想指导我去搞创业项目，给自己一个锻炼的机会；上大学时就对相关的创业项目感兴趣，后面就持续在关注这个事情，还有受到学长的影响；当时就是想去锻炼一下；老师推荐；因为我本科的时候就参加过一些，我本人对这个也是比较感兴趣的，我以后也是想创业的；因为当时大二的时候做过微商，卖的也是相关的一些产品；想丰富自己的课余生活，提前了解一下眼科相关的未来的就业趋势，想要去磨砺一番；我们是指导老师带的一个团队，经常会参加这种比赛，有比赛时我们就参加比赛；当时感兴趣，我们参加比赛，提高眼界，也是检验一下我们这个项目行不行；在老师的带领下对"滇重楼"草药比较感兴趣；对自己有吸引，感兴趣；我本科毕业第一次接触创业还是在我爸爸妈妈的带领下，第一个就觉得想要去做这个事情，第二个刚好有这样一群志同道合的小伙伴；往往打比赛可以锻炼人的，我家庭经济也不太好，对我来讲他可以支付我一些生活费；可以锻炼自己的各方面能力；在我们指导老师的一种鼓励和一种引荐下，就觉得我们可以锻炼一下自己，了解一下到更大的平台去成长一下	①老师推荐的任务，指导老师叫去的；②感兴趣；③自己想以后创业；④提升创业能力；⑤爸爸妈妈的影响，同学的影响；⑥经济情况……
参赛感受		
3. 你们团队是怎么分工的呢？	我主要负责策划，然后还有就公司的整体制度、罗列之类，计划书里边企划书整的大纲之类那些全部由我来写，整理资料、市场调研等都是由我来给他们分工；有同学做编程，也有同学建模，也有同学写策划，做视频的；软件开发占一部分，做商业计划书是我做，去做PPT去做路演都是我在弄；一般就分三大块，一是市场，二是销售，三是运营管理；我主要作为项目的统筹者，一位同学主要是去进行的一个产品的研发，我们分工明确；我当时负责的是答辩，基本上每个环节我都有参与；前期的对话，后面的实地考察，这些可能都是我在联络居多，这些成果都是大家一起弄的；我们临床医学院的学生主要是做专业这一块。生物工程的同学做APP开发、电路设计和机械设计，还有一部分同学做文稿撰写；有的人参与写标书，有的人是答辩的，有的人去完成一些其他技术工作，例如，仪器的使用、组装；我主要负责整个公司的运营，一个是负责财务，另一个是负责销售，还有一个是负责采购；我们专业主要由我负责，首先是统筹规划，其次是和我们的技术指导老师一起来做我们自己的产品；我是制作视频经营的，有整理资料的，还有一些专门做PPT的，还有专门答辩；我们主要做三大块，一是做市场，二是专门负责后勤，三是专门做思想工作；我们是一起从前期的调研摸底写标书、写项目书，到最后参完赛全部都是一起的；有组织的，有一个管策划、文案的，还有路演的，还有市场调研的，市场材料收集；每个人的分工，我们每次都会有会议记录，每次开完会议大家的分工都不同；我主要是负责作品的设计制度，还有PPT制作，汇报演讲，我根据任务需要选择团队成员，都是相互的，专业性互补；我负责文案撰写，有专门做PPT的，还有专门写策划的、收集资料的	①分工明确；②专人负责；③根据需要选人……

问题	访谈原始话语	一级编码——初次概念提取
4.现在对你以前的项目印象还深刻吗?	非常深刻,我认为大学生想法是有,但是有很多东西他可能就仅限于想法,参加比赛可以拓宽自己的眼界;参加比赛给我留下了深刻的印象;是很深刻,对我专业知识各方面还是有很大的提升;这是一次丰富的经历,使我很难忘,提升一些个人能力方面真是有帮助;印象很深刻;还好,因为当时是挺感兴趣的,挺有激情的,所以做什么的感觉特别有劲;给自己印象最深刻的还是去到省赛的时候,和不同院校的学生一起参加比赛的时候,那个时候感触会比较大一点;对当时的项目比赛很深刻;当时参加比赛的准备过程非常深刻,下面的学弟学妹他们也是比较信任我,比较支持我的工作;很深刻,我觉得起码影响了我大学四年	①非常深刻;②开阔眼界; ③很难忘……
5.就"挑战杯"来说,你觉得这个参赛过程忙不忙呢?	不怎么忙,还是有挺多时间的;我认为参赛这个过程也不算忙碌;参赛过程可以说很紧凑,过程还是比较充实的,忙碌肯定忙碌的;我认为不忙。因为其实我在参加这个比赛之前,对这个东西是不大了解的,在参加的过程中不断地加深也认识了很多其他优秀的师兄师姐;其实每一次赛前应该还是挺忙的;虽然忙了些,但是是比较开心的;非常忙;还好,参加比赛不算太忙;还是比较忙碌的	①很忙碌;②很充实;认识到很多优秀朋友,老师……
6.这个项目的参赛周期,有没有影响到你的学习呢?	我们是业余时间来弄的;没有影响到我们的学习;对我来说没啥影响;有些影响,但是影响不大;影响学习倒是没有,因为我们一般是抽相对的课外时间或者说晚上有时做项目;学习没有影响。当时做活动做得比较多,只能算是当时对我来只有其中一个活动;我在课余时间做的,它其实能够渗入到我生活和学习工作的方方面面的;在学习方面的影响还是相对较小的;没有影响;确实还是有一点影响,一般就是上课还是会专心听,课余的话会把时间分配在项目上;不会,这个肯定不会;没影响;其实也没有太多的影响,反而你想到比赛又要学习的时候,你的注意力和神经会更加的紧绷,对于学生学习效率还是挺大的;挤时间自己做,因为我自己是一个比较喜欢做计划的人,我自己比较喜欢哪个时间段要做;这个比赛对搞科研没有什么影响,但是对你人有影响,其实比赛本身很锻炼人,在你的专业知识方面很锻炼人;没有影响;我俩都兼顾得比较好,没有受多大的影响,不仅没有受到影响,反而在这个过程中锻炼了自己	①没有影响;②权衡学习与比赛;③对学习有促进作用;④锻炼自己的能力……

问题	访谈原始话语	一级编码——初次概念提取
7. 你觉得"小挑"跟其他比赛相比有什么区别呢？	"挑战杯"正规一点，确实挑战杯很麻烦，"互联网+"就比较简单一点，单挑战杯有些活动会有老师来指导；要求不一样，因为像挑战杯这一块对学术对技术这方面有一些要求的，创新创业和"互联网+"很多时候是一种应用商业，以商业目的做一些商业的创新。像创青春、挑战杯、"互联网+"都是国家级的，在主办赛道，规模做得最大的是教育部直属办的，教育部办的"互联网+"比赛每年都做得特别大；创青春从国家层面上来，主办得还是非常正规、比较正式、比较官方，说实话确实能锻炼人；以前的"互联网+"倾向互联网的使用和发明，现在的"互联网+"综合性更强一点，"小挑"更加注重项目是否能够落地，更多的是分享与学术这一方面的知识；我认为"小挑"要更规范一些，因为他是学院推荐校赛，校赛选拔去参加省赛，它是一个统筹的比赛过程，"互联网+"在我了解来看，双创中心在做，参与得就稍微少一点，在学生群体的影响力感觉没有"小挑"大，"小挑"程序更严谨一点；"互联网+"的参赛产品可以是先前的东西，"小挑"必须是一个创新的东西；它们的侧重点还是有一定的差别的；我感觉挑战杯更注重赛事举办，"互联网+"它更偏向于创业方面，它更注重的是商业模式，最后裁判可能更偏向于你做出什么结果，你的运营金额、年收益能达到多少，挑战杯偏向于你这个东西创新性、可行性够不够，一个偏向于创新能力，另一个偏向于组织运营能力；两个比赛是有本质区别的；我觉得最挑战杯和创青春是我参加过的最规范的一个平台，特别是挑战杯，这是全国性比赛，挑战杯它的难度系数比较大，挑战杯规范程度比我参加其他比赛的规范程度要高；"小挑"更加规范，当时去看过"互联网+"的比赛，认为现场很乱，"小挑"质量比较高，组织上更规范；在比赛质量上，"小挑"的质量还是要高一些、更严谨规范一些	①挑战杯很正规，"互联网+"比较简单；②挑战杯技术要求高，"互联网+"商业应用；③挑战杯官方，正规，更加严谨；④挑战杯对自己能力要求高……
8. 那对"小挑"来说，你们觉得有什么比较好的地方和需要改进的地方呢？	希望小挑这样一个活动学校要重视起来，然后由专业的人来负责；是国家给我们这样一个平台，大众创业、万众创新，整体的国家的政策比较好；赛事可以更加规范一点，缺乏一个明确的引导和实地落实的措施；宣传的力度可能要多一些，因为身边的都是老师去找同学参加，自己想参加或者联系导师很少；它能够提供一些平台去展示自己，同时也能看到自己的一些不足，认识到更多优秀的同学；有机会能够帮我们引荐给一些相关的企业，能把项目盘活起来；还是更注重今后的一个商业化的过程；这个比赛比较考验创新能力，实际动手能力和团队组织能力；以前和现在的比赛从氛围这方面来讲，还是看举办方的宣传；让在校大学生多渠道了解创业，政府是比较支持大学生创新创业的；前期的宣传和后期的反馈要及时到位，氛围不够浓烈	①学校重视；②赛事规范；③缺乏专业指导老师；④缺乏企业联合；⑤举办方的宣传，后期的支持……

续表

问题	访谈原始话语	一级编码——初次概念提取
	后续发展	
9.你有没有过要把这个项目继续落地呢?	当时连省赛都没连国赛没进去,就放弃了;当时没有资金干不下去,因为维护也需要成本,运营开发也需要钱,现在这个项目就完全搁置了;如果未来发展更加稳定一些,我很想把这个项目继续做下去;当时比赛完以后,后续没有跟进了;有想过要把这个项目落地,后面临近毕业就没有继续落地;交给低年级同学了,后续就没关注了;后面项目没有继续实行;没有公司愿意跟我们合作,因为后面也工作了,这个项目没有继续做了;这个项目要做起来需要很多设备和很多的人,当时没有条件,就没有继续;临近毕业,忙了起来,就没有继续做这个项目	①后期没资金维护; ②临近毕业,就放弃了; ③喜欢稳定的工作;④没有公司愿意合作……
10.你们的参赛经历对你们毕业以后的职业选择有没有影响呢?	这个经历对我的以后工作影响挺大的,在以后工作中学会了不轻言放弃;对选择没什么太大的影响,但在以后工作中会产生一些积极作用;对我的职业选择有一定的影响;会有影响,在社会生活中感觉得到认可;对未来方向的影响不是特别大,但对我自身的话,各方面能力还是有一个比较大的提高的;参赛的话,参赛没有影响到以后从事的事,但是参赛的经历给我以后工作很大帮助,例如,坚持;我想去做一名老师,想把我的经历讲给学生	①影响大;②对以后工作起到积极作用;③感受到了认可;④学会了坚持,不轻言放弃……
11.参加"小挑"你最大的收获是什么呢?	统筹协调能力的提升;学习到解决问题的方法,与同学相互学习;锻炼了自己,开阔眼界,很庆幸当时有一个很有凝聚力的团队,认识更多优秀的人,自己更加自信,增加自己的阅历;第一个肯定是友谊,第二部分其实是个人的一个经验,一个经历,沟通能力的提升,综合素养的提升;发现自己的不足,让自己开阔眼界;培养了我的创新思维、处理问题的能力和协调能力;最大的收获是发现自己的不足,需要去加强,各方面能力还是不足;积累了比赛经验,培养了自己的创新创业的想法,收获了团结,提升了自己的沟通能力、为人处事交往能力;对自己的专业领域更加自信了;锻炼了自己,磨炼了自己的意志,开阔了自己的思维;自己的视野开阔了,提升了自己的未来规划能力,对自己的写作能力有很大提升	①统筹协调能力的提升,解决问题的能力;②锻炼自己,扩宽能力;③凝聚团队;④更加自信,意志更坚定……

(二)二级编码

所谓二级编码,即在一级编码的基础上,梳理提取概念属性之间的关联度,并建立各概念之间的结构关系、时间关系、因果关系、策略关系等关系结构,并围绕所确立的次核心概念寻找与之相关的关系维度,随着分析的不断深入,二级编码是使各概念属性之间的关系更加清晰与条理化的过程(贾旭东等,2013)(见表7-3)。

表 7-3　二级编码节选

一级编码（开放编码）	二级编码（主轴编码）	核心编码
①学校重视程度；②赛事规范；③缺乏专业指导老师；④临近毕业，就放弃了	①学校重视程度；②指导老师；③学校支持情况	高校不够重视
①后期没资金维护；②喜欢稳定的工作；③没有公司愿意合作……④缺乏企业联合；⑤举办方的宣传，后期的支持	①缺乏企业支持；②没有企业资金；③后期靠自己很难维持；④创业有很多不确定性	缺乏社会支持
①影响大；②对以后工作起到积极作用；③感受到了认可；④学会了坚持，不轻言放弃……	①工作起到积极作用；②学会了坚持；③指导以后工作	自我效能的提升
①统筹协调能力的提升，解决问题的能力；②锻炼自己，扩宽能力；③凝聚团队；④更加自信，意志更坚定……	①统筹协调能力；②锻炼自己；③更加自信，意志更坚定	
①老师推荐的任务，指导老师叫去的；②感兴趣；③自己想以后创业；④提升创业能力；⑤爸爸妈妈的影响，同学的影响；⑥经济情况……	①老师的影响；②家人的影响；③朋友的影响；④学姐学长的影响	老师家庭朋友的影响
①团队的打造；②沟通能力，表达能力，工作能力，人际交往能力；③管理能力，组织能力……④分工明确；⑤专人负责；⑥根据需要选人……	①团队组织能力；②管理能力；③工作能力；④统筹协调能力	能力的提升
①非常深刻；②开阔眼界；③很难忘……④很忙碌；⑤很充实；认识到很多优秀的朋友，老师……	①开阔视野；②交际能力；③统筹协调能力的提升，解决问题的能力	
①没有影响；②权衡学习与比赛；③对学习有促进作用；④锻炼自己的能力……	①权衡学习与比赛；②对学习有促进作用	
①挑战杯很正规，"互联网＋"比较简单；②挑战杯技术要求高，"互联网＋"商业应用；③挑战杯官方，正规，更加严谨；④挑战杯对自己能力要求高……⑤提升创业能力	①严谨的科学思维；②创新思维	创新思维拓展

（三）核心编码

核心编码（Central Coding）是在二级编码的基础之上，对在属性和维度已归类的概念进行寻找"核心类属"的过程，是通过不断地寻找和对比与"核心类属"高相关度、被其一再证明且被其所统领的过程（Strauss A. et al., 1997）。通过深层次分析，提炼二级编码发现了大学生通过创业比赛进行创业学习涉及的核心概念，即老师家庭朋友的影响、组织协调能力、沟通统筹能力、学习能力、创新思维、工作能力六个范畴。

三、数据分析

在 20 名访谈的同学中，7 人已就业，4 人创业成功，1 人创业失败，3 人正在找工作，5 人升学。创业成功的同学多数继续从事大赛项目相关行业，但自主创业成功率低，主要受学校和企业支持不足、个人能力限制及家庭朋友影响。参赛经历对 75% 的同学职业选择有影响，主要体现在团队组织、管理、协调和解决问题能力上；90% 的同学认为参赛经历对后续工作有影响，体现在交际、学习和工作能力上。经费来源主要依赖获奖奖金，高校资金支持少，导致一些有潜力的项目无法继续。30% 的同学希望继续发展项目，但 70% 的同学因资金、家庭和社会支持不足及对国家政策不了解而放弃，强调了资金、家庭社会支持和政策宣传的重要性。

具体而言，在 20 名同学调研和访谈中发现，参加创业大赛获奖项目继续延续的有 9 个，占 45%，主要靠指导老师不断吸纳低年级同学对项目进行完善，其中延续项目创业成功的有 2 人，仅在 9 人中占 22%；项目搁置的有 11 人，占 55%，大部分项目都在参赛结束后封存。延续项目创业成功的人很少，而项目搁置的概率更大，这说明在创新创业大赛后续发展中存在很多问题，高校只关注于创业获奖情况，而对于学生后续是否落实创业的支持很少，这样就会造成"断节"式就业，创新创业大赛真正的目的没有达到。

在访谈的 20 名同学中，就业基本情况：已就业的有 7 人；创业成功的有 4 人，占 20%；创业失败的 1 人，占 5%；正在找工作的有 3 人，占 15%；升学的有 5 人，占 25%。已就业的同学主要在教育行业和企业工作，创业成功的同学继续延续大赛项目自己创业，或从事与大赛项目相关行业。这说明参加创新创业大赛的经历对自己创业有一定影响，但是自主创业成功的概率很小，主要受学校支持不足、缺乏企业支持、自身能力有限、家庭朋友的影响，多数人选择了其他方式就业。

参赛经历对职业选择有影响的有 15 人，占 75%；没有影响的有 5 人，占 25%。在对职业选择的影响因素中，包括团队组织能力、管理能力、统筹协调能力和、解决问题的能力。参赛经历对以后的工作产生影响的有 18 人，占 90%；觉得没有影响的有 2 人，占 10%；在对后续工作影响中，主要体现在交际能力、学习能力、工作能力等方面。

在经费来源渠道方面，主要是获奖奖金，高校资金支持很少，更多的学生没有得到支持，这说明高校在创新创业支持方面缺乏支持，加之大部分项目负责人背景来自农村，或是家庭条件一般，这会让一些有想法、机会的学生没有能力去继续他们的后续项目。

在对待项目态度中，想把项目继续发展的有 6 人，占 30%；不想继发展的有 14 人，占 70%；不想继续的原因主要有资金不足、家庭不支持、缺乏社会支持、国家政策不了解。这说明要想让创新创业大赛后续项目继续发展下去，首先是加大资金支持，有了足够的资金支持，就不会因为项目没钱而被迫搁置。其次是家庭、社会的支持，因为高校毕业生面临很大的就业压力，如果得不到家庭、社会的支持，那么学生延续项目继续创业的想法就会动摇。最后是加强政策宣传力度，国家对于大学生创新创业有很多优惠减免政策，需要高校加大政策宣传力度，让学生深入了解国家政策，是大学生坚定延续项目继续创业的重要保障。

参赛经历对职业选择有影响的有 15 人，占 75%；没有影响的有 5 人，占 25%。在对职业选择的影响因素中，包括团队组织能力、管理能力、统筹协调能力和解决问题的能力。参赛经历对以后的工作产生影响的有 18 人，占 90%；觉得没有影响的有 2 人，占 10%；在对后续工作影响中，主要体现在交际能力、学习能力、工作能力等方面。

第八章

讨论及展望

第一节　创新点及贡献

在深入探讨创业领域时，本研究特别聚焦于一般创业者与大学生创业者之间的显著差异，旨在揭示两者在创业道路上的不同挑战与机遇。传统创业研究往往以一般创业者为蓝本，集中探讨企业绩效、战略决策等宏观层面，然而，这些研究成果在应用于大学生创业者时往往显得力不从心。大学生作为社会未来的中坚力量，其创业意向的强弱不仅关乎个人职业发展，更直接影响到社会经济的活力与创新力。

大学生创业者，作为一群充满理想与激情的群体，其创业之路却布满了荆棘。他们虽怀揣梦想，但往往缺乏实战经验，对市场的复杂性和创业过程中的不确定性知之甚少。此外，相较于一般创业者，大学生在创业知识、信息获取及资源整合方面也存在明显短板。因此，本研究在充分借鉴前人研究成果的基础上，结合大学生的个性特征、心理特质及学习模式，对创业学习、创业自我效能、创业教育满意度及创业意向等核心概念进行了深入的剖析与修订。通过修订后的量表题项，本研究力求更准确地捕捉大学生创业者的个性化特征，从而为其提供更加精准的理论指导与实践支持。

在创业学习的维度划分上，本研究打破了传统研究的单一视角，实现了对创业学习内涵的丰富与拓展。不同于以往学者仅从学习方式或学习对象出发进行分类，本研究在综合考量大学生创业实际的基础上，创新性地提出了经验学习、认知学习和实践学习三维度框架。这一框架不仅全面涵盖了大学生创业学习的主要方式和内容，而且与当前政府及高校推行的创业教育政策紧密契合。例如，通过KAB、SYB等创业课程进行认知学习，参与各类创业大赛和实践活动进行实践学习和经验学习，这些举措均能有效地促进大学生创业能力的提升和创业意向的增强。

进一步地，本研究深入探讨了创业学习效果转化的问题。在创新创业教育日益受到重视的今天，如何将创业学习的成果有效转化为实际的创业行动成为亟待解决的问题。本研究通过实证分析发现，在高校创业教育情境下，大学生创业学习通过提升创业自我效能，能够在一定程度上促进创业意向的提升和形成。这一发现不仅揭示了创业学习与创业意向之间的内在联系，也为高校优化创业教育体系、提升创业教育质量提供了有益的参考。

具体而言，本研究中的有效问卷数据显示，大学生创业意向的平均值为3.01，处于一般偏上的水平。这表明在创业教育的推动下，大学生群体对于创业持有一定的积极态度，并愿意将所学知识应用于实践之中。然而，值得注意的是，尽管创业意向有所提升，但距离真正的创业行动仍有一定的距离。因此，未来研究应进一步关注创业意向向创业行为的转化过程，探索影响这一转化过程的关键因素及其作用机制。

综上所述，本研究在区分一般创业者与大学生创业者的基础上，通过细分创业学习维度、深入探讨创业学习效果转化等方式，为大学生创业研究提供了新的视角和思路。这些研究成果不仅有助于丰富和完善创业理论体系，更为高校及社会各界推动创新创业教育、培养高素质创业人才提供了有力的理论支撑和实践指导。

对应前文所述的创业经典模型，Sahlman 的创业模型、Wickham 的模型以及 Gartner 的创业模型是三种不同的理论框架，它们各自从不同的角度对创业过程进行了深入的分析和阐述，Sahlman 模型侧重于创业者与资源供应者之间的互动，以及这些互动如何影响创业过程的进行。Wickham 模型侧重于创业者的核心作用及创业过程是一个不断学习的过程。Gartner 模型侧重于创业过程的复杂性和不同要素之间的相互作用，但相对忽视了创业过程的动态性。这些创业模型在创业研究领域都具有重要的地位和价值。与本书聚焦的大学生创业研究有着紧密的关系，具体而言，在中国情境下考虑大学生创业学习对象创业意向的影响，应从资源、机会和环境三个角度考虑，同时在应对不确定性环境时，应考虑到创业过程的动态性和复杂性，在动态演进过程中讨论大学生创业学习和创业意向。

第二节　实践启示

在当今这个日新月异的时代，大学生作为社会中最具活力与潜力的群体，无疑成为建设创新型国家和推动"大众创业，万众创新"战略的重要力量。为了更有效地激发大学生的创新潜能，提升他们的创业意识与能力，我们必须对精细化创新创业教育进行深入的探讨与实践，构建一个政府、社会、高校与大学生四位一体的创新创业协同推进机制。这一机制不仅具有深远的理论价值，更对现实社会发展具有不可估量的推动作用。

首先，我们要明确的是，大学生创业教育的实施必须紧密贴合学生的个体特征与需求，做到顺时而动，顺势而为。这意味着我们的创业教育不应是千篇一律的模板式教学，而应是根据每位学生的兴趣爱好、专业背景及未来职业规划，提供差异化、精准化的教育支持。据一项针对全国多所高校在校大学生的调查显示，虽然当前高校创业教育的满意度评价普遍偏好，但真正在毕业后选择创业的学生比例仍相对较低。然而，令人鼓舞的是，绝大多数学生表示，通过参与创业教育课程或创业比赛，他们的自我效能感和组织协调能力得到了显著提升。这充分证明了创业教育在培养学生综合素质方面的重要作用。因此，高校应进一步加大在创业教育氛围培育上的投入，通过举办创业讲座、创业沙龙、创业大赛等活动，激发学生的创业热情，鼓励他们积极投身创新创业实践。

在具体实施层面，高校应充分考虑学生的实际情况和需求，制定符合自身特色的创业教育方案。例如，针对不同专业的学生，可以设计既标准化又不失专业个性化的创业教育课程。这些课程应紧密结合专业教育和实践教育，形成"点面结合"的教学模式。通过案例分析、模拟演练、实地考察等多种方式，让学生在掌握创业理论知识的同时，也能积累丰富的实践经验。此外，高校还应加强与政府、企业、社会组织的合作，为学生搭建起一个集政策咨询、资金支持、项目孵化于一体的创新创业服务平台，为创新创业人才提供全方位的支持。

值得注意的是，创业教育的成功不仅依赖于高校的努力，更需要政府、社会及大学生自身的共同参与。政府应出台更多有利于创新创业的政策措施，为大学生创业者提供资金扶持、税收优惠等政策支持；社会应营造积极向上的创新创业氛围，为大学生创业者提供更多的机会和资源；而大学生自身则应树立正确的创业观念，不断提升自身的创新创业能力，勇于面对挑战和失败。

创业教育是一个系统工程，需要政府、社会、高校和大学生四方的共同努力和协作。只有这样，我们才能培养出更多具有创新精神、创业意识和创新能力的高素质人才，为建设创新型国家和推动"大众创业、万众创新"战略贡献力量。创业教育应注重创业教育实施过程中的"点面结合"，针对不同专业的学生设计标准化又不乏专业个性化的创业教育课程，将专业教育、实践教育与创业教育相结合，从需求侧发力培养"双创"人才，为创新创业人才提供创业教育的有效供给。

其次，创业学习应因势利导，知行合一；"90后""00后"的大学生有着越来越鲜明的个性特征，其创业学习形式新颖，方法多样。本研究深入探究并细分了大学生创业学习的内涵和维度，政府、社会、高校了解创业学习的关键内容，有利于创业教育深入开展。为推进创新驱动发展战略实施，有效促进经济提质增效升级。经过国家近期政策的大力推动，目前关于高校创业教育课程建设要素已初步厘清。在快速变化的时代背景下，大学生创业学习不再局限于传统的课堂讲授，而是呈现出多元化、个性化的趋势。他们通过线上课程、创业竞赛、孵化器项目、社会实践等多种形式，不断拓宽学习边界，实现理论与实践的深度融合。这种"因势利导，知行合一"的学习模式，不仅提升了他们的创业素养，也为国家创新驱动发展战略的实施提供了有力的人才支撑。一方面，创业学习特别是大学生群体的学习，应在认知学习、经验学习、实践学习三个方面下功夫，注重与具体实践，不仅有利于"官产学"合作保障模式的形成，也有利于"双师型"教师队伍的建设；另一方面，本研究提出完善、丰富创业学习的具体内容，将有助于我国创业教育课程内容不断走向应用性、合理性、生动性的方向，与实际紧密接轨。只有从源头明确创业学习的关键内容，才有助于构建健全的高校创业教育课程方案、人才培养方案及师资建设，才能够完善国家创新创业教育体系建设，从而贯彻创新驱动战略理念。

此外，创业大赛作为大学生重要的学习方式和创业经历，对大学生创业学习和创业意向产生着重要影响。据教育部统计，近年来参与各类创业竞赛的大学生人数逐年攀升，其中不乏优秀的创业项目成功落地并获得市场认可。同时，多项实证研究也表明，参与创业学习和实践活动的大学生，在毕业后选择自主创业的比例显著高于未参与者。这充分说明了创业学习对于促进大学生创业意愿和行为的积极作用。如"挑战杯"大学生创新创业大赛，已成为全国范围内最具影响力的创业赛事之一。参赛团队通过项目路演、答辩等环节，不仅锻炼了自身的表达能力和团队协作能力，还获得了宝贵的创业指导和资金支持。更重要的是，这些竞赛为大学生搭建了展示自我、交流思想的平台，激发了他们的创业热情，为有创业想法的同学提供了一个成本相对较低的试错平台。

最后，提升创业自我效能，应对不确定性环境和风险。在创业的道路上，不确定性和风险如影随形。对于缺乏社会经验和资源积累的大学生而言，如何增强自身的创业自我效能，成为他们成功应对挑战的关键。高校作为创业教育的主阵地，应构建一套完善的创业教育体系，从知识传授、心理疏导到实际支持等多个方面入手，全面提升大学生的创业能力。

　　一个完整的创业教育和创业支持体系需要包括创业前期的知识传授、创业学习与意愿激励，创业开始阶段的服务支持，创业起步阶段的平台支持、税费补偿，以及创业中后期的信息服务、技术支持、金融支持等以及滑落期的创业精神激励，低谷期的特殊创业支持，还有贯穿全过程的创业心理疏导等。本研究表明，大学生创业自我效能对大学生创业意向及其他创业行为有着积极的影响，如前文所述，大学生创业心理的变化对大学生创业意愿有重要影响，心理变量是影响大学生创业行为的重要因素。在实际实践中，创业面临着许多不确定的风险甚至失败。大学生创业自我效能感反映了大学生对创业的信心和应对失败的信心。高校创业教育注重大学生的心理因素对大学生创业活动的影响，构建大学生创业心理咨询和引导的全过程的系统，实现分类指导不同特征不同自我效能的学生，同时对未创业和已创业的学生实行分类分阶段指导，这不仅提高了他们准备创业的意愿，在这个阶段也有利于加强企业家的心理可持续性，确保创业活动的持续和深化，针对不同特征、不同自我效能的学生，高校应实施分类指导策略。对于未创业的学生，重点激发他们的创业意愿和兴趣；对于已创业的学生，则侧重于解决他们在实际运营中遇到的问题和困难。同时，根据创业的不同阶段（如启动期、成长期、成熟期等），提供有针对性的指导和支持。多项研究表明，大学生创业自我效能感的提升与他们的创业意向、创业行为及创业绩效之间存在显著的正相关关系。因此，高校在创业教育中应高度重视对学生心理因素的培养和疏导。个性化有针对性的心理疏导有利于纠正大学生对动态情景和竞争环境的认知，提高他们创业决策的科学性和竞争力，并最终提高其创业企业的存活率。

第三节　不足及研究展望

　　本书在深入探讨大学生创业意向及其影响因素的过程中，虽然已初步揭示了创业学习与创业自我效能感之间的中介关系，但不可否认，仍有多处值得深入挖掘与完善的空间。未来还可以从以下五个方面进行拓展和完善：

一、样本的局限性及其拓展策略

　　本书在样本选择上，由于时间、资金及资源等多方面限制，调研范围相对狭窄，样本数量也略显不足，且主要聚焦于本科生群体。尽管这一选择基于大学生作为潜在创业主体的考量，但在广泛性和代表性上仍显欠缺。中国创业大军中，不仅有朝气蓬勃的大学生，更有来自各行各业、拥有丰富社会经验和资源的创业者。因此，未来的研究应致力于拓宽样本范围，包括但不限于不同文化层次（如硕士生、博士生、职场人士、中小企业主等）、不同地域（城市、农村、沿海地区、内陆地区等）的创业群体，以实现样本的多元化与全面化。通过扩大样本量，不仅能增强研究的普适性和说服力，还能为假设检验提供更加坚实的数据基础。

二、创业自我效能感影响因素的深度挖掘

本书聚焦于创业学习在先前经验和创业自我效能感之间的中介作用，为理解创业意向的形成机制提供了新的视角。然而，创业自我效能感作为创业意向的重要前因变量，其影响因素远不止于此。未来研究应进一步探索其他潜在因素，如个人特质（如乐观性、风险承受能力）、家庭背景（如家庭支持、家庭经济状况）、教育经历（如专业背景、创业教育接受程度）等，以及这些因素如何与创业学习相互作用，共同影响创业自我效能感的形成。通过构建更加全面的理论模型，可以更准确地揭示创业意向的多元决定因素。

三、研究方法的改进与动态视角的引入

本书采用横截面调研数据，虽然能在一定程度上反映当前状态下各变量之间的关系，但难以揭示变量间随时间变化的动态关系。鉴于创业是一个长期且复杂的过程，未来研究应尝试采用纵向研究设计，对调研对象进行长时间跟踪，收集动态的调研数据。这样不仅能更准确地把握创业意向及其影响因素的演变规律，还能为理论模型中各变量间因果关系的确定提供更为有力的证据。此外，随着大数据、人工智能等技术的快速发展，未来研究还可借助这些技术手段，实现数据的实时采集与分析，为创业研究提供更加精准、高效的工具支持。

四、大学生创业意向的多维影响因素探讨

大学生创业意向的形成是一个复杂的社会心理过程，除创业学习外，还受到诸多外部因素的影响。其中，社会网络和社会资本作为重要的社会资源，对大学生创业意向的塑造具有不可忽视的作用。社会网络不仅为创业者提供了信息、资

源和情感支持，还有助于其构建创业信念和信心。而社会资本则通过信任、规范和网络关系等机制，促进了创业资源的获取和整合。因此，未来研究应进一步探讨社会网络和社会资本对大学生创业意向的具体影响机制，以及它们与创业学习、创业自我效能感等内部因素之间的交互作用。

五、创业学习动态适应性的挑战与思考

在快速变化的创业环境中，创业者如何持续有效地进行创业学习，以适应不断变化的市场需求和挑战，是一个亟待解决的问题。本研究虽然已关注到创业学习的中介作用，但对其动态适应性的探讨尚显不足。未来研究应深入挖掘创业学习的动态过程及其影响因素，如学习策略的选择、学习资源的获取与整合、学习成果的转化与应用等。同时，还应关注创业者如何在不确定性和复杂性的环境中保持学习动力和创新能力，以应对不断出现的新问题和挑战。

综上所述，尽管本研究在探索大学生创业意向及其影响因素方面取得了一定成果，但仍存在诸多不足之处。未来研究应致力于拓宽样本范围、深化理论探讨、改进研究方法、拓展研究视角，以更加全面、深入地揭示创业意向的形成机制及其影响因素。通过不断的探索与努力，相信我们能够为创业教育的实践提供更加有力的理论支撑和实践指导。

附录一

调查问卷

问卷调查

　　您好！真心感谢您愿意抽空阅答此问卷。本问卷的阅答可能会占用您大约 8 分钟的宝贵时间。本问卷纯粹为学术研究之用，旨在探索大学生创业学习对创业意向的影响效果以及各前因变量之间的影响机制，为高校更有针对性地开展创业教育提出相应的对策与建议。本问卷采用匿名作答，答案无对错之分，对您的学习、工作与生活不会产生任何负面影响。同时，我们会对您提供的信息予以保密，请根据您的真实情况或感受如实放心填答，问卷第二部分采用李克特五级打分表（1. 很不符合　2. 不符合　3. 一般　4 符合　5. 很符合）。您的如实填答对我们工作的顺利进行非常重要。再次感谢您的支持！

第一部分　基本情况

1. 您的性别：A. 男　　　B. 女

2. 您的出生地：A. 城市　　　B. 农村

3. 您所学的专业：A. 文史哲类　　　B. 经管类　　　C. 法学类　　　D. 教育学类　E. 理工类　　　F. 农学类　　　G. 医学类　　　H. 其他

4. 您所在年级：A. 大一　　　B. 大二　　　C. 大三　　　D. 大四　　　E. 研究生

5. 您是否有学生干部经历：A. 是　　　B. 否

6. 您的成绩在同年级本专业排名（本科阶段）：A. 前 10%　　　B. 10%~20%　C. 20%~50%　　　D. 50% 以后

7. 您的家庭成员（父母、兄弟姐妹等直系亲属）是否有创业经历：A. 是　　　B. 否

8.您的家庭是否享受当地低保（如扶贫户、低保户、五保户）：

A.是 　　B.否

9.如果您打算创业是否能得到家人支持：A.是 　　B.否

第二部分 主要变量

一、创业自我效能感

1.我知道如何制订创业计划

2.如果创业，我有能力掌控企业创立的过程

3.如果要创业，我能获取创办一家公司的步骤和要求的相关信息

4.创办并运营一家公司对我来说比较容易

5.如果以后要创办企业，我对自己有信心

6.如果我创办企业，获得成功的可能性大

二、创业学习（3个维度）

经验学习

1.我认为已有的经验对创业决策非常重要

2.经常总结已发生的创业行为

3.不断反思先前的行为（包括失败行为等）

认知学习

1.我经常与创业人士进行交流（线上或者线下交流）

2.我关注创业榜样和相关行业的创业行为

3.经常阅读相关书籍和文献以获取有价值的创业信息

4.我觉得创业过程中反思或借鉴他人的行为对自己的作用较大

5.我觉得观测他人的行为（包括失败行为）是获取信息的重要来源

6.经常参与各种正式或非正式的聚会和讨论会

实践学习

1.我注重通过创业实践来积累经验

2.通过持续的创业实践（如参加创业比赛等）来反思或纠正已有的经验

3.我觉得亲身实践能够弥补已有认识的不足

4.我认为不断地创业实践是应对外部环境变化的有效方式

三、创业意向

1. 我曾考虑过以后要开创自己的企业

2. 我对开办自己的公司开始着手做准备（如相关创业知识的学习、向创业人士咨询等）

3. 相对于一般就业，我更感兴趣于开创自己的企业

4. 如果时机成熟，我将创办我自己的企业

5. 我将全力以赴开办自己的企业

四、创业教育满意度

1. 对学校总体的创新创业比赛或课程满意

2. 学校的创新创业激励机制完善

3. 学校的创新创业类校园活动丰富

附录二

研究涉及各变量最终量表

编号	题项	来源	变量
yx1	我曾考虑过以后要开创自己的企业	Chen（2009）、胡玲玉等（2014）	创业意向
yx2	我对开办自己的公司开始着手做准备（如相关创业知识的学习、向创业人士咨询等）		
yx3	相对于一般就业，我更感兴趣于开创自己的企业		
yx4	如果时机成熟，我将创办我自己的企业		
yx5	我将全力以赴开办自己的企业		
rzxx1	我经常与创业人士进行交流（线上或者线下交流）	单标安和蔡莉（2014）	认知学习
rzxx2	我关注创业榜样和相关行业的创业行为		
rzxx3	经常阅读相关书籍和文献以获取有价值的创业信息		
rzxx4	我认为创业过程中反思或借鉴他人的行为对自己的作用较大		
rzxx5	我认为观测他人的行为（包括失败行为）是获取信息的重要来源		
rzxx6	经常参与各种正式或非正式的聚会和讨论会		
jyxx1	我认为已有的经验对创业决策非常重要	Minniti 和 Bygrave（2001）、Politis（2005）、Petkova（2009）、单标安和蔡莉（2014）	经验学习
jyxx2	经常总结已发生的创业行为		
jyxx3	不断反思先前的行为（包括失败行为等）		
sjxx1	我注重通过创业实践来积累经验	Lumpkin 和 Lichtenstein（2005）、单标安和蔡莉（2014）	实践学习
sjxx2	通过持续的创业实践（如参加创业比赛等）来反思或纠正已有的经验		
sjxx3	我认为亲身实践能够弥补已有认识的不足		
sjxx4	我认为不断地创业实践是应对外部环境变化的有效方式		

编号	题项	来源	变量
xn1	我知道如何制订创业计划	Liñán（2009）、胡玲玉等（2014）、陈寒松等（2017）	创业自我效能
xn2	如果创业，我有能力掌控企业创立的过程		
xn3	如果要创业，我能获取创办一家公司的步骤和要求的相关信息		
xn4	创办并运营一家公司对我来说比较容易		
xn5	如果以后要创办企业，我对自己有信心		
xn6	如果我创办企业，获得成功的可能性大		
myd1	对学校总体的创新创业比赛或课程满意	笔者根据访谈结合实际拟定	创业教育满意度
myd2	学校的创新创业激励机制完善		
myd3	学校的创新创业类校园活动丰富		

附录三

访谈提纲及题项设计

1. 访谈提纲

一、基本信息

1. 您的性别：

2. 您的出生地：

3. 您所在的学校：

4. 您觉得"挑战杯"创业计划竞赛对您学业/职业生涯影响大吗

5. 您是否有学生干部经历（是否对您参赛有影响）

6. 您的家庭成员（父母、兄弟姐妹等）是否有创业经历

7. 您的成绩在同年级本专业排名（本科阶段）

8. 毕业与否

A. 是否打算毕业后创业（未毕业学生）：若打算创业，创业方向是否与大创一致

B. 就业情况（已毕业的学生）：若是创业，与做的大创是否一致

9. 如果您创业是否能得到家人支持

10. 待加

二、参赛动机

1. 什么时候参加的大创比赛

2. 参加比赛的原因（学分、获奖、兴趣、他人影响）

3. 待加

三、参赛感受

1. 大创周期长，如何平衡项目与学习

2. 你们的项目有没有参加其他创业类比赛

3. 对挑战杯规则的看法

4. 待加

四、后续发展

1. 参赛团队成员的去向

2. 当时的分工情况

3. 参加这个比赛对你哪些方面有影响

4. 参赛项目书

2. 访谈题项

×××您好！我是课题组×××，我们从你们学校团委处了解到你们学校挑战杯获奖项目的基本信息，我今天给您打电话是想跟您做一个关于你们项目获奖的访谈，请问您现在有时间吗？（没有时间的话约时间）

1. 你现在是还在上学还是已经毕业了呢？（如果已经清楚对方是在上学就问读大几，是已经毕业就问现在是在哪里）

2. 你当时的指导老师是谁？

3. 你是学什么专业的啊？

4. 你是在哪里出生的呢？

5. 你现在结婚了吗？

6. 你是哪年出生的呢？

7. 你是独生子女还是有其他兄弟姐妹呢？（如有兄弟姐妹需问一下现在情况）

8. 你父母现在退休了吗？父母是什么职业方便透露吗？

9. 你现在是和家里人住在一起吗？

10. 家里人支不支持你或者你弟弟去做生意或者创业之类的呢？

11. 你父母从小的话是在农村还是在城镇里面长大呢？

12. 你是哪年毕业的？

13. 你当时考贵商的时候是农村生源还是城市的一个生源呢？

14. 为什么会想到来贵州呢？

15. 你高中是在哪所高中读的呢？是重点高中吗？

16. 我们来了解一下当时你参加"小挑"的情况，当时参加"小挑"是项目名称是什么？

17. 你是哪年参加的呢?

18. 获得了什么奖项呢?

19. 现在对你项目的印象还很深刻不?

20. 你当时在校的时候有没有担任过学生干部呢?

21. 你们团队还有多少人还记得不?

22. 你们团队是贵州人多呢, 是不是只有你一个省外的?

23. 你们团队里边儿是怎么分工的呢?

24. 现在他们都在干什么呢?

25. 你还记不记得当时为什么会去参加这个比赛?

26. 当时学校有没有规定参加这个创业比赛有学分呢?
那当时仅仅是锻炼吗? 有没有好奇或者是感兴趣?

27. 就挑战杯来说, 你觉得参赛这个过程忙不忙?

28. 这个项目现在是搁置还是有师弟师妹继续在做呢?

29. 现在这个项目还在吗?

30. 这个项目的参赛周期很长, 有没有影响到你们的学习?

31. 参加完 "小挑" 以后你们有没有去参加其他创业类的一些比赛呢?

32. 你们国家级大创立项有经费支持没有呢?

33. 学校有没有相关的一些奖励呢?

34. 对 "小挑" 来说你们认为有什么比较好的地方和需要改进的地方呢?

35. 你认为跟其他比赛相比 "小挑" 有什么特别大的一些差别?

36. 你说的是组织得更规范还是文本更规范?

37. 你们这个参赛经历对你们毕业以后的职业选择有没有影响呢?

38. 有没有想着要把这个项目落地呢?

39. 参加 "小挑" 你最大的一个收获是什么? 能具体一点吗?

40. 这个参赛经历对你现在的工作有影响吗?

41. 其他几位同学感受会不会跟你差不多呢?

参考文献
REFERENCE

［1］Abramovitz, M. Resource and Output Trends in the United States Since 1870 ［Z］. NBER Books, National Bureau of Economic Research, 1956: 1–23.

［2］Acs, Z., Astebro, T., Audretsch, D., Robinson, D.T. Public Policy to Promote Entrepreneurship: A Call to Arms ［J］. Small Business Economics, 2016, 47 (1): 35–51.

［3］Ajzen, I. From Intentions to Actions: A Theory of Planned Behavior ［M］. Berlin: Springer, 1985.

［4］Ajzen, I. The Theory of Planned Behavior ［J］. Organizational Behavior and Human Decision Processes, 1991, 50 (2): 179–211.

［5］Aldrich, H., Zimmer, C. Entrepreneurship through Social Networks ［M］// D. Sexton, R. Smilor (Eds.). The Art and Science of Entrepreneurships ［M］. Cambridge, MA: Ballinger, 1986: 3–23.

［6］Armitage, C. J. Evidence That Implementation Intentions Reduce Dietary Fat Intake: A Randomized Trial ［J］. Health Psychology, 2005, 24 (3): 236–243.

［7］Audretsch, D., Thurik, R. A Model of the Entrepreneurial Economy ［J］. International Journal of Entrepreneurship, 2004, 2(2): 143–166.

［8］Audretsch, D.B., Lehmann, E.B., Schenkenhofer, J. A Context-Choice Model of Niche Entrepreneurship ［J］. Entrepreneurship Theory and Practice, 2021, 45 (5): 1276–1303.

［9］Audretsch, D.B., Thurik, A.R. Capitalism and Democracy in the 21st Century: From the Managed to the Entrepreneurial Economy ［J］. Journal of Evolutionary Economics, 2000, 10 (1): 17–34.

［10］Bandura A. Self Efficacy: Toward a Unifying Theory of Behavioral Change ［J］. Psychological Review, 1977 (84): 191–215.

［11］Bandura A. Self-efficacy Mechanism in Human Agency ［J］. American

Psychologist, 1982, 37 (2): 122-147.

［12］Bandura A. Social Cognitive Theory of Self-regulation ［J］. Organizational Behavior and Human Decision Processes, 1991 (50): 248-287.

［13］Bandura A. The Social Foundations of Thought and Action ［M］. Englewood Cliffs, NJ: Prentice-Hall, 1986.

［14］Bandura, A. Aggression: A Social Learning Analysis ［M］. Englewood Cliffs, NJ: Prentice-Hall, 1973.

［15］Bandura, A. Models of Modeling: Traditions, Trends, and Controversies ［A］// L. Berkowitz (Eds.). Advances in Experimental Social Psychology ［J］. New York: Academic Press, 1972,1 (6): 1-69.

［16］Bandura, A. Principles of Behavior Modification ［M］. New York: Holt, Rinehart and Winston, 1969.

［17］Bandura, A. Psychological Models of Conflict ［A］// L. Berkowitz (Eds.). Advances in Experimental Social Psychology ［J］. Academic Press, 1971 (5): 1-36.

［18］Bandura, A. Self-efficacy in Changing Societies ［M］. Cambridge University Press, 1995.

［19］Bandura, A. Self-efficacy: A Comprehensive Theory of Behavioral Change ［J］. Psychological Review, 1977, 84 (2): 191-215.

［20］Bandura, A. Self-efficacy: The Exercise of Control ［M］. New York: W. H. Freeman and Company, 1997.

［21］Bandura, A. Social Foundations of Thought and Action: A Social Cognitive Theory ［M］. Englewood Cliffs, NJ: Prentice-Hall, 1986.

［22］Bandura, A. Social Learning Theory ［M］. Englewood Cliffs, NJ: Prentice-Hall, 1977.

［23］Bandura, A., Walters, R. H. Adolescent Aggression ［M］. Chicago: Aldine Transaction, 1959.

［24］Bertoni, F., Bonini, S., Capizzi, V., et al.Digitization in the Market for Entrepreneurial Finance: Innovative Business Models and New Financing Channels ［J］. Entrepreneurship Theory and Practice, 2021 (3): 567-589.

［25］Bird B. Implementing Entrepreneurial Ideas: The Case for Intention ［J］. Academy of Management Review, 1988, 13 (3): 442-453.

［26］Blohm, I., Antretter, T., Siren, C., et al. It's a People's Game, Isn't It? A Comparison Between the Investment Returns of Business Angels and Machine Learning Algorithms ［J］. Entrepreneurship Theory and Practice, 2021 (4): 890–912.

［27］Boyd, B. K., Dess, G. G., Rasheed, A. M. A. Divergence Between Archival and Perceptual Measures of the Environment: Causes and Consequences ［J］. Academy of Management Review, 1993 (18): 204–226.

［28］Boyd, N. G., Vozikis, G. S. The Influence of Self-efficacy on the Development of Entrepreneurial Intentions and Actions ［J］. Entrepreneurship Theory and Practice, 1994, 18 (4): 63–77.

［29］Boyles, T. 21st Century Knowledge, Skills, and Abilities and Entrepreneurial Competencies: A Model for Undergraduate Entrepreneurship Education ［J］. Journal of Entrepreneurship Education, 2012 (15): 41–55.

［30］Bridges, C. M. The Characteristics of Entrepreneurship Education ［D］. Unpublished Doctoral Dissertation, 2008.

［31］Brush, C. G., Vanderwerf, P. A. A Comparison of Methods and Sources for Obtaining Estimates of New Venture Performance ［J］. Journal of Business Venturing, 1992, 7 (2): 157–170.

［32］Bygrave, B. Stockton Lecture: Building an Entrepreneurial Economy ［J］. Lessons from the United States ［J］. Business Strategy Review, 1998, 9 (2): 11–18.

［33］Cardon, M. S., Wincent, J., Singh, J., Drnovsek, M. The Nature and Experience of Entrepreneurial Passion［J］. Academy of Management Review, 2011, 36 (1): 155–179.

［34］Cardozo, R. N. An Experimental Study of Customer Effort, Expectation, and Satisfaction ［J］. Journal of Marketing Research, 1965, 8(3): 244–249.

［35］Castellón, J. Entrepreneurial Traits and the Decision to Start a Business ［J］. Journal of Business Venturing, 2000, 15(2): 123–142.

［36］Chen C. C., Greenep G., Crick A. Does Entrepreneurial Self-Efficacy Distinguish Entrepreneurs from Managers ［J］. Journal of Business Venturing, 1998, 13 (4): 295–316.

［37］Chen, J., Cai, L., Bruton, G. D., Sheng, N. Entrepreneurial Ecosystems: What We Know and Where We Move as We Build an Understanding of China ［J］.

Entrepreneurship & Regional Developmen, 2019: 1–19.

［38］Christian, B., Julien, P. A. Defining the Field of Research in Entrepreneurship ［J］. Journal of Business Review, 2000 (16): 165–180.

［39］Churchill, G. A., Surprenant, C. An Investigation into the Determinants of Customer Satisfaction ［J］. Journal of Marketing Research, 1982, 19 (4): 491–504.

［40］Coase, R.H. The Nature of the Firm: Origins, Evolution, and Development ［M］. New York: Oxford University Press, 1937.

［41］Conrath, D.W., Series B. Managerial & Organizational Decision Making Behavior under Varying Conditions of Uncertainty ［J］. Management Science, 1967, 13 (8): 487–500.

［42］Cope J. Entrepreneurial Learning from Failure: An Interpretative Phenomenological Analysis ［J］. Journal of Business Venturing, 2011, 26 (6): 604–623.

［43］Cope J. Toward a Dynamic Learning Perspective of Entrepreneurship ［J］. Entrepreneurship Theory and Practice, 2005, 29 (4): 373–397.

［44］Cromie S, Johns S. Irish Entrepreneurs: Some Personal Characteristics ［J］. Journal of Occupational Behaviour, 1983, 4(4): 317–324.

［45］Cunningham, L. A., Lischeron, J. Selections, Adaptations, and the Performance of Start-ups in High-technology Industries ［J］. Management Science, 1991, 27(9): 992–1009.

［46］D Card, A B Krueger. Wages and Employment: Minimum a Case Study of the Fast-Food Industry in New Jersey and Pennsylvania ［J］. American Economic Review, 1994 (84): 772–793.

［47］Deakins, D., Freel, M. Entrepreneurial Learning and the Growth Process in SMEs ［J］. The Learning Organization, 1998, 5 (3): 144–155.

［48］Deakins, D., Freel, M. Entrepreneurial Learning and the Growth Process of Small Firms［J］. The Journal of Small Business and Enterprise Development, 1998, 5 (2): 104–115.

［49］Dimov, D. Grappling with the Unbearable Elusiveness of Entrepreneurial Opportunities ［J］. Entrepreneurship Theory and Practice, 2011, 35 (1): 57–81.

［50］Dollard, J., Miller, N. E. Social Learning and Imitation ［M］. New Have: Yale University Press, 1941.

［51］Drucker, P. F. Innovation and Entrepreneurship［M］. New York: Harper & Row, 1985.

［52］Duncan, R.B. The Characteristics of Organizational Environments and Perceived Environmental Uncertainty［J］. Administrative Science Quarterly, 1972, 17 (3): 313–327.

［53］Dutta, D. K., Crossan, M. M.The Nature of Entrepreneurial Opportunities: Understanding the Process of Opportunity Identification［J］. Entrepreneurship Theory and Practice, 2010, 34 (4): 651–672.

［54］Engel, Y., Kaandorp, M., Elfring, T. Toward a Dynamic Process Model of Entrepreneurial Networking under Uncertainty［J］. Journal of Business Venturing, 2017, 32 (1): 35–51.

［55］Erikson, T. Towards a Model of Entrepreneurial Learning［J］. Entrepreneurship Theory and Practice, 2003, 27 (4): 387–406.

［56］European Commission. Entrepreneurship Education in Europe: Fostering Entrepreneurial Mindsets through Education and Learning［C］. Final Proceedings of the Conference on Entrepreneurship Education in Oslo, 2006.

［57］Farhangmehr M, Gonalves P, Sarmento M. Predicting Entrepreneurial Motivation among University Students: The Role of Entrepreneurship Education［J］. Education + Training, 2016, 58 (7/8): 861–881.

［58］Fini, R., Grimaldi, R., Meoli, A. The Effectiveness of University Regulations in Fostering Science-based Entrepreneurship［J］. Research Policy, 2020, 49 (10): 104048.

［59］Fishbein, M., Ajzen, I. Belief, Attitude, Intention, and Behavior: An Introduction to Theory and Research［M］. MA: Addison-Wesley, 1975.

［60］Foss, N.J., Klein, P.G., Kor, Y.Y., et al. Entrepreneurship, Subjectivism, and the Resource-based View: Toward a New Synthesis［J］. Strategic Entrepreneurship Journal, 2008, 2 (1): 73–94.

［61］Galbraith, J.K. The New Industrial State［M］. Princeton: Princeton University Press, 1967.

［62］Gollwitzer, P. M. Implementation Intentions: Strong Effects of Simple Plans［J］. American Psychologist, 1999, 54 (7): 493–503.

［63］Greene, P. G., Katz, J. A., Johannisson, B. Entrepreneurship Education［J］. Academy of Management Learning and Education, 2004, 3 (3): 238–241.

［64］Gulati, R., Higgins, M.C. Which Ties Matter When? The Contingent Effects of Inter-organizational Partnerships on IPO Success［J］. Strategic Management Journal, 2003, 24 (2): 127–144.

［65］Hamilton, E. Entrepreneurial Learning in Family Business: A Situated Learning Perspective［J］. Journal of Small Business and Enterprise Development, 2011, 18 (1): 8–26.

［66］Herron, L., Robinson, R. B. A Structural Model of the Effects of Entrepreneurial Characteristics on Venture Performance［J］. Journal of Business Venturing, 1993 (8): 281–294.

［67］Hills, G., Lumpkin, G.T., Singh, R.P. Opportunity Recognition: Perceptions and Behaviors of Entrepreneurs［M］// Reynolds, P., et al. (Eds.). Frontiers of Entrepreneurship Research［M］. Babson Park, MA: Babson College, 1997: 203–218.

［68］Hisrich, R. D. Entrepreneurship: Starting, Developing, and Managing a New Enterprise［M］. Englewood Cliffs, NJ: Prentice-Hall, 1986.

［69］Hisrich, R.D. Entrepreneurship/Intrapreneurship［J］. American Psychologist, 1990 (45): 209–222.

［70］Hmieleski, K.M., Corbett, A. Proclivity for Improvisation as a Predictor of Entrepreneurial Intentions［J］. Journal of Small Business Management, 2006, 44 (1): 45–63.

［71］Hmieleski, K.M., Corbett, A. The Contrasting Interaction Effects of Improvisational Behavior with Entrepreneurial Self-efficacy on New Venture Performance and Entrepreneur Work Satisfaction［J］. Journal of Business Venturing, 2008, 23 (4): 482–496.

［72］Holcomb, T. R., Ireland, R. D., Holmes Jr, R. M., et al. Architecture of Entrepreneurial Learning: Exploring the Link among Heuristics, Knowledge, and Action［J］. Entrepreneurship Theory and Practice, 2009, 33 (1):167–192.

［73］Holman, D. The Learning Organization: A Review of the Literature［J］. Systemic Practice and Action Research, 2003, 16 (1): 7–34.

［74］Howard, J. A., Sheth, J. N. The Theory of Buyer Behavior［M］. New York:

John Wiley & Sons, 1969.

〔75〕 Ismail, V. Y., Zain, E. The Portrait of Entrepreneurial Competence on Student Entrepreneurs〔J〕. Procedia-Social and Behavioral Sciences, 2015 (169): 178–188.

〔76〕 Kickul, J. R. Cognitive Style and Entrepreneurial Intention: An Exploratory Study〔J〕. Journal of Entrepreneurial Behavior and Research, 2010, 16 (2): 101–116.

〔77〕 Kirzner, I.M. Competition and Entrepreneurship〔M〕. Chicago: University of Chicago Press, 1973.

〔78〕 Knight, F.H. Risk, Uncertainty and Profit〔M〕. Chicago: University of Chicago Press, 1921.

〔79〕 Koh, H. C. Testing Hypotheses of Entrepreneurial Characteristics: A Study of Hong Kong MBA Students〔J〕. Journal of Managerial Psychology, 1996, 11 (3): 12–25.

〔80〕 Kolb, D. E. Experiential Learning: Experience as the Source of Learning and Development〔M〕. Englewood Cliffs, NJ: Prentice-Hall, 1984.

〔81〕 Kourilsky, M. L. Entrepreneurship Education: Opportunity in Search of Curriculum〔J〕. Journal of Business Venturing, 1995, 10 (2): 123–141.

〔82〕 Krueger Jr, N. F.,Reilly, M. D.,Carsrud, A. L. Competing Models of Entrepreneurial Intentions〔J〕. Journal of Business Venturing, 2000, 15(5–6): 411–432.

〔83〕 Krueger, N. F., Brazeal, D. V. Entrepreneurial Potential and Potential Entrepreneurs〔J〕. Entrepreneurship Theory and Practice, 1994, 18 (3): 91–104.

〔84〕 Krugman, P. Increasing Returns and Economic Geography〔J〕. Journal of Political Economy, 1991, 99 (3): 483–499.

〔85〕 Leibenstein, H. Entrepreneurship and Development〔J〕. The American Economic Review, 1968, 58 (2): 72–83.

〔86〕 Lewin, K. Principles of Topological Psychology〔M〕. New York: McGraw-Hill Book Company, 1936.

〔87〕 Linder, C., Lechner, C., Pelzel, F. Many Roads Lead to Rome: How Human, Social, and Financial Capital Are Related to New Venture Survival〔J〕. Entrepreneurship Theory and Practice, 2020, 44 (5): 909–932.

〔88〕 Louw C, Fricker, S. R., Baartman, L. K. J. My Love Affair with Alternative Assessment：Integrating Quality Assessment into OBE Courses for Distance Education

[J] . International Review of Research in Open and Distance Learning, 2003, 4 (2): 1–14.

[89] Lucas, R.E. Making a Miracle [J] . Econometrica, 1993, 61 (2): 251–272.

[90] Lumpkin, G. T., Lichtenstein, B. B. The Role of Organizational Learning in the Opportunity-recognition Process [J] . Entrepreneurship Theory and Practice, 2005, 29 (4): 451–472.

[91] Lundstrom, A., Stevenson, L.A. Entrepreneurship Policy: Theory and Practice [M] . New York: Springer, 2006.

[92] Luthans, F., Ibrayeva, E. Entrepreneurial Self-efficacy in the Context of Business Creation and Growth [J] . Journal of Management Development, 2006, 25 (5): 473–491.

[93] Mars, M. M. Entrepreneurship in U.S. Higher Education: Many Fields of Dreams [J] . Journal of Small Business and Entrepreneurship, 2009, 22 (2): 169–184.

[94] Mazzola, A., Perrini, F., Kock, C. J. Balancing Exploration and Exploitation within and across Alliances: The Moderating Role of Relational Ambidexterity [J] . Organization Science, 2012, 23 (4): 1094–1113.

[95] Mckelvie, A., Haynie, J. M., Gustavsson, V. Unpacking the Uncertainty Construct: Implications for Entrepreneurial Action [J] . Journal of Business Venturing, 2011, 26 (3): 273–292.

[96] Mcmullen, J. S., Dimov, D. Time and the Entrepreneurial Journey: The Problems and Promise of Studying Entrepreneurship as a Process [J] . Journal of Management Studies, 2013, 59 (8): 1481–1512.

[97] Milliken, F. J. Three Types of Perceived Uncertainty about the Environment: State, Effect, and Response Uncertainty [J] . Academy of Management Review, 1987, 12 (1): 133–143.

[98] Minniti, M., Bygrave, W. D. Entrepreneurship Theory and Practice [J] . A Dynamic Model of Entrepreneurial Learning, 2001, 25 (1): 5–16.

[99] Mirmiti, J. Entrepreneurial Learning: A Process of Knowledge Creation and Decision Making [J] . International Journal of Management and Enterprise Development, 2001, 1 (1): 90–104.

[100] Moenaert, R. K., Souder, W.E. An Information Transfer Model for Integrating Marketing and R&D Personnel in New Product Development Projects [J] . Journal of

Product Innovation Management, 1990, 7 (2): 91–107.

[101] Morris, M. W., Peng, K. Culture and Attribution [J] . Journal of Personality and Social Psychology, 1994, 67 (2): 249–274.

[102] Moses, H. The Business Boy: A Practical Guide for High School Students [M] . New York: The Century Co., 1919.

[103] Nabi, G., Liñán, F. The Influence of Risk Perceptions on Entrepreneurial Intentions: A Cross-cultural Comparison [J] . Journal of International Business and Entrepreneurship Development, 2013, 6 (1): 35–54.

[104] Noll, J. A. The Entrepreneurship Education Curriculum: Toward a Model of Intentional Learning [J] . Journal of Entrepreneurship Education, 2003 (6): 19–35.

[105] Office of Vocational and Adult Education. Investing in America's Future: A Blueprint for Transforming Career and Technical Education [M] . Washington DC: U.S. Department of Education, 2012.

[106] Oliver, R. L., Linda, G. Effect of Satisfaction and Its Antecedents on Consumer Preference and Intention [J] . Advances in Consumer Research, 1981, 8 (1): 88–93.

[107] Packard, M., Clark, B. B., Klein, P. G. Entrepreneurial Process, Uncertainty Types and Transitions [J] . Organization Science, 2017, 28 (5): 840–856.

[108] Petkova, A. P. A Theory of Entrepreneurial Learning from Performance Errors [J] . International Entrepreneurship and Management Journal, 2009, 5 (4): 345–367.

[109] Philip A. Wickham. Strategic Entrepreneurship [M] . NY: Pitman Publishing, 1998: 30–32.

[110] Piaget, J. Stages in the Cognitive Development of Children [J] . Journal of Genetic Psychology, 1955, 57 (1): 115–128.

[111] Pittaway, L., Cope, J. Towards a Model of Effectuation as a Process of Entrepreneurial Problem Solving [J] . Entrepreneurship Theory and Practice, 2012, 36 (3): 583–606.

[112] Politis, D. The Process of Entrepreneurial Learning: A Conceptual Framework [J] . Entrepreneurship Theory and Practice, 2005, 29 (4): 399–424.

[113] Rae, D., Carswell, M.Towards a Conceptual Understanding of Entrepreneurial

Learning [J]. Journal of Small Business and Enterprise Development, 2001, 8 (2): 150–158.

[114] Rae, David.Entrepreneurial Learning: A Narrative-based Conceptual Model [J]. Journal of Small Business and Enterprise Development, 2005, 12 (3): 323–335.

[115] Rasmussen, L. B., Nielsen, T. Entrepreneurial Capabilities [J]. AI & Society, 2004, 18 (2): 100–112.

[116] Rhodes, R. E., Courneya, K. S. Examining Action Control Beliefs from the Theory of Planned Behavior in the Exercise Domain [J]. Psychology of Sport and Exercise, 2006, 7 (3): 203–224.

[117] Richardson, V. L., Fowers, B. J. Interpretive Social Science [J]. Qualitative Inquiry, 1998, 4 (1): 17–36.

[118] Robinson, J.A., Acemoglu, D. Why Nations Fail: The Origins of Power, Prosperity and Poverty [M]. London: Profile, 2012.

[119] Romer, P.M. Increasing Returns and Long-run Growth [J]. Journal of Political Economy, 1986, 94 (5): 1002–1037.

[120] Ronstadt, R. The Educated Entrepreneurs: A New Era of Entrepreneurial Education is Beginning [J]. American Journal of Small Business, 1985, 10 (1): 7–23.

[121] Saeed, S. Exploring the Relationship Between Big Five Personality Traits and Entrepreneurial Intentions [J]. Journal of Business and Management, 2013, 17 (4): 98–112.

[122] Sahlman, W. A. Some Thoughts on Business Plan: The Entrepreneurial Venture [M]. NY: HBS Publication, 1999.

[123] Sarasvathy, S. D. Entrepreneurship as a Science of the Artificial [J]. Journal of Economic Psychology, 2003, 24 (2): 203–220.

[124] Sarasvathy, S.D. Causation and Effectuation: Toward a Theoretical Shift from Economic Inevitability to Entrepreneurial Contingency [J]. Academy of Management Review, 2001, 26 (2): 243–263.

[125] Schumpeter, J. A. The Theory of Economic Development: An Inquiry into Profits, Capital, Credit, Interest, and the Business Cycle [M]. London: Routledge,1934.

[126] Scott, W. R. Institutions and Organizations [M]. CA: Sage Publications, 1995.

［127］Segal, G., Borgia, D., Schoenfeld, J.The Role of Entrepreneurial Self-Efficacy in the Entrepreneurial Process［J］. Journal of Business Venturing, 2005, 20 (2): 163–187.

［128］Senyard, J., Baker, T., Davidsson, P. Entrepreneurial Cognition: Key Insights and Future Challenges［J］. Entrepreneurship Theory and Practice, 2014, 38 (2): 217–247.

［129］Shackle, G. Decision Order and Time in Human Affairs［J］. Journal of Political Economy, 1961, 14 (4): 605–606.

［130］Shaker A. Zahra, Gerard George. International Entrepreneurship: The Current Status of the Field and Future Research Agenda 2002［M］. Oxford: Blackwell Publishers, 2002: 255–288.

［131］Shane, S., Venkataraman, S. The Promise of Entrepreneurship as a Field of Research［J］. Academy of Management Review, 2000, 25 (1): 217–226.

［132］Shapero, A., Sokol, L. The Social Dimensions of Entrepreneurship［M］// C. A. Kent, D. L. Sexton, K. H. Vesper (Eds.). Encyclopedia of Entrepreneurship［M］. Englewood Cliffs, NJ: Prentice-Hall, 1982: 72–90.

［133］Sheeran, P., Orbell, S. Implementation Intentions and Repeated Behavior: Augmenting the Predictive Validity of the Theory of Planned Behavior［J］. Personality and Social Psychology Bulletin, 1999, 25 (7): 843–851.

［134］Solow, R.M. The Production Function and the Theory of Capital［J］. The Review of Economic Studies, 1995, 23 (2): 103–107.

［135］Stenholm, P., Acs, Z.J., Wuebker, R. Exploring Country-level Institutional Arrangements on the Rate and Type of Entrepreneurial Activity［J］. Journal of Business Venturing, 2013, 28 (1): 176–193.

［136］Stevenson, H. H. Gumpert, D. E. The Heart of Entrepreneurship［J］. Harvard Business Review, 1985, 63 (2):85–94.

［137］Strauss, A. Corbin, J. M. Grounded Theory in Practice［M］. London: Sage, 1997.

［138］Sutcliffe, K.M., Zaheer, A. Uncertainty in the Transaction Environment: An Empirical Test［J］. Strategic Management Journal, 1998, 19 (1): 1–23.

［139］Sutcliffe, K.M., Zaheer, A. Uncertainty in the Transaction Environment: An

Empirical Test〔J〕. Strategic Management Journal, 1998, 19 (1): 1–23.

〔140〕Sutton, S. The Past Predicts the Present: Influence of Past Behavior on Future Action through the Mediation of Goal-directed Behavior and Habitual Behavior〔J〕. Social Cognition, 2005, 23 (5): 451–476.

〔141〕Teece, D. J. Explicating Dynamic Capabilities: The Nature and Microfoundations of (Sustainable) Enterprise Performance〔J〕. Strategic Management Journal, 2007, 28 (13): 1319–1350.

〔142〕Thompson, J. L. The Facets of the Entrepreneur: Identifying Entrepreneurial Potential〔J〕. Management Decision, 2004, 42 (2): 243–258.

〔143〕Timmons, J. A. New Venture Creation: Entrepreneurship for the 21st Century (5th Eds.)〔M〕. Boston: Irwin/McGraw-Hill, 1999.

〔144〕Timmons, J A. New Venture Creation (5th Eds.)〔M〕. Singapore: MeGraw-Hill, 1999.

〔145〕Tse, D. K., Wilton, P. C. Models of Consumer Satisfaction Formation: An Extension〔J〕. Journal of Marketing Research, 1988, 25 (2): 204–212.

〔146〕Tseng, C. Connecting Self-directed Learning with Entrepreneurial Learning to Entrepreneurial Performance〔J〕. International Journal of Entrepreneurial Behavior & Research, 2013, 19 (4): 425–446.

〔147〕Tung, R. L. Dimensions of Organizational Environments: An Exploratory Study of Their Impact on Organization Structure〔J〕. Academy of Management Journal, 1979, 22 (4): 672–693.

〔148〕Unger, J.M., Rauch, A., Frese, M., et al. Human Capital and Entrepreneurial Success: A Meta-analytical Review〔J〕. Journal of Business Venturing, 2011, 26(3): 341–358.

〔149〕Van der Sijde, P. Entrepreneurship Education: Cases on Teaching, Training and Learning〔M〕. Heidelberg: Physica, 2008.

〔150〕Van Stel, A.J., Carree, M.A., Thurik, A.R. The Effect of Entrepreneurship on National Economic Growth〔J〕. Small Business Economics, 2005, 24 (3): 311–321.

〔151〕Van praag, CM., & Vershoot, P.H. What is the Value of Entrepreneurship? A Review of Recent Research. Small Bussiness Economics, 2007, 29 (4): 351–382.

〔152〕Waldman, D.A., Ramirez, G.G., House, R.A., et al. Does Leadership Matter?

CEO Leadership Attributes and Profitability under Conditions of Perceived Environmental Uncertainty〔J〕. Academy of Management Journal, 2001, 44 (1): 134-143.

〔153〕Wennekers, S., Wennekers, A., Thurik, R., et al. Nascent Entrepreneurship and the Level of Economic Development〔J〕. Small Business Economics, 2005, 24 (3): 293-309.

〔154〕Wiliam B. Gatner. A Coneeptual Framework for Deseribing the Phenomenon of New Venture Ereationfy〔J〕. Academy of Management Review, 1985, 10 (4): 696-705.

〔155〕Xiao, Q., Marino, L., Zhuang, W. A Situation Perspective of Entrepreneurial Learning: Implications for Entrepreneurial Innovation Propensity〔J〕. Journal of Business and Entrepreneurship, 2010, 22 (1): 69-89.

〔156〕Zahra, S. A., Abdelgawad, S. G., Tsang, E. W. K. Emerging Multinationals Venturing into Developed Economies: Implications for Learning, Unlearning, and Entrepreneurial Capability〔J〕. Journal of Management Inquiry, 2011, 20 (3): 323-330.

〔157〕Zahra, S. A., Sapienza, H. J., Davidsson, P. Entrepreneurship and Dynamic Capabilities: A Review, Model and Research Agenda〔J〕. Journal of Management Studies, 2006, 43 (4): 917-955.

〔158〕Zampetakis, L. A., Bouranta, N. Emotional Intelligence and Entrepreneurial Inclination: An Exploratory Study〔J〕. International Journal of Entrepreneurial Behavior & Research, 2009, 5 (6): 502-522.

〔159〕Zellweger, T. M. Personal Cognition and Entrepreneurial Intention: A Cognitive Approach to Understanding the Entrepreneurial Mind〔J〕. Journal of Small Business Management, 2011, 49 (4): 589-613.

〔160〕Zott, C., Amit, R. Business Model Design: An Activity System Perspective〔J〕. Long Range Planning, 2010, 43 (2-3): 216-226.

〔161〕蔡莉，单标安，汤淑琴，高祥. 创业学习研究回顾与整合框架构建〔J〕. 外国经济与管理，2012，34（5）：1-8+17.

〔162〕蔡莉，彭秀青，Nambisan, S.，王玲. 创业生态系统研究回顾与展望〔J〕. 吉林大学社会科学学报，2016，56（1）：5-16+187.

〔163〕蔡莉，汤淑琴，马艳丽，高祥. 创业学习、创业能力与新企业绩效的关系研究〔J〕. 科学学研究，2014，32（8）：1189-1197.

［164］蔡莉，王玲，杨亚倩.创业生态系统视角下女性创业研究回顾与展望［J］.外国经济与管理，2019，41（4）：45-57+125.

［165］蔡莉，于海晶，杨亚倩，卢珊.创业理论回顾与展望［J］.外国经济与管理，2019，41（12）：94-111.

［166］曹科岩，尤玉钿，马可心，等.大学生创业意向及其影响因素调查研究［J］.高教探索，2020（1）：117-122.

［167］柴旭东.隐性知识视野下的大学创业教育［J］.高等工程教育研究，2010（1）：75-80.

［168］陈晨.大学生创业能力的内涵及其影响因素探析［J］.理论观察，2011（5）：145-146.

［169］陈池.对"大众创业、万众创新"环境下高校创业教育热的思考［J］.教育探索，2015（10）：91-94.

［170］陈寒松，陈宣雨，林晨.创业学习与创业意向的关系：社会网络与创业自我效能感的作用［J］.经济与管理评论，2017，33（5）：28-33.

［171］陈蓉蓉，秦野.学术创业视野下高校兼职兼薪管理的实证研究［J］.创新与创业教育，2023，14（2）：100-107.

［172］陈文沛.关系网络与创业机会识别：创业学习的多重中介效应［J］.科学学研究，2016，34（9）：1398-1406.

［173］陈文婷，李新春.中国企业创业学习：维度与检验［J］.经济管理，2010，32（8）：71-80.

［174］陈晓萍，徐淑英，樊景立.组织与管理研究的实证方法［M］.北京：北京大学出版社，2008.

［175］谌启标.西方国家创业学习研究发展述评［J］.教育评论，2014（2）：153-155.

［176］崔军.创业能力国外研究进展及其对高校创业教育的启示［J］.高校教育管理，2017，11（5）：53-61.

［177］崔棋云，周永华.报道创业成功案例对大学生创业思维的影响——评《创业方法论》［J］.新闻战线，2017（14）：154.

［178］德鲁克.创新与企业家精神［M］.张炜，译.上海：上海人民出版社，上海社会科学院出版社，2002.

［179］董保宝，曹琦.不平衡时代的创新与创业研究［J］.南方经济，2019

（10）：1-10.

［180］樊坤，呼鑫，王璐.参加创业类大赛对大学生实践能力的影响及其效果评价［J］.中国林业教育，2015，33（4）：7-11.

［181］范巍，王重鸣.创业倾向影响因素研究［J］.心理科学，2004（5）：1087-1090.

［182］范雅欣.可持续创业行为的影响因素研究［D］.中南财经政法大学，2022.

［183］傅波.基于体验式教育理论的创业教育研究——哈斯商学院的经验与启示［J］.高教探索，2021（11）：117-122.

［184］高维和，栾瑞.创业何以成功——基于能力、傻劲和运气的案例解析［J］.现代管理科学，2012（7）：67-69.

［185］宫仁贵，黄建新，徐济益.三元交互决定论视角下高校创新创业培育机制研究［J］.河北农业大学学报（社会科学版），2019，21（2）：48-54.

［186］郭启琳，臧爽.护理本科生参与"互联网+"创新创业活动真实体验的质性研究［J］.护理研究，2018，32（10）：1580-1584.

［187］郭少东.科技竞赛活动的影响因素分析——基于6名"挑战杯"获奖学生的深度访谈［J］.中国高校科技，2015（7）：40-42.

［188］何琼峰.基于扎根理论的文化遗产景区游客满意度影响因素研究——以大众点评网北京5A景区的游客评论为例［J］.经济地理，2014，34（1）：168-173.

［189］何应林，陈丹.大学生创业失败的类型与原因——基于创业失败案例的分析［J］.当代教育科学，2013（5）：52-54.

［190］侯飞，杜心灵.基于性别变量调节的创业意愿路径模型及实证［J］.统计与决策，2014（6）：97-100.

［191］侯杰泰，温忠麟，成子娟.结构方程模型及其应用［M］.北京：教育科学出版社，2004.

［192］胡杰.西部地区工科院校大学生创业教育调查——以云、桂、川、黔12所地方高校为例［J］.职业技术教育，2015（33）：51-57.

［193］胡玲玉，吴剑琳，古继宝.创业环境和创业自我效能对个体创业意向的影响［J］.管理学报，2014，11（10）：1484-1490.

［194］胡望斌，焦康乐，张亚会.创业认知能力：概念、整合模型及研究展

望［J］.外国经济与管理，2019，41（10）：125–140.

［195］胡新华，喻毅，韩炜.谁更能建构高质量的社会网络？——创业者先前经验影响社会网络构建的作用研究［J］.研究与发展管理，2019，32（5）：126–138.

［196］黄美娇，李中斌.互联网嵌入对返乡创业者创业能力的影响——网络学习的中介作用［J］.数学的实践与认识，2019，49（18）：15–24.

［197］黄明睿，张帆，侯永雄，等.信息茧房调节下创业学习对商业模式设计的影响研究［J］.管理评论，2024，36（3）：107–118.

［198］黄明睿，张帆，侯永雄.先前经验、社会网络对商业模式设计的影响——信息扫描的中介效应［J］.首都经济贸易大学学报，2021，23（6）：96–108.

［199］黄颖.研究生创业学习的前因及对创业意愿的影响研究［D］.中国科学技术大学，2018.

［200］贾旭东，郝刚.基于经典扎根理论的虚拟政府概念界定及组织模型构建［J］.中国工业经济，2013（8）：31–43.

［201］李爱国，曾宪军.成长经历和社会支撑如何影响大学生的创业动机？——基于创业自我效能感的整合作用［J］.外国经济与管理，2018，40（4）：30–42.

［202］李厚锐，朱健，李旭.创业学习对大学生创业意愿的影响研究——基于创业自我效能的中介作用［J］.现代管理科学，2018（3）：97–99.

［203］李静薇.创业教育对大学生创业意向的作用机制研究［D］.南开大学，2013.

［204］李茂荣，芮金金.中国创业学习研究十五年回顾［J］.中国成人教育，2016（17）：13–20.

［205］李巍，席小涛，王阳.理工科大学生创业能力结构模型与培育策略［J］.现代教育管理，2017（10）：79–85.

［206］李颖，赵文红，杨特.创业者先前经验、战略导向与创业企业商业模式创新关系研究［J］.管理学报，2021，18（7）：1022–1031+1106.

［207］薛继东，王娜.连续创业者创业认知演进与创业有效性——基于"机会－能力"匹配的纵向多案例研究［J］.管理案例研究与评论，2021，14（1）：37–49.

［208］李永强，白璇，毛雨，等．创业意愿影响因素研究综述［J］．经济学动态，2008（2）：81-83．

［209］梁春晓，沈红．创业学习对大学生创业意愿的影响机制研究——基于全国本科生能力测评的实证分析［J］．大学教育科学，2022（1）：54-63．

［210］刘军．我国大学生创业政策体系研究：基于公共政策的视角［M］．济南：山东大学出版社，2015．

［211］刘艳秋，从春伟，华连连，等．创业者先前经验对渐进性创新的影响机制——创业拼凑的中介作用［J］．科技进步与对策，2020，37（21）：10-17．

［212］刘迫，张志菲．少数民族大学生创业能力的自我评价及开发策略——基于新疆高校的问卷调查［J］．中国行政管理，2017（12）：106-110．

［213］芦炜．科技创业者创业动机与新创企业绩效的关系研究［J］．工业技术经济，2018，37（10）：35-41．

［214］骆鑫，张秀娥．创业学习对创业机会开发的影响研究［J］．当代经济研究，2023（3）：109-115．

［215］倪宁，李钊仪．创业故事的三成分模型：探索文化创业的微观结构［J］．外国经济与管理，2016，38（11）：58-70．

［216］潘炳超，陆根书．大学毕业生创业意向的影响因素及其作用机制研究［J］．西安交通大学学报（社会科学版），2022，42（6）：133-141．

［217］潘建林．网络平台创业能力的内涵、维度及测量［J］．高等工程教育研究，2017（1）：48-54．

［218］祁伟宏，张秀娥，李泽卉．创业者经验对创业机会识别影响模型构建［J］．科技进步与对策，2017，34（15）：136-140．

［219］钱永红．创业意向影响因素研究［J］．浙江大学学报（人文社会科学版），2007（4）：144-152．

［220］秦双全，李苏南．创业经验与创业能力的关系——学习能力与网络技术的作用［J］．技术经济，2015，34（6）：48-54．

［221］邱浩政，林碧芳．结构方程模型的原理与应用［M］．北京：北京大学出版社，2009．

［222］屈佳英，张聪群，时运涛．网络创业教育对大学生早期网络创业行为的影响研究［J］．科技与管理，2015，17（6）：108-114．

［223］任国升，付鸿彦．大学生学业成就对创业能力影响的实证研究［J］．

河北大学学报（哲学社会科学版），2017，42（4）：134–143.

[224]芮正云，史清华.中国农民工创业绩效提升机制：理论模型与实证检验——基于"能力–资源–认知"综合范式观[J].农业经济问题，2018（4）：108–120.

[225]单标安，蔡莉，鲁喜凤，刘钊.创业学习的内涵、维度及其测量[J].科学学研究，2014，32（12）：1867–1875.

[226]单标安，陈海涛，鲁喜凤，陈彪.创业知识的理论来源、内涵界定及其获取模型构建[J].外国经济与管理，2015，37（9）：17–28.

[227]沈丝楚，许明星，张迅捷，等.大学生"双创"项目成功者的决策偏好探索[J].苏州大学学报（教育科学版），2021，9（1）：98–107.

[228]舒福灵，赖艳，景玲，李幼平.高校创业教育评价体系探究[J].教育探索，2012（1）：75–76.

[229]宋晓洪，丁莹莹.社会网络、创业学习与创业能力关系的量表设计及检验[J].统计与决策，2017（24）：89–92.

[230]唐靖，姜彦福.创业能力概念的理论构建及实证检验[J].科学学与科学技术管理，2008（8）：52–57.

[231]王飞绒，徐永萍，李正卫.创业失败学习有助于提升连续创业意向吗？——基于认知视角的框架研究[J].技术经济，2018，37（8）：69–76+115.

[232]王宏蕾，张旭东，李娜.学习范式下高校创业教育研究[J].黑龙江高教研究，2018（3）：109–112.

[233]王伟，张善良，王永伟，李意茹.关系网络构建行为、商业模式创新与新创企业绩效——基于创新创业视角的实证研究[J].华东经济管理，2017，31（10）：43–51.

[234]王歆玫.中国大学生创新创业教育发展历程及阶段特征研究——基于2008–2017年《中国教育报》的文本分析[J].高教探索，2018（8）：107–113.

[235]吴晓波，张超群，王莹.社会网络、创业效能感与创业意向的关系研究[J].科研管理，2014，35（2）：104–110.

[236]吴周玥，周小虎，王侨，等.创业者先前经验对众创空间生态系统承诺的影响——生态多样性的两阶段调节作用[J/OL].科技进步与对策，2024，1–12[2024–10–17].

[237]武一婷.赛训体系与大学生创新创业能力的培养——以广东的实践探

索为例［J］.中国青年社会科学，2020，39（1）：128–133.

［238］向辉，雷家骕.大学生创业教育对其创业意向的影响研究［J］.清华大学教育研究，2014，35（2）：120–124.

［239］偰娜.近十年我国高校创新创业教育研究的回顾与展望［J］.海峡科技与产业，2019（1）：5–8.

［240］谢雅萍，黄美娇.创业学习、创业能力与创业绩效——社会网络研究视角［J］.经济经纬，2016，33（1）：101–106.

［241］谢雅萍，陈睿君，王娟.直观推断调节作用下的经验学习、创业行动学习与创业能力［J］.管理学报，2018，15（1）：57–65.

［242］徐二明，谢广营.中介中心度：企业战略管理研究中被忽视的研究点［J］.经济与管理评论，2016，32（4）：45–53.

［243］徐菊，陈德棉.创业教育对创业意向的作用机理研究［J］.科研管理，2019，40（12）：225–233.

［244］徐占东，梅强，陈天旻，等.创业知识与大学生新创企业绩效：创业学习的多重中介作用［J］.工业工程与管理，2018，23（3）：177–183.

［245］许林媛，肖丽平.中国智造背景下工科类高职院校"三元融合"双创课堂模式构建研究［J］.广东职业技术教育与研究，2023（4）：28–33.

［246］薛继东，王娜.连续创业者创业认知演进与创业有效性——基于"机会–能力"匹配的纵向多案例研究［J］.管理案例研究与评论，2021，14（1）：37–49.

［247］阎隽豪，肖林鹏，李冠南.基于三元交互理论的我国高校学生体育产业创新创业教育参与行为及影响因素研究［C］//中国体育科学学会.第十三届全国体育科学大会论文摘要集——墙报交流（体育统计分会）［J］.北京体育大学，2023：3.

［248］杨道建，陈文娟，徐占东.创业动机在创业成长影响因素中的中介作用研究［J］.高校教育管理，2019，13（6）：103–112.

［249］杨道建，赵喜仓，陈文娟，朱永跃.大学生创业能力结构的理论分析与实证检验［J］.科技进步与对策，2014，31（20）：151–155.

［250］杨健，蔡述庭，谷爱昱，等."挑战杯"竞赛与实验教学融合的研究型教学模式探索［J］.实验室研究与探索，2018，37（7）：243–245.

［251］杨洁.大学生创业教育满意度研究——基于浙江省高校的实证研究

［D］.浙江大学，2016.

［252］杨隽萍，廖亭亭，沈甜.创业失败对再创业风险感知行为的影响研究——基于创业者认知特质视角［J］.财会通讯，2016（29）：54–57.

［253］杨隽萍，于晓宇，陶向明，等.社会网络、先前经验与创业风险识别［J］.管理科学学报，2017，20（5）：35–50.

［254］杨俊，朱沆，于晓宇.创业研究前沿问题、理论与方法［M］.北京：机械工业出版社，2022.

［255］杨钋，王琼，井美莹.大学生创业课程学习投入对创业意向的影响研究［J］.国家教育行政学院学报，2021（1）：85–95.

［256］杨学儒.创业教育和先前经验对大学生创业能力的影响研究［J］.技术经济与管理研究，2018（9）：36–41.

［257］叶映华.大学生创业意向影响因素研究［J］.教育研究，2009，30（4）：73–77.

［258］尹苗苗，蔡莉.创业能力研究现状探析与未来展望［J］.外国经济与管理，2012，34（12）：1–11+19.

［259］尹苗苗，费宇鹏.创业能力实证研究现状评析与未来展望［J］.外国经济与管理，2013，35（10）：22–30.

［260］尹苗苗，张笑妍.我国大学生创业能力提升路径探析［J］.科研管理，2019，40（10）：142–150.

［261］于晓宇，李厚锐，杨隽萍.创业失败归因、创业失败学习与随后创业意向［J］.管理学报，2013，10（8）：1179–1184.

［262］曾宇，彭华涛.专利战略对国际创业的影响机理——基于海尔与华为的双案例研究［J］.中国科技论坛，2019（5）：68–76.

［263］张克兢.基于知识获取视角的在校大学生创业学习研究［D］.东华大学，2014.

［264］张磊.大学生"挑战杯"竞赛实效性研究——基于98位参赛者的问卷调查与半结构化访谈［J］.中国青年研究，2017（8）：105–109+63.

［265］张默，任声策.创业者如何从事件中塑造创业能力？——基于事件系统理论的连续创业案例研究［J］.管理世界，2018，34（11）：134–149+196.

［266］张睿.高校拔尖创新人才创新素养的现状及其对创造力的影响研究——以全国"挑战杯"获奖者为例［J］.复旦教育论坛，2019，17（6）：

55–62.

［267］张卫国，郝桃桃，牛晶晶.英国高校研究生创业能力培养机制及其启示——以剑桥大学为例［J］.学位与研究生教育，2018（8）：68–72.

［268］张秀娥，李欣哲，陈晨，常思齐.创业失败研究回顾与展望［J］.科技与管理，2018，20（1）：63–69.

［269］张秀娥，王超.关系网络、创业机会与创业成功：研究回顾与展望［J］.创新与创业管理，2018（2）：102–120.

［270］张秀娥，徐雪娇，林晶.创业教育对创业意愿的作用机制研究［J］.科学学研究，2018，36（9）：1650–1658.

［271］张秀娥，张坤.创业教育对创业意愿作用机制研究回顾与展望［J］.外国经济与管理，2016，38（4）：104–113.

［272］张秀娥，张坤.先前经验与社会创业意愿——自我超越价值观和风险倾向的中介作用［J］.科学学与科学技术管理，2018，39（2）：142–156.

［273］张秀娥，赵敏慧.创业学习、创业能力与创业成功间关系研究回顾与展望［J］.经济管理，2017，39（6）：194–208.

［274］张玉利，王晓文.先前经验、学习风格与创业能力的实证研究［J］.管理科学，2011，24（3）：1–12.

［275］张玉利.创业管理［M］.北京：机械工业出版社，2004.

［276］张玉利.创业研究经典文献述评［M］.北京：机械工业出版社，2018.

［277］张执南，荣维民，谢友柏.丹麦中小微企业的创新创业成功案例启示［J］.科技导报，2017，35（22）：46–51.

［278］赵文红，王玲玲，魏泽龙.过程视角的创业能力形成研究综述［J］.科技进步与对策，2016，33（13）：155–160.

［279］钟玉泉，彭健伯.大学生创业精神和创业能力培养研究［J］.科技进步与对策，2009，26（15）：151–153.

［280］周必彧.创业学习、创业自我效能与大学生创业导向研究［D］.浙江工业大学，2015.

［281］周劲波，宋站阳.社会网络、创业机会识别和众筹创业决策的关系研究［J］.延边大学学报（社会科学版），2020，53（3）：86–94+142.

［282］朱秀梅，刘月，李柯，杨红.创业学习到创业能力：基于主体和过程

视角的研究［J］. 外国经济与管理，2019，41（2）：30–43.

［283］邹建芬. 大学生创业教育与创业能力研究［J］. 江苏高教，2012（6）：112–113.

后　记

POSTSCRIPT

　　当我终于为这本关于创新创业的专著画上最后一个句号时，心中满是难以言表的复杂情感。初执笔时，我如《庄子》所言"吾生也有涯，而知也无涯"的学步者，在浩如烟海的文献中钩沉索隐，在创业者的笑泪交织中探骊得珠，在企业的兴衰更迭里洞见规律。犹记那些秉烛研读的深夜，窗外的梧桐树影与案头的咖啡氤氲共舞，学术的孤旅中，每个数据都是星火，每段访谈皆为路标。

　　这一路走来，就像是一场漫长而艰辛的马拉松，每一步都浸透着汗水、泪水，还有无数个日夜的心血。作为一名高校青年教师，最初萌生写这本书的想法时，我还工作在学生工作战线，那时候在学校团委负责大学生创新创业的相关工作，以前更多的是作为指导老师带队参加各类大学生创新创业比赛，后来进入博士论文准备阶段，在徐二明老师的指导下阅读创新创业相关文献，思考一些创新创业的相关理论，高山仰止，常常在阅读一些晦涩难懂的创业理论时感慨，创新创业的学术研究和创业比赛的实践指导并非一件事。面对创业理论和数据搜集几座大山，常常怀疑自己，幸运的是时常得到徐二明老师、雷家骕老师、葛宝山老师等诸位前辈的点拨与指导，在一次次学术会议中得到启发，一次又一次突破自己，直至后来对大学生创新创业的理论研究产生了兴趣并加入到相关研究工作中。在转入教研岗位后，有了更多的时间着手去做一些创新创业的教学和研究，当满怀着对创新创业教育的热情与使命感开始写这本专著的时候才发现，这绝非易事。我需要深入研究大量的创新创业案例，从那些成功背后的曲折故事到失败所蕴含的逻辑和启示，从表象到数据的背后，每一个细节都不容放过。这意味着要在浩如烟海的文献资料中穿梭，在与众多创业者深入访谈中挖掘真相，在对各类企业的实地调研里寻找规律。无数个夜晚，校园里的路灯见证了我孤独的身影。我坐在书桌前，眼睛紧紧盯着电脑屏幕，手指在键盘上机械地敲击着，整理着那些纷繁复杂的数据和观点。有时候，为了搞清楚一个创业模式背后的逻辑，我会反复思考，查文献、问AI、换个方式跑跑数据等，甚至推翻自己之前已经成型的想法。那些看似简单的创新创业概念，在深入探究的过程中逐渐展现出其复杂而多元的内涵，如同迷宫一般，稍不注意就会迷失方向。撰写过程中也面临着知识边界的挑战，创新创业涉及经济学、管理学、心理学、社会学等多个学科领域，我必须不断拓宽自己的知识面，像一个贪婪的求知者，在各个学科的知识海洋里汲取养分。这期间，我参加了一场又一场的学术讲座，阅读了数不清的专业书籍，不断充实自己的理论框架，只为能在书中构建一个全面而深入的创新创业体系。除了知识的挑战，时间的压力也如影随形。高校的教学、科研任务已经占据了青年大部分的时间，每当打开这本未完的稿子时大都已过凌晨，所以经常在学生和同事面前戏称我是"00"后，因为零点以后才开始写作和思考。备课、上课、指导学生论文、参加学术会议……这些工作和生活的琐碎事务充斥着每个高校青年教师的日常，但我深知这本书的意义，所以一次又一次咬牙坚持。然而，正是这一路的艰辛，让我更加深刻地理解了创新创业的本质。

本书的研究对象大都来自西部高校的学生，与很多一本院校的学生不一样的是，这些学生面临的就业选择并不多，他们就业创业选择更大程度上受到了传统就业观、家庭经济条件等因素影响，很多学生都是在进入大学后初次接触到创业培训，受访的学生们大都以创业课程和创业比赛的形式接触到创新创业教育，从接受创业教育到创业意向的形成，这个过程中有个关键因素是信心的塑造和提升，即"创业自我效能"，对于二本院校的学生来说，培养创业信心很重要。

每一个创业者都是在未知的道路上勇敢前行，他们所面临的困难、挫折以及突破困境后的喜悦，都在我的笔下有了更生动的呈现。这本书不仅仅是对创新创业理论的梳理，更是我对这一伟大征程的致敬。当我回首望去，那些熬过的夜、查阅过的资料、采访过的人都已经化作书中的一个个字符、一个个观点、一个个故事。我希望这本书能够发出一些或许微弱的光，照亮那些在创新创业道路上迷茫的孩子们前行的方向；能够成为一把钥匙，打开一扇通往无限可能的大门；能够成为一股力量，鼓舞更多的人勇敢地去追寻自己的创业梦想。

值此新书付梓之际，满怀《诗经》"投我以木桃，报之以琼瑶"的虔敬：感恩学术界前辈的智慧灯塔，照亮理论迷雾中的航道；致敬创业者的拓荒精神，让案例库中跃动着时代的脉搏；铭刻家人的无言守候，他们的包容是永不枯竭的灵感泉眼。创新创业的道路永无止境，而我也将继续在这条充满挑战与机遇的道路上探索前行。

吴胜艳

2025 年 1 月